KB201437

우리는 아직도 기적을 기다리는가?

우리는 아직도 기적을 기다리는가?

· **초판 1쇄 발행** 2017년 9월 20일

· **지은이** | 고위공
· **펴낸이** 민상기 · **편집장** 이숙희 · **펴낸곳** 도서출판 드림북
· **인쇄소** 남성문화사 · **제책** 영광문화사 · **총판** 하늘유통(031-947-7777)
· **등록번호** 제 65 호 · **등록일자** 2002. 11. 25.
· 경기도 의정부시 가능1동 639-2(1층)
· Tel (031)829-7722, Fax(031)829-7723

· 독자의 의견을 기다립니다.

– 신약의 기적이야기의 의미와 계시 –

우리는 아직도 기적을 기다리는가?

고위공 지음

드림북

역사적인 종교개혁 500주년을 맞이하는 뜻깊은 해에 이 책을 감히
독일이 낳은 위대한 종교개혁가이며 성서번역가인 마르틴 루터(Luther)
에게 바친다. "백성의 입에서 보다"-《번역자의 서신》(1530)에서

2017년 여름 저자

■ 안내의 글

우리는 아직도 기적을 기다리는가?

오늘날과 같은 최첨단의 기술문명 시대에 기적에 관하여 이야기하는 것은 어울리지 않는 일로 보인다. 그것은 "옛날 옛적에" 있었던 태고의 일로 생각된다. 인류문화사의 발전에서 근대의 사고를 주도한 합리주의 세계관에 의하면 기적의 현상은 과학적으로 설명되지 않는 무의미한 대상에 속한다. 다시 말해 고대인의 세계상에 유래하는 원초적 의식과 사고의 산물이다. 헬레니즘 시기에 성행한 다양한 기적의 유산은 당시의 황제문화를 지배한 초월적 신성의 반영으로 이해된다. 기적의 평가에 관한 부정적 견해는 철학적 기적 비판에 의해 뒷받침된다.

그러나 기적은 현대를 살아가는 인간에게 여전히 매혹적인 대상이다. 우리의 주변에 보이는 문화경관과 인공작품은 기적에 대한 관심과 호기심을 자극한다. 과거에는 가공적 상상의 대상이던 기적이 현실의 사건으로 우리의 눈앞에 전개된다. 기적은 21세기에 들어와 새로운 붐을 조성하고 있다. 기적의 담론은 사회와 문화의 여러 분야에서 활발하게 추진된다. 이와 같은 경향은 급변하는 시대의 반영이라 할 수 있다. '포스트모던' 시대로 불리는 지난 세기의 후반에도 광대한 지구촌에는 크고 작은 기적이 수없이 발생했다.

기적의 현실화는 역사적으로 증명된다. 1989년에 일어난 베를린 장벽의 붕괴는 오늘날 "라이프치히(Leipzig) 기적"으로 통한다. 이 명칭은 2009년에 방영된 다큐멘터리 드라마의 제목에 연유한다. 세계 제2차 대전 이후 분단된 독일국민의 숙원을 풀어준 국가의 재통일은 당시 동독 지역에 속해있던 라이프치히의 성 니콜라이(Nikolai) 교회의 시민저항이 도화선이 된다. 이미 1980년부터 "평화의 기도"라는 기도회를 이끌어온 유서 깊은 교회는 국가적 통일의 진원지이다. 단 한 방울의 피도 흘리지 않고 성취한 독일의 통일은 전 세계를 놀라게 한 위대한 기적이다.

"라이프치히 기적"이 행사한 강한 사회적 파장은 최근까지도 지속된다. 2010년 독일 에센(Essen)의 〈문화학 연구소〉 주최로 개최된 기적에 관한 학술회의에는 "경이의 시학과 정치학"이라는 주제가 다루어진다. 기적의 가장 본질적 요소인 놀라움과 경이는 학문연구의 방향을 규정한다. 주로 역사적 조망에서 구상된 광범한 토론의 장에는 시의적 접근 방법인 "학제간" 관찰이 시도된다. 인문학과 사회학의 조망은 여기에서 하나로 용해된다. 의미 있는 공적 담론의 결과는 신학적 기적이해에도 전용된다. 초기기독교의 기적에 관한 해석에는 다양한 방법의 연계가 중요한 역할을 한다.

성서의 기적에 관한 시대적 관심의 증가는 "예수영화의 기적"에서 알 수 있다. 최근에 이르러 영상예술 분야의 전면에 부상한 독립된 영화의 장르는 두 가지 측면에서 의미를 지닌다. 첫째, 기적이야기의 시청각적 전이는 성서이해의 중요한 부분인 **영향사**를 형성한다. 영향사의 응용에는 성서의 의미가 독자의 시대적 조망에서 활성화된다. 점차 확대되어가는 사회의 탈교회 현상과 변화된 인간의 삶의 관습에 직면하여 영화의 매체는 많은 사람들에게 성서의 전통으로 돌아가는 유일의 통로를 제공한다.

둘째, 기적이야기의 영화적 가공은 인간의 지각적 변화에 크게 기여한다. 성서의 소재의 시청각적 지각은 관중에게 새로운 인식의 방식과 현실의 경험을 위한 길을 열어준다. 두 지각매체인 형상과 음의 결합은 합리적, 정서적 잠재성을 활성화한다. 이를 통해 자기정체성에 관한 의식과 공감을 불러일으킨다. 지각적 변화를 겨냥하는 "예수영화"의 장르는 **종교교육**의 측면에서 중요한 역할을 한다. 즉 성장과정에 있는 청소년의 교육에 의미 있게 작용한다. 성서의 영화화는 실존적 삶의 변화를 향한 결단의 촉구에서 원래의 문서 보다 강한 효과를 발휘한다.

예수님에 관한 영화의 각색과 제작은 시퀀스 장면의 신학적 해석에 의해 이루어진 독자적 산물이다. 기적의 주제에 관한 심오한 분석과 여기에서 야기되는 성서의 원형과의 대결은 신약적 기적 해석의 새로운 지평을 열어준다. 영화는 성서의 본문의 시각적 전이와 음악적 처리로 문학의 장르에 미약한 복합적 형상화의 가능성을 실현한다. 이것이 현대의 다매체 문화에서 자주 거론되는 **"다층적 지각"**의 기능이다. 성서의 영화적 가공은 관중의 지각과 정서에 호소하는 매체예술의 기능을 실현한다. 이런 점에서 오늘날의 상호매체 연구의 중심을 형성한다.

최근에 이르러 "예수영화의 신학"이라는 용어가 자연스럽게 사용된다. 예수님의 기적에 관한 영화의 가공에는 제작자의 연출의도와 함께 신학적 관심이 반영된다. 이와 같은 사실은 고전적 감독의 작품에서 증명된다. 미국의 영화감독 조지 스티븐스(George Stevens)의 말년의 작품 〈모든 시대의 가장 위대한 이야기〉는(1963) 예수님의 생애를 다룬 종교

영화이다. 우리나라에 〈위대한 생애〉라는 제목으로 소개된 추억의 명화에는 정감적 효과를 지닌 나사로의 소생이 예수님의 신성을 보증하는 기적의 스펙터클로 연출된다. 구상적인 "봄의 기적"은 관중의 시각적 수용을 목표하고 있다. 그것은 초월적 소생의 사건에 대한 동일적 현재화이다. 이와 같은 지각의 변화는 자신의 부활에 대한 믿음으로 진전된다.

기적에 관한 사회적 관심의 표명은 대중문화의 추세에서 드러난다. 유럽이나 영미의 유행가나 팝송에는 기적에 관한 노래가 자주 눈에 띈다. 청년층이 즐기는 록(rock) 음악에도 종교적 내용이 즐겨 다루어진다. 독일의 여가수 네나(G.S.K. Nena, 1960. 3. 24 출생)의 최초의 솔로 앨범 〈기적은 일어난다〉는(1989) 대표적 예이다. 서정시의 형식을 갖춘 단순한 내용의 가사에는 심오한 자기성찰이 고양과 상승의 율격으로 표현된다.

기적은 일어난다
나는 보았다
우리가 이해할 수 없는 것이 너무나 많다
기적은 일어난다
나는 함께 있었다
우리는 우리가 보는 것
그것만을 믿어서는 안 된다.

위에 인용한 내용은 여섯 연으로 구성되어 있는 시의 셋째 연이다. 동일한 내용이 다섯째 연에도 등장한다. 따라서 일종의 후렴의 형식으로 볼 수 있다. 공연무대의 현장에는 가수가 선창한 이후 청중이 함께 부르게 된다. 특히 시의 표제 "기적은 일어난다"는 노래가 끝나기 전에 세 차례나 반복된다. 이로 인해 청중의 가슴 속에 사라지지 않는 여운을 남긴다. 원문의 낭송에는 시행의 각운(脚韻)을 형성하는 마지막 음절에 강세가 주어진다. 여기에서 감지되는 밝고 가벼운 음향은 시 전체를 관류한다.

일곱 행의 시련은 동일한 형식의 두 부분으로 되어있다. 즉 전반의 세 행과 후반의 네 행은 병행의 구조를 형성한다. 이들은 각기 "기적은 일어난다"라는 도입문장으로 시작된다. 이어서 "나"의 경험에서 "우리"의 행동으로의 진전이 서술된다. 이와 같은 전개의 구도를 통해 내면적 반성의 과정이 명료하게 인지된다. 전반의 세 행은 어떤 특별한 내용을 지시하고 있다. 그것은 현실이란 우리가 보고 이해하는 것보다 더 많은 것을 포함한다는 사실이다. 그 어떤 초월적 진리를 지시하는 귀중한 발언은 신약성서에 강조된 기적의 믿음에 관계된다. 기적과 믿음은 기적 이야기를 이해하는 핵심이다. 후반의 네 행은 앞부분에 주어진 명제를 발전시킨다. 그 내용은 "보는 것"을 넘어서는 믿음의 촉구이다. 이와 같은 결론은 부활한 예수님이 최고의 신앙고백을 감행한 의심많은 제자 도마에게 전한 "보지 않는 믿음"의 축복을 상기시킨다(요한 20,29).

보지 못하고 믿는 자들은 복되도다.

시의 셋째 연을 특징짓는 호출의 말걸기는 청중의 지각의 변화를 겨냥하고 있다. 이와 같은 소통의 전략은 여가수의 자전적 사실과 연관하여 읽을 때 그 의도가 분명하게 파악된다. "기적은 일어난다"는 네나의 아들 크리스토퍼(Christopher)가 비극적으로 죽은 지 얼마 지나지 않아 발표된 것이다. 극심한 장애의 질환을 가지고 세상에 태어난 그는 1989년 1월, 11개월 동안의 짧은 삶을 마감한다. 네니는 2005년에 출간된 자신의 자서전《너 나와 함께 가려니?》에서 크리스토퍼가 죽기 직전에 함께 보낸 짧은 기간의 생활에 관해 기록하고 있다. 이 책의 표제는 위에 인용한 시의 마지막 연에 이미 등장한다. 저자는 지난날의 쓰라린 경험을 회상하는 글에서 자신이 믿음을 가진 사람으로서 예수님을 사랑한다고 고백한다.

> 나는 나의 아기를 배 위에 올려놓는다. 우리는 그처럼 몇 시간, 몇 날, 몇 주를 누워 있는다... 슬픔이 스며들면 온 몸에 흐르도록 놓아둔다. 슬픔은 때로 작은 강처럼 느껴지고, 다른 날에는 마음속 깊이 파고든다. 더 이상 참을 수 없다고 생각한 적도 몇 차례 있었다. 그러나 그러한 상태로 시간은 계속 지나간다... 그것은 축복받은 시간이었다. 나는 내가 이 일로 몸과 마음이 훼손되지 않은 것을 하나님에게 감사한다.

곧 닥쳐올 아들의 죽음을 기다리는 어머니의 처절한 심경이 현재형의 시칭으로 담담하게 기술된다. 그 내용은 한마디로 감내하기 어려운 "슬픔"의 지속이다. 그러나 시간이 흐르면서 점차 상황이 변화된다. 인용문의 마지막에서 화자는 지나간 고통의 순간들을 "축복의 시간"이라고 부르고 있다. 이것은 그녀가 지닌 강한 신앙의 힘에 기인한다. 어린 자식의 죽음을 눈앞에서 경험한 불행의 주인공이 고백한 "하나님에 대한 감사"는 예수님의 구속의 사랑에 대한 확신이 없이는 불가능한 일이다. 이것이 바로 위대한 믿음의 기적이다.

이제 시로 돌아가자. 이미 처음의 두 연에서 기적의 전승이 절망과 두려움의 상황에서 탈출구를 제시하는 희망의 이야기로 설정된다. 둘째 연의 세 행은 명료한 증거이다(6-8행).

그리움과 행복이
밤을 지나 찾아온다.
나는 사랑을 베풀고 싶다.

서정적 자아는 날이 밝으면 "운명"과 "공포"는 사라지고 "그리움과 행복"이 찾아온다고 노래한다. 밝은 내일을 향한 기대는 "사랑"의 행동을 위한 동인이 된다. 화법조동사를 사용한 문장 "나는 사랑을 베풀고 싶다"에는 발언자의 강한 의지가 나타나 있다. 사랑의 힘은 모든 것을 녹여준다. 이어지는 시의 진행은 서두의 전제 아래 있다.

희망의 이야기는 성서의 기적이야기의 본질이다. 기적이야기는 구원자이며 해방자인 예수님의 소통의 드라마로 이해된다. 예수님은 하나님의 나라에서 구현될 보다 나은 삶을 위한 희망을 일깨운다. 예수님이 수행한 기적의 서술은 불가능한 것에 관한 스토리가 아니다. 전체의 시는 기적을 통해 부정적 상황을 극복하는 소극적 기다림의 자세를 권하지 않는다. 오히려 내면의 절망에 맞서 적극적으로 투쟁함으로써 새로운 존재의 터전을 마련할 것을 촉구한다. 이와 같은 서정적 발언은 기적이야기의 실존적 기능과 통한다.

세계적 반응을 일으킨 네나의 앨범 〈기적은 일어난다〉는 고통과 슬픔의 한가운데서 피어나는 소망과 동경을 애잔하면서도 활기찬 멜로디로 노래한다. 여기에 담긴 호소의 메시지는 세대와 지역을 초월하여 모든 청중의 마음속에 지워지지 않는 인상을 남긴다. 이 시대를 살아가는 인간은 누구나 끝없는 고난과 역경에 시달린다. 미래를 향한 꿈과 소망이 없다면 우리의 삶과 운명은 너무나 절망적이다. 그러나 "기적은 언제나 일어난다." 우리의 주변에서 발생하는 놀라운 기적은 우리를 좌절의 상황과 죽음의 공포에서 벗어나게 한다. 이것이 우리가 "지금" 기적을 기다리는 이유이다. 기적은 어둠의 현실에 밝은 희망을 약속하는 살아있는 징표이다. 새로운 질서를 창조한 하나님의 권능과 사랑의 시현은 오늘날과 같은 혼돈과 파국의 시기에 더욱 간절하게 기대된다.

책의 구성에 관하여

신약성서의 기적이야기에 관해 서술하는 것은 쉬운 일이 아니다. 이 방대한 주제에는 수많은 문제가 포함되어 있다. 특히 기적 이해의 기초를 형성하는 방법론의 성찰은 기본과제이다. 우리의 관심은 기적이야기의 실천적 해석에 있다. 그 중심은 지나간 과거의 이야기를 현재의 조망에서 바라보고 이해하는 것이다. 서사적 이야기에 내포된 계시의 의미는 오늘의 차원에서 새로이 개진된다. 서사의 분석과 이에 따른 의미의 해석은 이를 위한 토대가 된다. 두 방법적 범주는 해석의 실천에서 긴밀하게 연관된다. 텍스트 자체의 관찰에 의거한 면밀한 서사의 분석은 풍성한 해석의 지평으로 넘어간다. 적절하고 유용한 지평의 설정에서 기적이야기는 해석자에 의해 읽혀지고 해석된다.

이상의 전제 아래 책의 구성은 크게 세 부분으로 나누어진다. 첫째, 기적과 기적이야기의 이해를 위한 기본문제를 살펴보는 일이다. 여기에는 기적의 개념과 의미를 비롯한 여러 요소가 포함된다. 기적과 믿음의 긴밀한 관계는 예수님의 기적을 파악하는 전제적 요건이다. 구약에 연결된 신약의 기적이야기는 일정한 관점과 기준에서 체계적으로 조명될 수 있다. 기적의 유형론은 기적이야기의 형식뿐만 아니라 주제의 개진에 도움을 준다. 특히 악령의 추방과 질병의 치유는 초기기독교의 기적의 기본유형이다. 그밖에도 소생의 기적을 비롯한 다양한 기적의 형태가 기적이야기의 관찰을 위한 대상이 된다.

예수님은 초기기독교의 문화에서 카리스마의 기적 수행자로 나타난다. 그것은 고대사회나 초기유대의 기적 행위자의 모습과 구분된다. 예수님은 하나님의 대리자로 곤궁의 현장에서 권능을 행사한다. 악령을 추방하고 병든 자를 치유하며 거대한 자연의 위력을 제어한다. 이와 같은 구원의 사역은 구약의 예언서에 약속된 복음의 실현이다. 예수님은 예언의 기적 행위자이며 종말적 기적의 완성자이다. 악령의 추방은 하나님의 통치의 시작이다. 표적으로서의 기적은 믿음의 능력과 밀접하게 연관되어 있다. 질병의 치유는 확신의 믿음에 기인한다. 적지 않은 난치병과 신체장애의 치유는 그 증거이다. 소생의 기적도 믿음의 고취에 연결된다. 나사로의 소생 기적은 주변의 사람들을 '믿게 하려는' 간구의 기도에서 출발한다. 기적의 수혜자와 목격자는 헌신의 결단으로 예수님의 길을 걷는다.

신약성서의 기적 서술은 문화사의 측면에서 고대의 헬레니즘 기적이야기에 연관되어 있다. 그러나 성서의 이야기의 문맥에서 고유의 구조와 서술방식을 지닌다. 이것은 복음가의 관점과 구상에 의한 산물이다. 서사적 기적이야기의 형식과 장르는 텍스트의 서사분석에서 독립적으로 정립된다. 여기에 사용된 언어와 문체는 문학적 양식비평에 의해 적절하게 설명된다. 지난 수십 년 동안 문학과 문화연구의 분야에서 이루어진 내러티브(narrative) 이론의 정립은 서사의 구조와 골격의 분석을 위한 토대를 제공한다. 이 방면의 괄목할만한 학문적 진척에서 고안된 전문적 개념과 분석방식은 성서의 이야기의 이해에 의미 있게 적용된다. 그 결과 풍성하면서도 심층적인 해석의 수행이 이루어진다.

둘째, 기적이야기의 해석을 위한 기본방법을 설정하는 일이다. 일상의 경험을 초월하는 비범한 사건에 관한 이야기는 그 어떤 다른 이야기보다 해석의 어려움을 야기한다. 따라서 이 난관을 극복할 수 있는 일정한 수단이 필요하다. 여기에서 중요한 것은 현실을 받아들이는 **지각의 양식**에 관한 문제이다. 오늘날 인간학과 문화학의 전면에 대두된 지각의 이론은 해석의 수행을 위한 출발점이 된다. 기적의 이해에 관한 토론에는 기술적, 기능적 방법이 아닌 신비적, 신화적 지각양식이 적합한 것으로 증명된다. 이 방법의 범주에는 인간의 지각을 인도하는 여러 본질적 요소가 포함된다. 특히 신체적 감각의 범위를 넘어서는 **영적 지각**의 작용이 중요하다. 이것은 기적이야기에 내포된 심층적 계시의미를 포착하는 통로이다. 개안의 기적은 영혼의 열림에서 올바로 해명된다. 신비의 지각은 초월적인 하나님의 행위나 일상의 현실을 넘어서는 천상의 현상을 해명하는 합당한 방식으로 인정된다.

셋째, 기적이야기의 실천적 사례 해석이다. 이 부분이 전체의 중심이다. 임의로 선정된 대상은 주어진 문안의 토대 위에서 가능한대로 상세하게 해석된다. 앞에 제시된 다양한 이론적 관점은 해석의 수행을 위한 전제가 된다. 이와 관련하여 최근의 공동연구에서 설계된 체계적 해석의 모델이 소개된다. 그 중심을 형성하는 해석의 지평은 사례해석을 위한 유용한 지침으로 고려된다. 여기에는 다원적 해석의 가능성과 함께 비판적 조망과 안목의 필요성이 제기된다. 서사적 이야기에 내재된 의미의 정립을 지향하는 해석의 실천은 상호이해를 보장하는 보편성의 획득으로 귀결된다.

네 편의 복음서에서 취해진 일곱 개의 기적 사례는 각기의 특성과 구조에 맞게 관찰되어 서술된다. 우리의 해석의 수행을 위한 기본방향은 화자가 목표하는 메시지의 해명이다. 표적으로서의 기적의 이해는 기적 그 자체보다 기적이 전하는 계시의 의미에 중점이 놓여진다. 주변의 목격자를 사로잡은 충격과 감동은 바로 청중과 독자를 향하고 있다. 기적이야기 해석의 관건은 "나"를 향해 호소하는 살아있는 의미를 포착하는 데 있다. 그 결과는 삶과 신앙의 획기적 변화로 이어진다. 여기에는 해석자의 관심과 의지가 중요한 역할을 한다.

차례

제3부 기적이야기의 실천적 해석

제1부
기적이야기의 이해

제1장 기본문제

제2장 기적이해의 범주

제3장 성서의 기적이야기

제4장 요한복음의 일곱표적

제1장 기본문제

1. 기적이란 무엇인가?

신약성서에는 수많은 기적과 기적이야기가 등장한다. 기적이 없다면 신약성서의 구성은 불가능할 것이다. 특히 네 편의 공관복음은 다양한 형태의 기적이야기로 점철되어 있다. 기적이야기의 형식은 복음서를 형성하는 기본요소이다. 역사적으로 전승된 전거에서 취해진 많은 대상과 내용은 복음서의 저자에 의해 서사적 이야기의 형태로 새로이 가공된다. 여기에는 집필자의 관점과 구상이 중요하게 작용한다. 서로 다른 시기에 나온 복음서에 실린 기적이야기는 복음가의 기적비평의 산물이다. 이야기의 생성사에 연관된 기적비평의 문제는 제3장에 다루어진다.

기적이야기는 전기적 이야기나 비유이야기처럼 이야기의 형식과 구조에서 관찰된다. 따라서 서사의 특성과 구성요소를 파악하는 일이 중요하다. 이것은 기적이야기의 플롯과 주제를 설명하는 토대가 된다. 이야기의 언어와 문체는 새로운 현실을 창출하는 기본매체이다. 초자연의 기적사건은 활성적, 역동적 언어의 능력에 의해 현재화되고 구체화된다. 그 내용과 방식을 구체적으로 규명하는 것은 기적이야기의 의미해석에 큰 도움을 준다. 여기에는 서사의 분석과 언어양식의 해명이 기초가 된다.

네 편의 복음서에 취급된 기적이야기의 분량은 대략 35개에 이른다. 물론 이 숫자는 기적의 범위와 분류에 따라 달라질 수 있다. 예수님이 직접 수행한 기적뿐만 아니라 예수님에게 일어난 기적의 현상도 기적의 범위에 속한다. 중요한 활동이나 사건에 연관된 동반의 기적이 여기에 해당한다. 다양한 기적이야기에 서술된 기적의 수행에는 희망을 가져오는 복음이 선포된다. 기적은 단순히 놀라운 사건의 발생이 아니다. 그것은 믿음의 확신을 통해 최종의 구원에 이르게 하는 하나님의 거룩한 사역의 현실적 구현이다.

기적(奇蹟, miracle)이란 무엇인가? 사전적으로는 익숙된 사물의 진행의 분쇄를 통해 놀라움을 유발하는 비범한 사건으로 정의된다. 보통 기적이라고 말할 때 여기에는 하나님이나 보다 높은 존재의 힘이 작용한다는 관념이 들어있다. 이와 같은 기적의 개념은 확장될 수 있다. 원래의 의미의 기적은 그 어떤 일이 자연의 질서에 반해서 일어나는 것을 말한다. 과학적으로 설명할 수 없는 비일상의 현상은 현대의 합리주의 사고와 모순된다. 여기에서 부정적인 기적의 비판이 제기된다. 그러나 믿음의 차원에서 보면 전능한 하나님에게는 자신에 의해 창조된 자연질서의 와해가 가능하다. 구약과 신약의 기적은 이 사실을 증언한다.

역사비평의 주석에는 수용하기 어려운 자연법칙의 와해로서의 기적(Mirakel)과 그리스도의 믿음의 산물인 원래의 기적(Wunder)이 구분된다. 독일어 단어 "Wunder"는 '놀라다', '이상하게 여기다'를 뜻하는 동사 "wundern"의 명사형이다. "놀라움"은 기적의 의미를 규정할 뿐만 아니라 기적을 이해하는 기본요소이다. 기적의 발생이 목격자와 증인에게 가져다준 "놀라움"과 두려움은 기적이야기의 수신자에게도 해당된다. 이야기의 독자는 "말해진" 세계 속으로 이입되어 함께 "놀라고" 충격을 받게 된다. 여기에서 기적이야기의 의미를 이해하는 유희의 광장이 마련된다.

기적해석의 연구에는 "성서적 설화"라고 불리는 실천적 범주가 제기된다. 이 용어는 성서와 이야기의 긴밀한 관계를 지시한다. 이야기는 소통의 원초적 형식이다. 기독교는 원래 이야기와 소통의 공동체에서 출발한다. 따라서 "설화의 원형"으로 되돌아가려는 성향을 지닌다. 이야기의 들음은 시각적 매체의 증대에도 불구하고 여전히 매력을 잃지 않고 있다. 직관적 특성을 지니는 청취의 기능과 능력은 내포된 의미의 이해에 중요한 역할을 한다. 이야기는 멀리 떨어져있는 과거의 대상과 사물을 현재의 장소와 시점으로 이전한다. 그리고 청중을 "말해진" 사건으로 끌어들인다. 줄거리의 운동에는 성서의 형상과의 동일화가 이루어진다. 텍스트와 독자 사이의 거리는 와해되고 일치와 합의의 조망이 열린다. 하나님의 경험이 자신의 삶에서 깨어나고 새로운 출발을 위한 동기가 부여된다. 이와 같은 서사의 변용은 희망을 약속하는 성서의 기적이야기에 의미 있게 적용된다.

물론 기적의 정의에 관한 답변은 개인의 교육정도와 관심의 방향에 따라 다르게 주어질 수 있다. 그러나 기적의 의미에는 일반적으로 "비범성"의 요소가 내재해있다. 다시 말해 일상의 경험을 뛰어넘는 특별한 속성이다. 여기에서 문제가 되는 것은 기적의 기준을 형성하는 "비일상성" 혹은 "비정규성"의 개념이다. 두 요소는 역사의 변천에서 가변성을 전제한다. 과거에는 기적으로 여겨지던 것이 오늘날에는 인간적 인식의 발전으로 기적이 아닌 것으로 받아들여진다. 공상소설이나 공상영화에 등장하는 초자연의 사건이 여기에 속한다. 기적에 관한 인식과 판단은 시대의 흐름과 관계가 있다. 고대의 기적이해는 현대와 상당한 거리가 있다. 그리스와 로마의 문화에서는 기적이 초현실의 놀라운 사건이라기보다 신적 경험의 산물로 여겨진다. 로마의 해양군인은 위험한 항해를 마치고 무사히 귀환할 때에 "세라피스"(Serapis) 신에게 감사를 드린다.

성서는 기적을 **"하나님의 구원행위의 징표로 이해되는 놀라운 사건"**으로 규정한다. 이 기본명제는 세례요한의 제자들을 향한 예수님의 자기선언에서 증명된다. 예수님은 메시아의 존재와 신분을 물어보는 그들에게 병치유와 소생의 기적이 복음전파의 증거라고 답변한다. 이를 위해 이사야서에 연속해서 등장하는 선지자의 예언을 인용한다(26.19, 29.18-19, 35.5-6, 61.1). 고귀한 전승의 구절은 마태와 누가에 의해 의미 있게 수용된다(마태 11.4-6, 누가 7.22-23). 두 병행구문에 언급된 다섯 가지 기적은 유대민족이 고대하였던 메시아의 구원사역의 의 실행이다. 그것은 무한한 긍휼과 자비의 산물이다. 예수님은 세례요한을 향한 전언의 마지막에서 복음을 믿는 자에게 주어지는 축복을 지적한다. 기적의 수행을 통한 **구원의 복음의 선포**는 신약의 기적이야기를 서술하는 기본지침이다.

성서의 기적은 세계의 사건과 자연의 과정으로의 하나님의 개입이다. 이것은 성서에 기록된 두 가지 중요한 기본사실에서 확인된다. 하나는 세계질서의 새로운 창조이다. 원초의 기적인 천지창조의 사역에는 원시의 혼돈의 상태로부터의 창조가 하나님의 말씀의 권능에 의거한다(창세기 1,1-2). 창조의 "로고스"(logos)는 사도 요한에 의해 "육화된" 예수님으로 이어진다. 요한복음을 열어주는 "로고스 찬가"에는 태초의 말씀이 지상으로 내려와 "장막의 거처(eskenosen)"가 된다(요한 1,14).

말씀이 육신이 되어 우리 가운데 거하시매...

위의 문장에서 그리스어 동사 "거주하다"는 '장막을 치다'의 뜻으로 완전히 하나가 됨을 말한다. 거룩한 신성을 지닌 예수님이 비천한 인간과 동일화된다. 이처럼 놀랍고 감사한 일이 어디 있겠는가! 이 기적의 사건에는 하나님의 사랑이 전제되어 있다. 즉 피조물에 대한 창조주의 절대사랑이 작용한다.

예수님의 활동은 어둠의 세상에 하나님의 빛을 비추는 새로운 창조의 행위이다. 요한계시록의 종결부에는 낡은 세계의 파멸을 통한 새로운 세계의 건설이 이루어진다. 이것은 "새 하늘과 새 땅"의 창조와 새로운 낙원의 재건으로 나타난다(21,1-8, 22,1-5). 새로운 낙원은 창조의 이야기에 전해진 잃어버린 낙원의 복원이다. 신구약성서는 우주적 질서의 새로운 창조라는 두 개의 장대한 기적으로 둘러싸여 있다.

다른 하나는 현현(epiphanes)의 현상이다. 이미 구약에 보여진 신적 현현은 신약에서 여러 형태로 제시된다. 예수님의 세례예식에는 하늘의 음성에 의해 "사랑하는 아들"의 존재가 계시된다. 산상의 변용에 관한 장면에는 예수님이 천상의 대표자로 등단한다. 빛을 발하는 밝은 의

복은 천상의 영역으로의 귀속을 지시한다. 복음서를 마감하는 빈 무덤의 기사에는 천사가 나타나 부활의 증인에게 죽은 자의 살아남을 고지한다. 이것은 신약성서에 나오는 최대의 기적이다. 부활 이후의 현현은 가장 의미 있는 기적의 실현이다. 부활한 예수님은 제자들 앞에 나타나 하나님의 나라를 이야기하고, 기적을 베풀고, 앞날을 위한 선교의 사명을 부여한다. 이 초지상의 사건은 원시기독교의 교구에 확고한 부활의 신앙을 심어준다. 하나님과 예수님의 현현은 신약의 기적을 대언하는 범례이다.

기적은 신약성서에서 여러 단어로 표기된다. 이것은 유사한 현상이 기적의 범위에 포함될 수 있음을 말한다. 그리스어에는 기적에 관한 통일된 개념이 없다. 가장 기본적인 명사는 "thauma"와 "arte"이다. 앞의 경우에는 '볼만한 것, 인공의 작품', 뒤의 경우에는 '유능한 행위'라는 의미가 들어있다. "thaumasion"은 '놀라운 일, 기이한 것'을, "paradoxon"은 '기대하지 않은 것, 믿을 수 없는 사건'을 뜻한다. 두 단어는 복음서에 단 한 번 등장한다. 앞의 경우는 성전의 치유기적(마태21.15), 뒤의 경우는 중풍병자의 치유를 지켜본 목격자의 표현이다(누가 5.26). 빈 무덤을 방문한 베드로의 심리적 충격을 나타내는 동사 "놀라워하다"는 "thaumazon"이다(누가 24.12).

누가는 세 개의 단어를 기적의 의미로 사용하고 있다. "teras"는 '비범한 현상', "semeion"은 '표적' 혹은 '징표', "dynamis"는 '예수님 안에서의 하나님의 능력'을 가리킨다. "dynamis"는 마가에 의해, "semeion"은 요한에 의해 선호된다. "semeion"은 기적이 그 어떤 위대한 것, 아직 일어나지 않은 것에 대한 징표라는 사실을 지시한다. 따라서 곧 야기될 기적의 결과와 영향에 무게가 주어진다. 누가와 바울은 표적을 성령의 권능과 성령의 은사에 의한 것으로 설명한다(사도 1.8, 고전 15.10). 요한이 강조한 어휘 표적에는 아들을 통해 나타나는 하나님의 활동(ergon)과 영광(doxa)이 내포되어 있다. 명사 “ergon”은 마태복음 11장 2절과 요한복음 9장 3절에서 발견된다. 한글성경에는 이 단어가 “하시는 일”로 번역된다. 기적이 예수님에게 주어진 활동이라면 여기에는 하나님에 대한 예수님의 일치된 자세와 예수님의 능력의 충만이 내포되어 있다.

그밖에 “adynata”가 소생의 기적이나 초자연의 기적에 관련하여 등장한다. 이 단어는 ‘불가능한 것, 믿을 수 없는 것’을 뜻한다. 초자연의 기적은 자연의 위협에서 벗어나는 구조의 기적에 연결된다. 신약성서에는 “표적과 기사”(semeia kai terata)라는 이중의 용어가 등장한다. 이 도식적 표현은 신앙적 역사관찰의 범위에서 예수님과 사도들의 행위의 신적 근원과 종말적 성격을 강조한다(사도 2.22, 5.12). 요한복음에는 외형적인 “표적의 신앙”에 대한 경고의 차원에서 사용된다(4.48). 이것은 공관복음에 지적된 “표적의 요구”에 대한 부정적 반응과 맥을 같이한다.

“표적의 요구”는 마가의 복음에서 사탄의 시험이라는 부정적 맥락에서 사용된다(8.12). 다시 말해 “악한 세대”의 징표적 현상이다. 예수님이 바리새인의 불순한 요구를 거절한 것은 표적이 자신의 우위성을 증명하는 수단이 아니기 때문이다. 더구나 사탄의 강요에 의한 굴복의 대상은 될 수 없다. 이것은 광야에서 악마의 시험을 물리친 예수님의 행적에서 분명하게 드러난다(마태 4.1-11). 마태는 격언의 형태로 전승된 “요나의 표적”만을 예수님의 죽음의 숙명을 지시하는 유일의 모형으로 제시한다(12.39-41). 다만 예수님은 요나보다 “더 큰 자”로 규정된다.

표적의 진정한 의미는 요한에 의해 명료하게 밝혀진다. 그는 자신의 복음서에서 기적을 표적이라는 단어로 대체하고 있다. 이 명사는 문서

전체를 관류한다. 가나에서 일어난 최초의 두 기적은 "첫째 표적"과 "둘째 표적"으로 표기된다(2.11, 4.54). 이것은 보통의 기적과 다른 표적의 의미를 강조하기 위함이다. 이와 같은 의도는 다른 표적에도 해당된다. 가나의 혼인잔치 기적은 이어지는 단락에서 니고데모에 의해 "이 표적"으로 불린다(2.3). 그 후 오천 명의 급식기적과 관련하여 두 차례 사용된다(6.2, 26). 그리고 기본문서의 결구에서 "많은 표적"이라는 어구로 총체적으로 정리된다(20.30). 여기에는 앞에 서술된 부활의 기적이 포함된다. 표적은 요한의 기적이해를 대표하는 용어이다.

요한의 기적서술에는 기적의 내용이나 과정보다 후속의 반응과 영향에 보다 많은 지면이 할애된다. 이것은 기적이 주는 계시의 의미가 중요하기 때문이다. 그 내용은 개별상황에 따라 다르게 나타난다. 그러나 목격자와 증인의 삶과 신앙을 변화시킨다는 점에서 같은 차원 위에 있다. 병치유의 경우에는 수혜자의 "따름"과 "섬김"의 결단이 이루어진다. 시각의 기능을 회복한 바디매오가 후계자의 길을 걷는 것이 대표적 사례이다. 닫힌 눈의 열림은 영적 깨달음을 의미한다.

기적의 소재는 동화, 전설, 신화에도 취급된다. 이 경우에는 기적이 시간과 장소에 연관된 인간적 상상력의 산물이다. 그리고 일정한 계기와 동인이 존재한다. 이솝 우화나 그림 동화와 같은 작품에는 마술에 의한 기적이 등장한다. 마술사(magos)와 요술사(goetes)는 같은 맥락에서 이해된다. 고대 그리스의 신화는 기적의 능력을 지닌 올림포스 신들의 주변을 맴돌고 있다. 신들의 이야기에는 인간세계의 문화적 원상이 제시되어 있다. 델피의 신탁은 신들과 인간을 중재하는 역할을 한다. 여기에는 수수께끼 같은 주술의 언어가 사용된다. 호머(Homer)의 서사시는 영웅과 인간의 운명이 막강한 신들에 의해 조종됨을 보여주고 있다. 로

마제국의 건설에 관련된 설화에는 거인적 힘을 지닌 인간의 기적이 소개된다.

성서의 기적은 세계의 역사와 운명에 직접 관여하는 하나님의 절대 권능의 표식이다. 그 근원에는 창조주의 무한한 사랑과 자비가 놓여있다. 하나님의 계시의 구현으로서의 표적은 다양한 형태로 나타난다. 하나님과 그리스도의 현현을 보여주는 초월의 현상은 탁월한 예이다. 성령에 의한 예수님의 출생, 인류의 구원을 위한 십자가의 희생의 죽음, 빈 무덤에 보여진 부활의 증거가 모두 놀라운 기적의 사건이다. 기적이 없다면 기독교의 신앙은 존재하지 않는다. 사도 바울은 "죽은 자의 부활이 없다면 우리의 믿음은 헛된 것"이라고 증언한다(고린도전서 15.13-14). 기적은 신앙의 원천이다. 성서의 기적은 합리적 판단이 아니라 종교적 믿음의 차원에서 올바로 이해된다.

2. 기적과 믿음

기적은 믿음의 가장 사랑하는 자식이다.

위의 시행은 독일의 시성 괴테(Goethe)의 불후의 대작 《파우스트(Faust)》 제1부의 첫 장면 〈밤〉의 종반에 나오는 한 구절이다(766행). 간결한 진술문이 속한 장면은 그리스도의 부활을 찬양하는 "천사의 합창"에 이어진 내면의 독백이다. 23행에 걸친 긴 성찰의 서두에서 발언자는 기적을 "믿음의 가장 사랑하는 자식"이라고 표현한다. 여기에서 믿음이란 부활의 종소리로 인한 청춘의 회상에서 깨어난 것이다(769행). 잃어버린 믿음에 대한 자각은 "믿음이 기적의 원천"이라는 심오한 통찰에 도달하게 한다. 여기에 언급된 기적의 의미에 관해서는 본문에 특별한 지시의 구문이 없다. 그러나 전체의 문맥을 살펴보면 다음과 같은 추론이 가능해진다.

희곡의 제1부를 열어주는 방대한 도입의 모노로그는 명망 있는 노학자에게 닥쳐온 인식과 실존의 위기를 다룬다(354-521행). 거인적 인간이 지닌 진정되지 않는 지식의 추구, 행복의 욕구, 삶의 굶주림은 학자의 비극을 가져오는 동인이다. 복합적으로 형성된 심각한 갈등의 악화는 결국 파우스트를 자살의 충동으로 유도한다. 어두운 서재에 파묻혀 독이 든 잔을 꺼내 입가에 대려던 그의 귀에 힘찬 부활의 찬가가 들려온다. 이것은 우연히 일어난 외부의 사건이 아니라 듣는 자의 내면의 세계에서 이루어진 영혼의 자유의 획득이다. 심오한 자성의 과정을 거친 파우스트가 부활의 찬양과 함께 죽음의 위기에서 벗어난 것은 다시 찾은 영혼의 힘에 의한 숭고한 기적이라 할 수 있다.

괴테가 남긴 경구적 형식의 문장은 오늘날에도 성서의 기적해석에 유용하게 도입된다. 특히 "자식"이라는 단어의 사용이 토론의 대상이 된다. 기적을 부정적으로 평가하는 입장에서는 "문제아"의 범주에서 설명되기도 한다. 그러나 중성명사 "자식"은 기적과 믿음의 관계를 규정하는 적합한 매체로 받아들여진다. 기적은 믿음의 산물이며, 믿음은 기적을 태동하는 원천이다. 두 개념은 상호성의 관계에 있다. 이 중요한 기본명제에는 "믿음이 무엇인가" 하는 것이 문제가 된다.

기적의 문맥에서의 믿음(pistis)은 "진리"라기보다 "가능성"으로 생각하는 것이다. 즉 인간의 경험과 판단의 한계를 뛰어넘는 하나님에의 전폭적 신뢰이다. 신뢰의 믿음은 기적의 발생을 가져오는 원동력이다. 가버나움의 백부장은 자신의 종을 위해 청원하면서 예수님을 향한 절대의 신뢰를 표명한다. 그의 뛰어난 믿음은 멀리 떨어진 하인의 치유를 가능하게 한다. 자신의 모든 에너지를 예수님과의 접촉에 바치고 도움을 청하는 것은 기적의 성과를 약속한다.

간질병 소년의 치유이야기에는 믿음의 능력이 강조된다. 예수님은 병자의 아버지의 회의적 발언에 대해 다음과 같이 답변한다(마가 9,23).

> 믿는 자에게는 능히 하지 못할 일이 없느니라.

내면의 불신은 치유의 길을 가로막는 가장 커다란 장애물이다. 격언 형식의 귀중한 말씀은 초대교구에서 최고의 신앙원리로 승화된다. 이중의 부정을 통해 강조적으로 표현된 문장은 확고한 믿음이 있는 자에게 "모든 것"이 가능하다는 사실을 지적한다. 이것은 기적의 신앙의 본질이다. 기독교의 신앙은 가능성의 실현에 근거하는 기적의 믿음에서 출발한다.

일상어에서 보면 믿음은 "진실하다고 생각하는 것"이다. 이 정의는 우선 내용을 지시하지만 동시에 인물에 관계된다. 예수 그리스도를 믿는다는 말이 이를 증명한다. 믿음은 그 자체로 완성되는 것이 아니라 계속적 심화를 필요로 한다. 다시 말해 거대한 저항을 극복해야 한다. 이것은 일반적 사고와 경험의 한계를 넘어서는 초월적 신뢰를 말한다. 믿음은 치유의 행위를 일으키는 기도, 청원, 에너지에서 활성화된다. 믿음의 마지막 모습은 치유의 수혜자와 증인의 반응에서 읽을 수 있다. 그들의 확실한 믿음의 고백은 앞으로의 삶을 변화시킨다. 그 결과는 예수님을 향한 따름과 섬김의 행위로 나타난다.

기적의 신앙의 출발점은 카리스마의 인물 예수님과의 역사적 만남이다. 이것은 부활을 전후한 일련의 사건, 무엇보다 부활 이후의 현현에서 증명된다. 부활한 자는 여러 차례에 걸쳐 제자들 앞에 살아있는 육체의 형상으로 출현한다. 그리고 자신이 생전에 수행한 기적과 성찬의 예식을 재연한다. 현현의 기적에 관한 제자들의 경험은 부활의 신앙을 확립하는 근거가 된다. 기적의 믿음과 그리스도에 대한 믿음은 동일한 것이다. 여기에 기적의 신앙이 갖는 정체성이 있다. 기적은 사실로 증명되지 않는다. 그러나 증명될 수 있는 역사적 거점을 지니고 있다.

요한복음에는 기적이 믿음에 영향을 행사한 사실이 이미 "첫째 표적"의 결구에 지적된다(2,23).

많은 사람이 그의 행하시는 표적을 보고 그의 이름을 믿었으나

기적의 믿음에 대한 요구는 요한복음에서 이사야의 예언을 통해 강조된다(12,38-40). 여기에 인용된 대상은 이사야 53장 1절과 6장 10절의 두 절이다. 앞의 경우에는 예언자의 말을 믿지 않는 자세가, 뒤의 경우에는 완악함과 마음의 굳음이 언급된다. 예언자가 성전에서 경험한 하나님의 영광은 예수 그리스도로 전이된다. 이사야는 눈이 멀고 귀가 들리지 않는 맹목의 상태를 진리의 선포를 통해 회복하고 있다. 이것은 표적의 믿음에도 통용된다. 이사야 6장 10절은 신약성서에서 전체 혹은 부분으로 6회 이상 인용된다. 대부분 몽매한 자의 의식을 깨우치기 위해 도입된다.

기적과 믿음의 상호성은 적지 않은 기적이야기에서 중요하게 취급된다. 폭풍의 평정이나 호수 위의 보행기적에는 초자연과 초현실의 사건이 가능한 실재의 현상으로 나타난다. 이것은 창조주 하나님의 권능을

신뢰하는 확고한 믿음에 기인한다. 마가는 폭풍 진정의 기적을 확고한 믿음의 형성이라는 초대교구의 요구와 연결한다. 이와 같은 서술방향은 이어지는 호수 위의 보행기적에도 마찬가지이다. 여기에서 예수님은 완전히 정신을 잃은 제자들을 향해 "두려워하지 말라"라고 위로한다(마가 6.50). 간결한 명령의 도식은 예수님이 상대방의 "불신"을 지적할 때 사용하는 어법이다. 마태의 병행단락에는 보다 구체적으로 표현된다(14.31).

믿음이 작은 자여 왜 의심하였느냐.

여기에 명명된 "믿음이 작은 자"는 앞에 나온 폭풍평정의 이야기의 연속이다(5.26). 저자의 복음서에 다섯 차례에 걸쳐 등장하는 "작은 믿음"(oligopistia)은 '알다'와 '행동하다'의 사이에 놓인 잘못된 정체성을 지시한다. 여기에서 중요한 것은 주님의 능력과 현존에 대한 확신의 믿음이다. 제자들은 예수님의 잠을 구원을 불가능하게 만드는 부재의 현상으로 파악함으로써 그의 존재에 관한 올바른 인식을 그르친다.

기적과 믿음의 연결은 고향인의 배척에 관한 변두리 이야기에서 부정의 문맥으로 서술된다. 다시 말해 믿음의 부재(apistia)라는 주제 아래 개진된다(마가 6.1-6). 여섯 절의 단락은 전도의 성과가 상대방의 자세에 좌우된다는 사실을 보여준다. 나사렛 사람들에게는 예수님의 신성이나 권능에 관한 의식이 존재하지 않는다. 그들이 지닌 영적 완고함은 복음의 수용을 불가능하게 만든다. 단락의 결구에는 예수님이 참다운 기적을 수행하지 못한 이유가 동향인의 불신앙에 있음이 지적된다(6.6). "그들이 믿지 않음을 이상히 여겼더라." 영적인 어둠과 죄악의 상태에는 구원을 가져오는 치유의 기적이 일어나지 않는다.

특히 병치유의 기적은 확고한 믿음에 근거한다. 혈루증 여인의 치유와 맹인 바디매오의 개안기적에는 "네 믿음이 너를 구원하였다"는 치유의 말씀이 공통으로 강조된다. 혈루증 여인의 기적에는 병자의 강한 믿음이 치유의 생명력을 움직인다. 치유의 수행자의 구원의 선언은 여인의 강한 신뢰와 과감한 행동에 대한 보상의 응답이다(마가 5.34). "구원의 믿음"은 육체적 건강의 회복뿐만 아니라 영적 재생과 깨우침을 가져온다. 바디매오의 기적은 믿음의 기대와 과감한 행동이 동인이 된다. 그가 거듭하여 부르짖은 호칭 "다윗의 아들"(hyrios David)은 예수님이 자신을 구원할 메시아임을 믿는 신뢰의 표명이다(마가 10.47-48). 진실되고 확고한 청원자의 믿음의 호소는 치유자의 마음을 움직인다.

나사로의 소생기적 이야기에는 믿음의 모티브가 이야기 전체를 관류한다. 예수님은 거듭해서 "너희가 믿게 되도록"이라고 말한다(요한 11.15, 42). 믿음의 촉구는 기적을 수행하는 기본목적이다. 무덤의 소생기적 장면에는 기도의 힘이 중요한 역할을 한다. 많은 사람을 "믿게 하려는" 중보의 기도는 놀라운 기적을 일으킨다(11.42).

곧 아버지께서 나를 보내신 것을 그들로 믿게 하려 함이니이다.

기적의 발생이 직접적으로 기도와 연결된 것은 복음서에서 이곳에만 발견된다. 이것은 예수님이 기적이야기에서 기도자로 등장하지 않는다는 사실에 대한 반사일 수 있다. 예수님은 여러 사람이 보는 가운데에서 외형적으로 기도하지 말 것을 요구하고 있다. 경건의 실천이 중요하기 때문이다. 예수님이 기적의 수행과정에서 기도의 행위를 가급적

제한한다면 그것은 자신의 기도의 규율을 준수하는 것이 된다. 나사로의 소생에 앞서 예수님이 수행한 "구원의 믿음"의 기도는 하나님의 뜻에 합당한 능력의 기도이다.

믿음과 기도의 관계는 간질병 소년의 치유기적에서 특별한 어법으로 강조된다. 예수님은 종반의 장면에서 제자들에 의한 악령퇴치의 실패가 "기도의 힘"의 결여에 기인한다고 설명한다(마가 9,29).

> 기도 외에 다른 것으로는 이런 종류가 나갈 수 없느니라.

여기에서 "이런 종류"란 집단의 힘에 의해 지배되는 마성을 말한다. 거라사 광인의 경우가 대표적 사례이다. 이처럼 막강한 악령의 세력은 오로지 하나님이 부여한 기도의 능력에 의해서만 퇴치될 수 있다.

무화과나무의 소멸의 기적도 간질병 소년의 치유기적에서처럼 믿음과 기도의 능력에서 설명된다(11,24).

> 무엇이든지 기도하고 구하는 것은 받은 줄로 믿으라 그리하면 너희에게 그대로 되리라.

선행하는 절은 "마음에 의심하지 아니하는" 확신의 믿음에서 산을 움직이는 기적이 태동한다고 지적한다. 이것은 믿음의 기적에 관한 최고의 원리이다. 이어지는 문장은 여기에 연결된다. 비록 인간의 힘으로 불가능하다 할지라도 "하나님에 대한 믿음"으로 기도하고 구하면 "그대로" 이루어진다. 신뢰의 믿음과 간구의 기도는 초자연의 기적을 가져오는 두 개의 축이다. 이들은 기적의 발생에서 시너지의 작용을 한다.

기적과 믿음의 관계의 이해에서 유의해야 할 점은 외향적, 가시적 기적의 의존에 대한 비판이다. 왕의 고관의 아들의 치유기적에는 이에 관한 의미 있는 지적이 나온다(요한 4.48).

너희는 표적과 기사를 보지 못하면 도무지 믿지 아니하리라.

순수한 시각적 확인에 근거하는 믿음은 보완이 필요하다. 믿음은 표적의 "봄"을 능가한다. 이것은 말씀의 들음에 기초하는 믿음을 말한다. 말씀의 힘은 상징적인 심층의 차원을 해명한다. 니고데모와의 대화에서는 천상적 표적의 수행에 대해 "성령의 거듭남"이 강조된다(3.2-3). 대화 이야기의 중심을 형성하는 초월적 명제는 하나님의 나라에 들어가는 필수조건이다. 실증적 사실에 의거하는 믿음은 예수님에 의해 강하게 부정된다. 부활 이후의 현현의 기사에 속하는 도마의 에피소드는 "보지 않고 믿는 자의 축원"으로 끝난다(20.29). 진정한 신앙인에 대한 축복은 눈으로 "보는 것"과 관계가 없다.

기적발생의 원천에 관해서는 광야에서 악마의 유혹을 물리친 예수님의 발언에 잘 나타나있다(마태 4.1-11). 공생애의 사역을 열어주는 도입의 사건은 예수님이 감행한 최초의 기적이라 할 수 있다. 40일간의 시험기간은 이집트를 탈출한 이스라엘 백성의 광야시기의 축소판이다. 유혹자는 극도로 굶주린 예수님을 향해 다음과 같이 말한다(4.3). "네가 만약 하나님의 아들이어든 명하여 이 돌들로 떡덩이가 되게 하라." 여기에서 가정의 구문 "하나님의 아들이어든"은 앞에서 거행된 세례예식에 주어진 천상의 선언에 대한 시험이다. 돌을 떡으로 변화시키는 것은 하나님에 대한 충성이 결여된 자기의지의 행동이다. 이와 같은 위기의 상황에서 예수님은 다음과 같이 응수한다(4.4).

> 사람이 떡으로만 살 것이 아니요, 하나님의 입으로부터 나오는 모든 말씀으로 살 것이라.

위에 인용된 구절은 신명기 8장 3절이다. 그 내용은 만나의 선물을 망각한 이스라엘 백성의 불만에 연관된다. 여기에는 육체적 욕구의 해소에 집착하는 자세에 대한 경고가 담겨있다. 예수님은 구약의 경고에 의거하여 빵의 힘을 "말씀의 권능"으로 대체한다. "떡으로만"과 "모든 말씀으로"는 극명하게 대조된다. 하나님의 말씀에 내재한 성령은 물질의 욕구와 세상의 권세를 무력화하는 막강한 힘을 갖는다. 예수님은 하나님으로부터 받은 영적 권능으로 유한한 인간의 한계를 극복한다. 무에서 유를 만든 창조의 말씀은 불가능한 것을 가능하게 만든다. 초인적 기적의 발생은 전지전능한 하나님의 말씀에 대한 전폭적 신뢰에 기인한다. 이것을 믿는 것이 기적의 신앙이다. 기적을 믿는 일은 인간이 제한된 삶과 사고의 영역을 넘어 진정한 자유와 해방을 누리는 유용한 통로이다. 나아가 하나님의 나라에 대한 소망을 확고하게 심어주는 근거이다.

3. 기적의 수행자 나사렛 예수

신약의 기적이야기의 주연은 적극적 활동의 주체인 예수님이다. 기적의 대상자, 중재자, 목격자는 모두 조연에 불과하다. 이야기로서의 기적서술의 중심에는 예수님이 서있다. 문화사의 문맥에서 역사적 예수는 고대의 기적행위자의(Thaumaturg) 스펙트럼에서 특별한 기적의 수행자로 부각된다. 나사렛(Nazaret) 예수는 역사적 인물이나 문학적 주인공으로서의 기적행위자와 뚜렷하게 구분된다. 헬레니즘과 유대의 문서에 등장하는 적지 않은 기적행위자는 모두 역사의 변화에 종속된 상대적 형상이다. 그러나 신약성서의 기적이야기에 제시된 예수님은 절대의 카리스마를 지닌 악령추방자이며 동시에 예언적 기적수행자이다. 후자의 경우는 구약과 유대의 문서에 예언된 기적의 실현자로 나타난다.

악령의 추방과 질병의 치유는 예수님의 기적수행에서 상이한 방식으로 평가된다. 앞의 경우는 투쟁과 관철을 상징하는데 비해 뒤의 경우는 회복과 실현을 지시한다. 악령의 추방은 하나님의 나라가 지상에 성취되는 종말의 관점에서 이해된다. 예수님의 기적행위는 종말적 선포의 틀에서 기대되어진 하나님의 나라의 도래에서 그 의미가 드러난다. 이에 반해 질병의 치유는 지상에서의 육체적, 정신적 고통의 해소이다. 그러나 두 기적의 형식은 복음의 구원이라는 차원에서 하나로 용해된다. 기적행위의 대상이 되는 고통의 속성에도 서로 연결된다. 즉 악령의 사로잡힘과 질병의 발생은 동일한 근원에서 설명된다. 이와 같은 사고에는 귀신들림의 현상에 관한 병리학적 진단이 작용한다.

복음서의 저자들은 부활의 사건 이후 예수님을 이스라엘의 메시아, 다윗의 아들, 하나님의 아들, 인자, 세상의 구세주로 규정한다. 십자가의 죽음은 그들에게 예수님에 대한 믿음을 보증하는 구원의 사건이다. 이를 위한 최초의 역사적 거점은 나사렛 예수와의 만남이다. 이미 복음서의 서두에 확실한 카리스마의 증거가 나타난다. 예수님은 자신의 복음과 행동으로 사람들을 감동시키는 능력을 지닌다. 그에게는 사람들을 자신의 길로 끌어 다니거나 결단의 행동으로 촉구하는 그 무엇이 나온다. 이와 같은 양상은 초월적 힘의 방사, 확신의 비전, 놀라운 기적의 수행 등으로 나타난다. 예수님은 전통적 랍비나 예언자의 범위를 넘어서는 카리스마의 인물이다. 부활의 경험은 이와 같은 사실을 확증한다.

카리스마는 인간으로부터 방사되는 특별한 확신의 능력을 가리킨다. 신약성서에는 원래 사도바울에 의해 "은혜의 선물"이라는 의미로 사용된다. 갈라디아서 5장 22-23절에서 "성령의 열매"를 지시하는 그리스어 명사 "charisma"(복수 charismata)는 은혜를 뜻하는 'charis'에 연원한다. 카리스마는 성령의 은사 혹은 성령에 의해 중재된 은사를 말한다(고린도전서 12.4-11). 부활 이전의 예수님은 특출한 하나님의 성령의 대언자로 인식된다. 카리스마의 강한 영향력은 사탄에 대한 승리, 권위 있는 성문서의 해석, 치유의 권능의 행사에서 확인된다. 예수님의 기적은 추월될 수 없는 카리스마의 증거이다.

기적수행자로서의 예수님은 악령에 사로잡힌 자를 해방하고 병자가 지닌 고통의 질병을 치유한다. 나아가 자연의 마성을 제압하고 죽은 사람을 살린다. 이와 같은 비범한 행적은 하나님의 아들에게 주어진 구원 사역의 일환이다. 구약의 이사야서에 예언된 구원의 복음은 새로운 메시아에 의해 완성된다. 그는 마비된 자를 걷게 하고, 눈먼 자를 보게 하고, 나병환자를 치유하고, 못 듣는 자를 듣게 하고, 죽은 자를 소생시킨다(마태 11.5, 누가 7.22). 이 모든 은혜의 기적은 하나님의 사랑과 권능의 표식이다. 예수님은 하나님을 대리하여 초월의 기적을 수행한다. 구원자로서의 예수님의 모습은 놀라운 기적의 현장에서 가장 명료하게 인지된다.

예수님에 의해 이루어진 기적의 종류는 매우 다양하다. 그 범위는 악령의 추방에서 질병의 치유와 자연의 기적을 거쳐 소생의 기적에 이른다. 질병의 치유는 신약성서에 가장 자주 등장하는 기적의 형태이다.

안식일의 치유는 여기에서 독자적 위치에 있다. 이 특별한 치유사례는 안식일의 논쟁과 결부되어 있다. 안식일의 갈등은 예수님의 사역기간 동안 지속된 적대자와의 논쟁의 대상이다. 예수님이 안식일에 회당에서 손 마른 자를 치유한 사건은 바리새인 집단으로 하여금 예수님의 살해를 모의하는 동기가 된다(마가 3.6).

카리스마의 인물로서의 예수님의 기적수행은 복음가의 기적이야기에서 분명하게 인지된다. 최초의 기적사례인 가버나움의 악령추방은 그 전형을 보여준다(마가 1.21-28). 여기에 시현되는 카리스마의 특징은 기적수행자의 **말씀의 권능과 기적의 행위**이다. 서로 연계된 두 요소는 고유의 서사적 구도에 의해 선명하게 드러난다. 스스로 통일된 이야기는 순환적인 틀의 구조를 형성한다. 즉 1장 22절과 27절의 두 절은 동일하게 권위 있는 "교훈의 능력"에 의해 둘러싸여 있다. 이야기 전체를 특징짓는 이 기본모티브는 기적수행의 동인을 파악하는 핵심이다. 원래의 기적이야기에 해당하는 네 절은 내부의 원의 가운데에 위치한다(1.23-26).

원의 가장자리를 형성하는 두 병행문은 동일하게 권능(exousia)에 의해 각인된다(1.22, 27). 이 기본어는 성서의 전통에 유래하는 것이 아니라 기적을 수행하는 예수님의 현존의 능력에 근거한다. 마가는 이 명사를 하나님으로부터 위임된 예수님 고유의 능력을 나타내기 위한 어휘로 선호하고 있다. 두 차례에 걸쳐 지적된 권능의 의미에는 권위 있는 교사로서의 예수님의 상에서 명령의 말씀의 능력으로의 이행이 감지된다. 권능의 개념은 가르침과 말씀의 행위를 포괄한다.

가버나움 회당에서 일어난 돌발적 기적은 선행하는 첫 번째 제자의 부름과 외형상으로 구분된다. 장소의 교체(가버나움), 시간의 제시(안식일),

인물의 출현(회당의 군중)은 새로운 이야기의 시작을 알린다. 일련의 기적은 베드로 장모의 치유와 함께 또 다른 기적으로 넘어간다. 커다란 단위의 연쇄이야기에는 개인적, 공적 사건이 혼합된다. 예수님을 따르는 제자들은 도입의 문장에서 간접적으로 지시된다. 회당에 모인 사람들은 기적의 현장을 경험하는 증인의 역할을 한다. 기적수행자의 명성의 파급을 서술하는 에피소드의 종결은 고전적 결론이다.

최초의 악령추방 이야기는 악령추방 기적의 모형을 제시한다. 여기에는 고유의 특징적 어휘가 사용된다. 악령은 두 번에 걸쳐 "불결한 영"으로 표기된다(1,23, 26). 악한 영에 비해 강한 뉘앙스를 풍기는 도식적 용어는 유대의 전승에 연결된다. 초기유대의 문학에는 "불결한 영"이 천상과 지상의 존재 사이의 부정한 교제로 거슬러 올라간다. "더러운 영"에 관한 예수님의 지적은 카리스마를 지닌 유대의 예언적 인물에 연관된다. 악령의 입을 빌려 표현된 형용사 "거룩한"은 속된 것, 불결, 죄악과의 분리를 의미한다(1,24). 따라서 "불결한 영"의 특성과 뚜렷하게 대조된다.

악령추방의 행위는 동사 "내쫓다"로 대표된다. 이에 해당하는 그리스어 "epitimao"는 '제압하다', '위협하다'를 뜻한다. "내쫓음"은 악령과 인간의 관계에 관한 공관적 서술의 도식이다. 이 모티브는 구약과 유대의 문서에서 악한 사탄의 세력에 맞서는 여호와 하나님의 위협을 가리키는 히브리어 어휘 "gr"로 돌아간다. 이에 대한 고전적 근거는 스가랴 3장 2절의 말씀이다.

사탄아 여호와께서 너를 책망하노라.

사탄을 향한 전능한 하나님의 발언에서 동사 "책망하다"는 '위협하다'를 가리킨다. 예수님은 하나님의 강력한 힘에 의거하여 마성을 제압하는 악령의 퇴치자이다. 예수님의 권능에 대한 목격자의 놀라움은 여기에 기인한다. 예수님의 가르침과 행위에 권능을 부여하는 것은 말씀과 행위의 연계에 관한 고대의 가치평가와 합치된다.

기적수행의 과정은 비교적 명료하게 기술된다. 회당에서의 예수님의 현존은 악령으로 하여금 소리를 지르게 만든다. 이것은 단순한 저항의 표명이 아니다. 다원적 문장은 두 개의 수사적 질문과 예수님의 정체성에 관한 두 개의 진술로 구성된다. 악령의 성향을 보여주는 특이한 발언은 아이러니의 음조를 지닌다. "하나님의 거룩한 자"는 하나님에 의해 성화된 자를 뜻한다(1.24). 예수님의 본질을 역설적으로 표현한 특별한 호칭은 앞에 불린 "나사렛 예수"와 짝을 이룬다.

연속적으로 전개된 악령의 거침없는 발언에 대해 예수님은 두 단계로 대응한다(1.25). 그것은 두 개의 명령동사 "잠잠하라"와 "나오라"(exelthe)에 의해 대언된다. 첫 번째의 중단의 명령은 이미 악령의 세력의 패배를 지시한다. 두 번째의 행동의 명령은 악령의 퇴치를 단적으로 선언한다. 안에서 밖으로의 이동을 가리키는 자동사 "나오다"는 "내쫓다"처럼 악령추방 이야기의 전형적 어휘에 속한다.

전체줄거리의 구성에서 볼 때 말씀의 명령에 의한 악령의 제거는 이야기의 틀을 형성하는 "교훈의 능력"에 근거한다. 결정적 명령동사 "나오라"는 커다란 원의 중심에 위치한다. 이와 같은 순환의 구도를 통해 악령추방자의 권능이 부각된다. 악령의 최후를 보여주는 심한 발작의 현상은 간질병의 증세에 유추된다. 여기에서 이미 귀신들림과 질병의 발생과의 연관이 드러난다. 질병의 원인론에서 설명되는 이 전제는 간질병소년의 치유이야기에서 구체적으로 증명된다(9.14-29).

가버나움의 악령추방 이야기는 누가의 복음에만 병행단락이 존재한다(4.31-37). 그 줄거리는 마가의 문안과 유사하다. 다만 개별적인 부분에서 오차가 감지된다. 도입부의 상황제시는 요약적으로 서술된다. 이어지는 악령추방의 행위는 마가의 경우에 비해 명료하게 기술된다. 내쫓기는 악령의 행동을 나타내는 "넘어뜨리다"(rhipsan)는 "뒤흔들다"(잡아끌다, sparaxan)보다 동작의 운동성이 강하다(4.35). 이 동사는 누가의 복음서에서 이곳에만 발견된다. 회당에 모인 사람들은 놀라운 기적을 가져온 말씀의 힘에 관해 서로 물어본다. 여기에도 권위와 능력이라는 어휘가 사용된다. 권위의 확립과 선포의 강조는 기적이야기에 고유의 가치를 부여한다. 전체이야기의 주제는 회당의 청중 앞에서 이루어진 강력한 해방의 구현이다.

나인성 과부의 아들의 소생은 예수님에 의해 행해진 세 개의 소생기적 가운데 하나이다(7.11-17). 누가의 고유기사에 속하는 서사적 이야기는 전통사와의 밀접한 연관을 보여준다. 즉 구약의 엘리사의 소생기적과 헬레니즘의 기적이야기에 유추된다. 그러나 여기에 기록된 내용은 구약에 약속된 새로운 메시아에 의한 구원행위의 실현이다. 저자는 죽은 자를 살리는 기적의 사건을 하나님을 대리하는 예수님의 절대권능의 행사로 서술한다.

비교적 긴 분량의 복합단락은 가버나움의 백부장 하인 치유에 이어져있다. 나인(Nain)이라는 고유명사는 성서에서 이곳에만 발견된다. 지리적으로 나사렛에서 10km, 가버나움에서 40km 정도 떨어져있는 마을로 알려져 있다. 이렇게 볼 때 예수님 일행은 가버나움에서 나인에 도착하기까지 거의 8~9시간 동안 여행의 도상에 있었던 셈이 된다. 그러나 이와 같은 실재의 데이터는 소생기적 이야기의 독서에서 별 문제가 되지 않는다. 여기에서 중요한 것은 장소의 배경이 아니라 죽은 자의 일어남을 야기하는 기적수행자의 행위와 그 의미이다.

전체의 줄거리는 네 단계로 진행된다. 첫째 단계는 두 절의 도입부이다(7.11-12). 여기에서 새로운 장면의 공간, 인물, 상황이 제시된다. 둘째 단계인 기적의 보고는 이야기의 중심이다(7.13-15). 셋째 단계는 백성의 감탄과 외침이며(7.16), 넷째 단계는 일어난 사건의 전파에 관한 지적이다(7.17). 이와 같은 점진적 전개도식은 장면의 연속과 교체를 명료하게 보여준다. 인물의 설정에서 과부(chera)는 사회적 약자에 속하며, 죽은 자는 그녀의 외아들이다. 두 가족의 구성원의 소개는 어머니에게 닥친 극도의 곤궁을 지시한다. 죽은 자의 어머니에게 예수님은 "주님"(kyrios)으로 비쳐진다(7.13). 이것은 예수님에게 보여지는 신적 속성을 지시한다. 구약의 전승에 의하면 예언된 메시아는 죽은 자를 살리는 권능을 갖는다. 누가는 하나님의 권능을 행사하는 메시아의 존재를 "주님"이라는 호칭으로 대언한다.

예수님은 성문을 향해 걸어가다 과부와 마주치자 심한 연민에 사로잡힌다. "불쌍히 여기다"에 해당하는 그리스어 동사 "splanchnizomai"의 명사형 "splanchnon"(내장)은 여성의 자궁을 뜻하는 히브리어 "raehaem"에서 유래한다. 즉 무한한 사랑을 지시한다. 연민은 사랑에 근원을 두고 있다. 연민의 감정은 나병환자의 치유와 오천 명 급식의 기적에도 동인으로 작용한다. 곧 이어 예수님은 "울지 말라"라고 말을 건넨다. 현재형 명령으로 표기된 부정의 동사는 눈물과 슬픔의 종식을 뜻한다. 이에 대한 여인의 반응은 언급되어 있지 않다.

이제 서사의 조망은 장례행렬의 관(soros)으로 향한다. 예수님이 열려진 시체의 관에 손을 대자 운반인들은 그 자리에 멈춘다. 보통 치유기적에 사용되는 의도적 접촉은 신적인 힘의 전이와 결부된다. 그리스어 동사 "haptomai"에는 '에너지의 불꽃이 튀다'는 의미가 내포되어 있다. 예수님이 청년의 시체가 들어있는 관을 손으로 직접 만진 것은 예식적 불결의 위험을 무시한 획기적 행동이다. 사건의 목격자들은 치유자의 비범한 행적에서 고대하였던 메시아의 현존을 본다. 당시의 관념에 의하면 메시아는 죽음을 극복하는 주체로 인식된다(1.79, 7.22).

이어서 예수님은 관 속에 누워있는 자를 향해 다음과 같이 말한다(7.14).

청년아 내가 네게 말하노니 일어나라.

위의 복합문장에서 "내가 너에게 말한다"라는 선행부는 권위의 말씀을 지시하는 도식이다. 강력한 힘을 지닌 발언의 핵심을 이루는 명령형 동사 "일어나다"(egeiro)는 새로운 힘으로 '일어나다, 깨어나다, 소생하다'를 뜻한다. 즉 치유와 소생의 사건을 모두 지시한다. 이 징표적 동사는 7장 16절에서 선지자의 "일어남"을 나타내는 단어로 다시 사용된다. 하나님은 약속된 예언자를 "다시 일어나게" 만든다. 언어의 사용에서 볼 때 예수님과 소년은 함께 일어나고 소생한다. 여기에는 예수님의 부활이 예시되어 있다. 짤막한 지시의 발언이 끝나자 죽은 자는 바로 행동하는 주체가 된다. 그는 몸을 일으켜 앉아서 말을 한다.

7장 15절의 후반에서 독자의 시선은 다시금 예수님의 행위로 옮겨진다. 그의 이름은 이야기가 시작된 이후 여기에서 처음으로 명명된다. 이제까지는 "그"라는 3인칭 단수대명사로 표기된다. 예수님은 살아난 아들을 어머니에게 돌려준다. "예수께서 그를 어머니에게 주시니." 여인이 어떻게 반응하였는지는 알 수 없다. 그 대신에 경외감으로 가득 찬 군중의 모습이 눈에 들어온다. 구원의 은혜에 대한 감사는 예수님이 아니라 하나님을 향한다. 예수님과의 만남에서 구원이 이루어지면 하나님에 대한 칭송이 따른다. 하나님은 자신의 백성을 하나로 모으고 치유하고 위로하는 데 대해 감사를 받는다. 환호하는 군중의 찬양은 원래의 상태 그대로 재생됨으로써 그 의미가 강조된다. "하나님이 자신의 백성을 돌보다"는 구절은 복음서의 서두에 나오는 사가랴의 찬양의 직접적 수용이다(누가 1.68). 여기에서 동사 "돌보다"는 "찾아와 구원하다"를 뜻한다.

그 백성을 돌보사 속량하시며...

이야기의 도입부에 언급된 다수의 군중은 여기에서 "하나님의 백성"(laos)이 된다. 처음에는 우연히 현장에 있었던 사람들이 체험된 것에 의해 감동되어 스스로 변화된다. 종결의 합창에 해당하는 하나님의 찬양은 구약에 예언된 메시아의 존재에 대한 장엄한 고백이다. 예수님은 "우리 가운데 위대한 선지자"로 호명됨으로써 예언자의 전통과 그의 백성으로 편입된다. 이야기의 어법에서 찬양의 고백은 특별한 의미를 획득한다. 즉 발생한 사건을 해석하며 하나님의 찬양에 동참하도록 초대한다.

마지막 절은 기적의 소문의 파급으로 이야기를 종결한다. 소생기적의 수행자에 관한 말씀은 불길처럼 주변의 모든 지역으로 퍼져나간다. 이것은 생명회복의 기적이 거대한 복음의 전파로 이어짐을 보여주는 증거이다. 여기에서 널리 전해진 소문의 내용이 구체적으로 무엇인지는 독자에게 맡겨져 있다. 다만 백성의 환호에 이어지는 단락에서 예수님의 선언에 의해 암시된다. 그 내용은 이사야의 예언의 마지막에 언급된 "가난한 자에 대한 복음의 전파"이다(7.22). 누가의 문맥을 형성하는 이 기본명제는 이미 예수님의 최초의 연설인 나사렛 설교에서 동일한 예언서의 인용으로 지적된다(4.18).

제2장 기적이해의 범주

1. 종교사의 배경

현대인은 기적을 옛 시대의 산물이라고 생각한다. 다시 말해 고대의 신화나 설화에 나오는 가공의 현상이며 인간의 호기심과 상상의 대상이다. 올림포스 신들의 이야기에는 초자연적 기적의 힘이 형상화된다. 그것은 인간적 원상의 반영이다. 고대 그리스의 신전에는 신적 능력에 의한 치유의 기적이 수행된다. 치유의 신을 경배하기 위해 세워진 신전은 오늘날에도 관광객을 위한 순례의 중심지가 된다. 기이한 치유행위의 내용은 묘비명과 같은 유적을 통해 역사적으로 전승된다.

고대인이 지닌 기적의 관념은 세계상의 윤곽에서 드러난다. 여기에 따르면 전체의 세계는 3층의 구조로 되어 있다. 즉 상부의 세계, 지상, 하부의 세계이다. 평평한 지상의 층은 인간의 터전으로 전체의 중심을 형성한다. 그 위로 거대한 종 모양의 궁창이 휘어져 있다. 푸른 창공은 지상의 가장자리에 고정된 천상의 기둥 위에 놓여있다. 궁창의 내부에는 여러 개의 수문을 통해 위의 물에서 빗방울이 흘러내린다. 지상의 하부에는 아래의 물, 즉 원시의 해양이 있다. 여기에 있는 샘의 심연에서 바다가 형성된다. 원시의 해양은 지상의 기둥이 정박된 바위의 주위를 둘러싸고 있다. 바위의 층의 아래로 죽음의 나라, 즉 "스올"(scheol)로 내려가는 출구가 있다.

상부의 세계는 하나님과 신적 존재의 장소이다. 하나님의 장소인 하늘과 인간의 터전인 지상의 중간은 성령에 의해 움직인다고 생각된다. 죽음의 영역인 하부의 세계는 마성적 힘의 거주지이다. 고대와 중세의 시기에는 세계와 세계의 힘이 정해진 틀의 범위에서 관찰된다. 신약성서의 저자들도 이와 같은 시대적 관념의 영향 아래 있다. 그럼에도 불구하고 그들의 사고에는 고유의 특성이 존재한다. 복음과 신앙에 관한 그들의 입장과 당시의 주변사회의 인식 사이에는 거대한 괴리가 존재한다. 그 근거가 어디에 있는가는 기적이야기의 서술과 해석에서 구체적으로 밝혀진다.

신약성서의 치유기적 서술도 치유기적에 관한 고대의 기록물에 연결되어 있다. 공관복음의 기적이야기는 로마의 전기에 실린 기적의 텍스트와 유사한 면모를 보인다. 다양한 치유기적이나 자연기적은 그리스의 모형에서처럼 신적 경험의 영역에서 관찰된다. 여기에는 민속신앙에서 보여지는 주술과 마술의 요소도 포함되어 있다. 마술의 방식은 맹인의 눈의 치료와 같은 개안의 기적에 사용된다. 그러나 예수님의 기적수행은 부분적인 실천방식의 인접성에도 불구하고 신화나 샤머니즘의 경우와 근본적으로 다르다. 제식적이고 미신적인 샤먼(shaman)의 요소는 예수님의 기적에서 찾아볼 수 없다. 역사적인 부활의 사건 이후에 이루어진 사도들의 기적에도 마술사의 행위와 방식은 철저하게 배격된다.

기적이야기는 신약성서의 주변세계에 광범하게 퍼져있는 대상이다. 가장 대표적인 형태는 수많은 묘미병과 문학적 증거이다. 이들은 문화적 유적에서 일어난 신들의 기적에 관한 정보를 제공하고 있다. 고대사회에는 성전의 의료행위가 널리 보급된다. 그리스와 로마의 가장 저명한 반신(半神)은 아스클레피오스(Asklepios)이다. 호머에 의해 위대한 의사로 칭송된 그의 명성은 서기 4세기까지 지속된다. 고대의 아스클레피오스 성전에는 제도화된 문화영위의 범위에서 질병의 치료가 이루어진다. 기적적인 치유행위는 종교적, 심리적, 의학적 요소의 합성이다. 이에 관한 증거의 기록은 여러 면에서 신약의 기적이야기에 연결된다.

제도화된 고대의 기적실천에 종사한 인물 가운데에는 피타고라스(Pythagoras, 기원전 6세기), 엠페도클레스(Empedokles, 기원전 5세기), 아폴로니오스(Apollonius, 기원전 2세기)가 손꼽힌다. 이들은 신들의 세계와 지상의 인간 사이의 경계에 위치한 자로서 추종자에 의해 초자연의 존재로 존경받는다. 따라서 "신적 인간"(theios anthropos, theios aner)의 위치에 있다. 그러나 이와 같은 형태의 기적은 예수님의 기적과 아무런 관계가 없다. 고대 유대의 문화에도 기적행위자와 마술가의 행동이 존재한다. 유대의 전쟁에는 전통적 기적의 예언이 다시 활성화된다. 탈무드에는 기도의 치유에 관한 서사적 보고가 발견된다. 이들은 구약의 전통으로 거슬러 올라간다.

고대 그리스의 순례지 에피두아로스(Epiduaros)에 보존된 묘비명에는 당시의 치유행적이 기록되어 있다. 에피두아로스는 치유의 신 아스클레피오스 경배의 중심지이다. 넓은 돌판에 새겨진 문안을 보면 기적치유의 과정이 고통의 종류, 치유의 작동, 치유결과의 확인의 세 단계로 진행된다. 이와 같은 기본구도는 놀랍게도 복음서에 나오는 베드로 장모의 치유사건과 일치한다. 예수님의 갈릴리 사역의 거처인 베드로의 집에서 일어난 치유기적은 역사적 사실성이 강하다. 그것은 베드로 자신의 개인적 회상에 의거한다. 예수님의 공생애 활동의 첫날인 "가버나움의 하루" 동안에 발생한 두 번째 기적사건은 선행하는 베드로와 안드레의 부름에 연결되어 있다(1.16-17).

위에 언급한 에피두아로스의 텍스트는 기적이야기의 구조에 유추된다. 그것은 건축물의 구성방식에 비견된다. 기적이야기는 자신의 고유한 장소, 즉 토포스(topos)를 가지고 있다. 이와 같은 특성은 이야기의 도입부와 종결부에 명료하게 드러난다. 줄거리의 서두에는 질병의 종류와 증세 및 기간이 제시되며, 마지막에는 치유의 결과와 이에 대한 확인이 서술된다. 때에 따라서는 일반적 형식의 규범을 넘어 복음의 내용을 개진하는 혼합형이 사용된다. 중풍병자의 치유기적은 죄의 용서에 관한 논쟁의 삽입으로 전체의 범위가 확대된다(마가 2.3-12). 이로 인해 이중의 구조를 지니게 된다.

원시기독교 시기의 문학과 종교사의 텍스트에도 기적에 관련된 기사가 적지 않게 발견된다. 중요한 실례를 들어보면, 히포크라테스 서한(기원전 1세기), 플루타크의 병행전기(서기 1세기), 필로스트라토스(Philostratos)의 아폴로니오스 전기, 바빌론의 탈무드, 예루살렘의 탈무드, 로마의 티버(Tiber) 섬에 있는 성전의 묘비명(서기 2세기), 호머의 찬가(기원전 7~4세기) 등이다. 필로스트라토스의 전기에는 간질병 소년의 치유기적(마가 9.17-27), 호머의 찬가에는 폭풍진정의 기적과의 병행이 발견된다. 아스클레피오스 성전의 묘비명은 요한복음의 태생의 맹인의 치유기적과의 연관을 보여준다. 이와 같은 문헌적 병행은 신약의 기적이야기를 생성사의 측면에서 관찰하는 기초가 된다.

신약성서와 헬레니즘의 기적이야기 사이의 상호병행을 보여주는 전형적 사례는 누가의 나인성의 소생이야기이다(7,11-17). 누가의 고유기사에 속하는 일곱 절의 단락은 구약의 열왕기상에 나오는 엘리야 기적을 상기시킨다(17,17-24). 여기에는 성서의 예언적 전통에 대한 반향이 분명하게 인지된다. 과부의 아들의 소생은 예언자 엘리사와 엘리야에 의한 죽은 자의 소생에 연결된다. 엘리사에 의한 수넴(Sunem) 여인의 아들의 소생은 나인에서 멀지않은 수넴에서 발생한다. 엘리야와 누가의 이야기와의 접점은 언어의 내용에서 확인된다. 엘리야도 예수님처럼 사렙(사르밧)의 성문에서 과부와 마주친다. 두 여인에게는 모두 아들이 있다. 두 경우 모두 깨어 일어난 아이는 어머니에게 되돌려진다. 가장 중요한 공통점은 치유자가 신적인 능력을 가진 인물로 인식된다는 사실이다. 사렙의 여인은 엘리야를 "하나님의 사람"이라고 부르며 놀란 무리는 예수님을 "위대한 선지자"라고 칭송한다.

흥미로운 점은 엘리야의 기적과 유사한 내용이 필로스트라토스의 아폴로니오스 전기에 발견된다는 사실이다. 여기에서 아폴로니오스는 자연의 위력을 제어하는 주인이며, 병자와 귀신들린 자를 고치는 자로 나타난다. 저자는 그의 행적을 문학적 형식으로 기술하고 있다. 그것은 신들의 유능함(areta)과 활동력에 집중하는 설화적 이야기의 형태이다. 이와 같은 서술방식은 헬레니즘의 기적이야기의 모형으로 인정된다.

누가와 필로스트라토스의 문안은 전체의 구성과 줄거리에서 거의 일치한다. 기적의 행위자 아폴로니우스는 장례의 행렬을 멈추게 하고 시체의 관을 만진다. 그러자 죽은 자가 다시 살아 일어나 말을 한다. 그러나 전체의 틀의 구성이나 인물의 설정에는 차이가 있다. 소생한 자는 갈릴리 근교의 마을의 소박한 청년이 아니라 부유한 가문의 젊은 로마 여인이다. 그녀의 부유한 친척은 감사의 대가로 금전을 제공한다. 이것은 신약의 기적이야기에서 찾아볼 수 없는 현상이다.

필로스트라토스의 보고가 꾸며진 사건, 다시 말해 가상의 죽음에 관계된다면 누가의 텍스트는 실재의 사건, 즉 현실의 죽음을 다룬다. 보다 더 중요한 차이는 서술된 이야기의 전체의 방향을 규정하는 해석적 의미이다. 세속의 기적행위는 단순히 신들이 인간에게 도움을 제공한다는 사실에 의거한다. 여기에는 종국적 구원의 징표적 실현이라는 명제는 존재하지 않는다. 누가의 서사적 형상화는 고유한 전통의 배경에서 기적의 의미를 파악할 수 있는 가능성을 제시한다. 헬레니즘의 기적이야기와 히브리어 성서와의 연관은 이를 위한 토대가 된다.

로마의 문학에는 베스파시아누스 황제(Vespasianus, 서기 69~79년)의 치유기적이 전해진다. 역사기술가 타키투스(Tacitus)와 수에톤(Sueton)은 로마의 초기 통치기간에 알렉산드리아의 황제에 의해 행해진 사건을 보고하고 있다. 여기에서 베스파시아누스는 두 명의 환자에 의해 치료의 청원을 받는다. 한동안의 망설임 끝에 그는 행동을 취하기로 결심한다. 그 결과 그들의 병이 낫는다. 두 저자의 기술은 거의 일치하기 때문에 동일한 사건임이 확인된다. 안질로 고통을 겪는 사람에 대한 치료의 사실은 의심의 여지가 없어 보인다. 타키투스는 비교적 긴 이야기를 끝내기 전에 특별히 서술내용의 진실성을 보증하고 있다.

목격자는 두 이야기를 지금도 말하고 있다. 거짓의 진술은 그 어떤 소득을 가져오지 못한다.

고대의 기독교 문학에는 죽은 자를 살린 성자의 행적에 관한 이야기가 다수 전승된다. 그 가운데 일부는 역사적 성인의 청원에 의해 이루어진 사건이다. 이와 같은 기적의 현상은 상이한 설명과 해설을 초래한다. 그 범위는 실제적이고 진지한 수용에서 가상의 죽음이라는 가설과 심리적 진단을 거쳐 신화적 이야기에 이르기까지 매우 넓다. 신약성서의 소생기적 이야기도 헬레니즘의 문학적 서술과 연관하여 관찰할 수 있다. 그러나 여기에는 매우 중요한 전제가 놓여있다. 그것은 예수님 자신의 부활에 관한 인식이다. 예수님의 부활은 역사적 예수에게 소생의 권능을 부여하는 결정적 동인이다. 예수님이 수행한 소생기적은 예수님 자신의 부활에서 종국적으로 완성된다.

2. 기적의 유형

기적의 연구사에는 초기기독교의 기적에 대한 유형적 분류가 이루어진다. 기적의 대상과 모티브에 연관된 이와 같은 기적의 유형화는 방대한 기적의 양상을 체계적으로 이해하는 데 도움이 된다. 그 내용을 열거하면 악령추방, 병치유, 소생, 급식, 규범, 구조(자연기적), 안내, 동반, 형벌의 기적, 그리고 예언적 기적행위, 묵시의 표적, 현현의 사건 등이다. 이들은 예수님의 활동의 반사와 부활 이후의 믿음의 산물로 나눌 수 있다. 그러나 이와 같은 외형적 구분은 기적이야기의 실제적 해석에서 와해된다. 이상 나열한 여러 기적의 종류는 고대의 기적에도 발견된다.

그러나 신약의 기적이야기는 전통사에서 볼 때 구약의 기적에 연결되어 있다. 기적이야기는 구약과 신약의 연관을 보여주는 대표적 서사형식이다.

기적이야기의 유형화에서 개별기적 사이의 경계는 유동적이다. 마가의 지적처럼 악령추방과 병치유의 기적은 동일한 근원에 놓여있다. 질병의 치유와 소생의 기적도 서로 연관된다. 야이로의 딸의 소생과 혈루증 여인의 치유에 관한 이중이야기의 구성은 이 사실을 증거한다. 여기에서 소생의 기적의 실현은 앞에 서술된 치유의 기적에서 이해된다. 자연의 기적과 선물의 기적과의 관계도 같은 차원에서 설명된다. 오천 명 급식기적과 호수 위의 보행기적은 서로 이어져있다. 상이한 유형의 두 기적은 군중과 제자들을 영적 각성으로 인도하려는 목적을 지닌다. 이상의 예는 서로 다른 기적 사이의 연계성과 접합성을 지시한다. 혼합형의 사용이나 이중적 기적의 서술은 기적이야기의 특징의 하나이다.

안내의 기적에는 인간의 계획이 하나님에 의해 예비된 길로 인도된다. 이 기적유형은 이미 구약의 서두에 이스라엘 조상의 행적을 통해 거듭하여 제시된다. 약속의 땅을 향한 아브라함의 모험적 여행, 기적적인 화해를 향한 야곱과 에서의 길, 요셉의 전기에 보여진 놀라운 성장과 고양의 성격이 대표적 예이다. 오아시스를 찾아가는 이스라엘 백성의 40년간의 광야생활과 구름과 불기둥에 의한 안내도 같은 차원 위에 있다. 안내의 기적은 구조의 기적과 연관된다. 갈대의 바다를 통과하는 이스라엘 백성의 행진은 하나님에 의한 구원의 행로이다. 하나님은 자신의 권능과 영광(kabod)을 드러내기 위해 거대한 기적을 수행한다(출애 14.4). 히브리 사람들은 모세의 지팡이에 인도되어 마른 땅의 바다를 건너가는 반면 말과 기사를 갖춘 이집트 군대는 바다 속에 빠져 멸망한다.

사도행전에는 사도의 사명의 이행이 안내의 기적에 의해 이루어진다. 그리스도와 성령은 사도의 선교를 새로운 만남과 활동의 장으로 인도한다. 그 구체적 내용은 때로 전과 다른 방식으로 전개된다. 여기에는 선포의 능력에 근거하는 카리스마가 중요하게 작용한다. 초대교회에는 이것이 "담대한 말씀(parrhesia)"으로 표현된다(사도 4,29, 31). "민족의 선교사" 바울의 사도의 길은 안내의 기적에 의해 계시된다. 그는 스데반의 순교 이후 대제사장의 공문을 지참하고 도주하는 기독교 신도를 체포하기 위해 다마스커스로 가던 중에 부활한 예수님의 환상에 접하게 된다. 그 이후 그의 삶은 완전히 반대의 방향으로 선회한다. 누가는 바울의 회심의 과정을 세 차례에 걸쳐 상세하게 보고하고 있다. 첫 번째 경우는 3인칭 단수의 개관적 서술문으로, 나머지 두 경우는 1인칭 단수의 진술문으로, 즉 발언자 자신의 증언의 형식으로 되어있다. 두 번째 변호는 천부장의 양해 아래 요새의 층대 위에서 백성을 위해 히브리어(아람어)로 행해진다(22,6-16). 아그립파 왕의 면전에서 감행된 마지막 변론은 "삶의 과제의 선포"(apologia pro via sua)라 할 수 있다(26,12-18).

공관복음에 나오는 안내의 기적의 대표적 경우는 게네사렛 호수의 고기잡이 사건이다(누가 5,1-11). 초기갈릴리의 사역기간에 일어난 인상적인 기적은 오천 명 급식의 기적처럼 선물의 기적에 소속되기도 한다. 어부 베드로를 비롯한 요한과 야고보는 "그물이 찢어지는" 기적의 현장에서 예수님의 제자가 되기로 결단한다. 기적과 따름의 관계를 보여주는 대표적 범례이다. 제자의 부름의 소명을 안내하는 기적은 흥미롭게도 부활 이후의 현현의 기사에서 재연된다. 그것은 요한에 의해 기술된 디베랴 호수의 고기잡이 이야기이다. 베드로를 비롯한 다른 제자들은 두 번째의 동일한 기적에서 갈릴리의 추억을 떠올리게 된다. 그물에 가득 찬 153 마리의 물고기는 스승의 부활을 증거하고 미래의 선교를 예시하는 의미 있는 상징이다(요한 21.11).

"들어올림"(Entrückung)은 안내의 기적의 특수한 형태라 할 수 있다. 천상으로의 이동을 뜻하는 이 동명사는 신적 현현을 지시하는 중요한 모티브이다. 모세와 엘리야와 같은 특별한 인간에게 주어진 승천이 그 모형이다. 이와 같은 현상은 신약에서 예수님으로 이어진다. 부활한 예수님은 하늘로 올라가 하나님의 오른편에 대언자로 좌정한다. 그리고 그곳에서 재림을 준비한다. 사도바울은 고린도후서 12장 2절에서 3층의 하늘로 "이끌려간" 자신의 체험에 관해 고백하고 있다. 여기에서 "이끌려가다"에 해당하는 그리스어 "harpazo"는 상승의 이동을 지시하는 수동의 동사이다.

동일한 단어가 사도행전 8장 39절과 데살로니가전서 4장 17절에도 등장한다. 앞의 경우에는 빌립이 세례를 베풀고 물에서 올라올 때 "주의 영"이 그를 "이끌어간다"고 표현된다. 여기에서 "주의 영"의 작용은 성령의 충만을 의미한다. 뒤의 경우에는 재림의 시점에 기독교인이 구원받는 장면에 사용된다.

그들과 함께 구름 속으로 끌어올려 공중에서 주를 영접하게 하시리니

위의 문장에서 "끌어올려지다"라는 '위로 옮겨지다'를 뜻한다. 다시 말해 지상에 "살아남은" 성도들이 하늘로 올려짐을 말한다. 방향의 부사 "구름 속으로"는 하나님의 영광의 현존을 암시한다. "공중에서 주를 영접하다"는 안내와 환영을 나타내는 비유의 표현이다. 주님은 지상을

향한 길의 마지막 순간에 자신을 따르는 자들에 의해 동반된다. 그리고 죽음에서 부활한 자들은 하나로 통합된다.

요한계시록에 나오는 여인과 용의 이야기에는 다음과 같은 문장이 발견된다(12.5). "그 아이를 하나님 앞과 그 보좌 앞으로 올려가더라." 과거의 시칭으로 표기된 서술문에서 동사 "올려지다"는 앞에 언급한 데살로니가전서에 사용된 "끌어올려지다"(harpagesometha)와 같은 맥락에 있다. 다만 여기에서는 이탈의 동작이 보다 강하게 표현된다. 선행하는 방향의 부사구 "하나님 앞으로"는 "하나님에 의해"를 의미한다. 다시 말해 "신적 수동"(passivum divinum)의 화법이다. 새로이 태어난 아이는 하나님에 의해 천상의 보좌로 옮겨진다. 이것은 그리스도의 부활과 승천 이후의 좌정을 지시하는 중대한 대목이다. 이제 그리스도는 하나님과 함께 심판자의 역할을 수행한다.

동반의 기적은 예수님에 관한 중요한 사건에 동반된 기적을 말한다. 예수님의 죽음의 현장에 시현된 초자연의 기적이 대표적이다. 예수님의 운명시에 발생한 특이한 자연기적은 두 가지이다. 하나는 전체의 대지 위에 깃든 세 시간의 어두움이며, 다른 하나는 성소의 휘장의 파열이다. 첫 번째 기적은 자연적인 우주의 현상은 아니다. 예수님이 십자가에 처형된 시점은 유월절 축제의 기간이다. 봄의 계절에 해당되는 시기에는 만월의 상태로 지구 위에 암흑이 덮이지 않는다.

"해가 빛을 잃는다"라는 누가의 표현은 종말의 시점에 일어날 우주의 변화를 지시한다(23.44). 아모스 8장 9-10절은 이 사실을 뒷받침하는 탁월한 예증이다. 기원전 8세기의 예언자는 강한 비유로 "곤고한 날", 즉 최후의 심판의 상황을 묘사하고 있다. 그것은 대낮의 어두움과 애곡의 노래로 대언된다. 어두움은 슬픔과 절망의 비유이다. 복음서에는 같은 비유가 "아들의 죽음"에 관한 우주적 슬픔으로 나타난다. 누가는 메시아의 죽음을 특별한 사건으로 서술하기 위해 선지자 아모스의 예언으로 돌아간다.

두 번째 기적인 성소휘장의 파열은 매우 중요한 상징적 의미를 갖는다. 그것은 하나님과의 화해의 표시이다. 히브리서 10장 19-20절에는 이에 관한 탁월한 설명이 제시된다. 첫 절에는 예수님의 피의 구속으로 인한 성소의 입장이 언명된다. 둘째 절은 성소의 들어감이 새로운 출발임을 강조한다(10,20).

> 그 길은 우리를 위하여 휘장 가운데로 열어놓으신 새로운 살 길이요 휘장은 곧 그의 육체니라.

그 길이 새롭다는 것은 옛 언약 아래 있는 것이 아니라 살아서 활동한다는 뜻이다. 예수님은 "살아있는 길"로 증거된다. 예수님이 길을 열어준 "휘장"은 그의 육체이다. 예수님의 육체가 희생의 죽음으로 갈라졌을 때에 성전의 휘장이 둘로 찢어졌기 때문이다. 이제 우리는 예수님의 피로 인해 하나님에게 접근하는 자유를 얻는다. 하나님을 향해 가는 길은 열려있다.

동반의 기적에는 예수님의 출생, 세례, 변용에 관련된 비범한 현상도 포함된다. 출생의 기적에는 성령의 잉태, 천사의 수태고지, 들판의 목자에게 주어진 천상의 선언이 해당된다. 예수님은 하나님에 의해 선사된 구원의 중재자이다. 이와 같은 사실은 초대교구의 신앙고백으로 이어진다. 따라서 고백의 이야기로도 불린다. 예수님의 세례예식과 산상의 변용은 천상의 음성의 계시에서 정상에 이른다. 두 사건에는 공통적으로 "사랑하는 아들"의 존재가 선포된다. 변형은 고대의 신화나 이야기에도 등장하는 소재이다. 그러나 신약의 변형은 현현에 연결된 특별한 사건이다. 장엄한 전경을 가진 높은 산 위에서 시현된 예수님의 변화사건은 변용(metemorphothe)이라는 용어로 규정된다. 여기에는 승화와 정화의 의미가 들어있다. 보다 높은 상태로의 고양을 뜻하는 승화의 모티브는 신약성서에 자주 발견된다.

승천은 부활의 사건에 이어지는 후속의 기적이다. 재림을 전제하는 신비의 사건은 누가에 의해서만 다루어진다. 그는 복음서의 마지막과 사도행전의 서두를 승천의 기사로 장식하고 있다. 이것은 두 문서가 하나임을 증명하는 근거가 된다. 부활한 주님이 하나님의 영광으로 고양된 초월의 사건은 가시적 과정으로 기술된다. 승천자가 하늘로 "들어올려질" 때에 구름에 덮여 관중의 시야에서 사라진다. 구름은 구약에서 하나님의 영광을 암시하는 자연의 모티브이다(출애 40,34). 이어서 흰옷을 입은 두 남자가 재림을 예언하는 사신으로 출현한다(사도 1,9-10). 이것은 위대한 하나님의 현현이다. 여기에 보여진 저자의 서술은 동화도 아니고 진리의 왜곡도 아니다. 그는 모든 신약의 저자들이 선포하는 내용을 인상적 비유로 표현한다. 그것은 우수한 예술적 가치와 신학적 진실을 지닌다.

예수님의 승천에 관한 누가의 기사는 구약과 헬레니즘의 "들어올림"의 모티브에 연결되어 있다. 구약의 모형은 열왕기하 2장에 나오는 승천의 이야기이다. 여기에서 선지자 엘리야는 "회오리 바람으로" 하늘로 올라간다(2,1,11). 헬레니즘의 견본은 로마의 역사가 리비우스(Livius, 기원전 59년~서기 17년)의 문서이다. 로마제국의 건국의 시조 로무루스(Romulus)의 승천에 관한 그의 서술은 구성과 배경에서 누가의 문안과 유사하다. 여기에도 구름과 관중의 모티브가 등장하며, 발생한 사건의 해설이 이루어진다. 헬레니즘 문화에 익숙한 누가는 전승된 자료를 그리스도의 선포를 위해 활용한다.

형벌의 기적 역시 구약의 역사를 주도하는 사건이다. 바벨탑의 축조에 따른 언어의 혼잡, 인간의 타락에 대한 대홍수의 심판, 홍해에서의 이집트인 멸망은 대표적 모형이다. 신약에는 사도행전에 나오는 아나니아와 삽비라의 죽음이 하나의 예이다(5.1-11). 초대교구의 구성원인 부부의 불행한 최후는 하나님의 성령을 속이는 기만의 행위가 원인이 된다(5.3, 9). 이와 같은 일은 영적 진리의 신앙이 결핍된 초심의 교인에게 닥칠 수 있는 시험이다. 요한계시록에 제시된 묵시의 재앙과 파국은 하나님에 의한 거대한 형벌의 기적이다. 이것은 종말의 구원을 위한 예비단계이다.

규범의 기적에는 기존의 규범에 대한 분쇄의 요구가 특별한 사건을 통해 주어진다. 그 범위는 정결, 식사, 안식일 등 여러 영역에 해당된다. 안식일 계명의 새로운 해석은 그 중심이다. 고전적 율법의 수정과 보완은 종교적, 사회적 혁신의 성격을 지닌다. 예수님은 여러 차례에 걸쳐 안식일의 치유를 감행한다. 누가와 요한에 의해 다루어진 중요한 기적들은 안식일에 일어난다. 이것은 바리새인의 심한 저항을 가져오는 직접적 계기가 된다. 원래 바리새인의 율법해설에 의하면 생명의 위험을 가져오는 경우에만 안식일의 치유가 허용된다. 그러나 예수님은 긴급한 경우가 아니더라도 안식일에 "선한 일을 행하는 것이 옳다"고 선언한다(마태 12.11-12). 예수님은 사랑과 자비에 의한 삶의 영위가 문자의 규율보다 우위에 있음을 가르친다. 이것은 도덕과 윤리의 재정립이다.

예언적 기적행위는 복합적인 무화과나무의 비유에 보여진다. 누가복음 13장 6-9절에는 무화과나무가 앞으로 다가올 예루살렘의 운명을 지시한다. 여기에서 예수님은 이스라엘의 예언자의 후예로 소개된다. 무화과나무의 소멸의 기적은 보다 구체적이다(마가 11, 20-26). 앞에 기술된 성전청결의 사건에 이어진 초자연의 기적은 종말의 형벌에 대한 예언적 기호행위이다. 묵시의 표적은 올리브산의 묵시설교에 발견된다. 여기에 예언된 천체기관의 파멸은 요한계시록의 봉인환상에 제시된 우주적 재앙에 병행된다. 대자연의 재난과 파국은 종말의 구원을 예비하는 거대한 표적이다. 우주질서의 새로운 창조는 일연의 연쇄재앙을 거쳐 이루어진다.

소생의 기적은 신약성서의 기적 가운데 가장 거대한 유형이다. 예수님이 죽은 자를 살린 기적은 나인성 과부의 아들, 회당장 야이로의 딸, 나사로의 소생의 세 개이다. 앞의 두 사례는 기적수행자의 행동에서 서로 유추된다. 예수님이 신적 권위로 청년에게 "일어나라"고 말한 것은 야이로의 딸에게 "소녀여 일어나라"고 외친 사실과 동일하다. 명령의 동사 "일어나라"는 소생의 사건을 일으키는 결정적 발언이다. 나사로의 소생기적에는 무덤에서의 부활이 "나오라"라는 명령으로 대체된다.

죽은 자가 살아나는 기적은 유대민족에 전승된 기적의 형태이다. 따라서 당시의 종교적 상황에서 특별히 새로운 것은 아니다. 그러나 새로운 시대에 메시아에 의해 성취된 생명회복의 기적은 죽은 영혼에 생명과 영생을 부여하는 획기적인 일이다. 요한이 서술한 나사로의 소생기적은 이 사실을 입증한다. 요한복음의 일곱 기적을 마감하는 계시의 기적은 예수님 자신을 살아있는 부활의 주체로 선언한다. 구약에 근원을 둔 생명회복의 기적은 "나"의 부활을 약속하는 새로운 기적의 사건으로 귀결된다. 예수님의 부활을 경험한 사도요한은 나사로의 소생의 서술을 통해 믿는 자에게 영원한 생명을 부여하는 부활의 복음을 구현하고 있다.

소생의 기적은 신약성서에서 예수님의 부활로 정상에 이른다. 빈 무덤의 부활과 부활자의 현현은 공관복음의 대미를 장식하는 결정체이다. 그리스도의 부활은 유대민족의 소생기적 전승에서 특별한 위치에 있다. 그것은 기독교의 교구에 의해 이루어지는 새로운 시대의 출발을 의미한다. 역사적인 부활의 사건 이후에 세워진 공동체의 신앙고백은 부활의 확신에 근거한다. 복음의 선포는 부활의 믿음에서 확고한 거점을 발견한다. 그리스도의 죽음과 부활은 역사적 예수의 삶, 활동, 담화에 연결된다. 그의 희생의 죽음은 인간의 구원을 위한 헌신의 봉사이다. 그의 영광의 부활은 인간에게 영원한 미래를 선사하는 하나님의 사랑과 권능의 표적이다.

자연의 기적은 구약에 제시된 기적의 모형이다. 거대한 자연의 변화는 여호와 하나님의 현존을 나타내는 징표이다. 이와 같은 현상은 여러 중요한 사건이나 장면에 거듭하여 등장한다. 요나서에는 여호와 하나님을 향한 구원의 간구를 통해 폭풍이 멎은 사건이 기록되어 있다. 니느웨의 선원들은 항해의 도중에 거센 파도를 만나자 도피하는 요나를 집어 바다에 던진다. 그러자 요나의 예언대로 거센 물결이 잠잠해진다(1,12, 15). 요나에게 하나님은 바다와 지상을 제어하는 창조주이며 통치자이다(1,9). 동일한 하나님의 상이 신약으로 이어진다.

자연의 기적은 초기기독교의 전설적 신앙에 대한 증거이다. 이 기적 유형은 구약과 헬레니즘의 기적의 전통에 연결되어 있다. 그러나 신약에서는 교구의 입장에서 십자가에 처형되어 부활한 주님을 향한 고백으로 개진된다. 천상으로 고양된 그리스도의 신적 권능을 구현하며, 이 권능을 지상의 예수님에서 확인시킨다. 자연법칙의 와해와 초지상의 현상은 하나님의 아들 그리스도의 존재적 본질을 보여준다.

폭풍의 평정과 호수 위의 보행기적은 "예수님의 현현"을 증거한다. 폭풍진정의 기사는 다원적인 대조의 도식에 의거한다. 폭풍과 정적, 광란의 폭풍과 예수님의 잠, 스승의 의연함과 제자들의 두려움. 이와 같은 대비의 구도는 예수님이 지닌 신적 주권을 강화한다. 죽음의 위험에 직면한 상황에서 보여진 예수님의 침착한 자세는 하나님에 대한 절대적 신뢰의 산물이다. 이와 같은 신뢰의 믿음은 제자들에게 전이되어야 한다. 호수 위의 보행기적은 "유령 같은 환영"(phantasma)의 상태로 묘사된다. 이것은 심리적 공포에서 나온 시각적 환상이 아니라 초인적 능력의 현재화이다. 초현실의 기적의 종반에는 다시금 폭풍의 진정이 실현된다. 공생애의 전반에 일어난 두 자연기적은 예수님의 죽음 이전과 이후의 상이한 정황을 반영한다. 스승이 배를 타고 제자들과 함께 항해할 때에는 아무 일도 일어나지 않는다. 그러나 그 이후에는 제자들이 스승의 도움에 의지해야 한다. 그 어떤 자연의 위력도 예수님의 권능을 능가하지 못한다.

자연의 기적은 극도의 곤궁으로부터의 구조를 가져온다. 이것은 감옥의 벽, 쇠사슬, 철문, 선박과 같은 대상에서 발생한다. 누가의 보고에 의하면 사도들은 기적적인 방식으로 감옥에서 풀려난다. 베드로와 바울의 경우가 대표적이다. 주의 사자가 빛과 함께 나타나 잠을 깨우니 감옥에 갇혀 잠을 자던 베드로의 손에서 쇠사슬이 벗겨진다(사도 12,7). 바울과 실라가 한밤중에 감옥에서 기도하고 찬송하던 중에 큰 지진이 일어나서 옥의 문이 열리고 사슬이 풀어진다(사도 16,24-26). 바울과 일행이 동승한 배는 로마로 항해하던 중에 지중해의 해상에서 거센 풍랑을 만나 기적적으로 구조된다(사도 27,13-44). 사도들의 선교기간 중에 일어난 이 모든 사건은 하나님이 개입한 결과이다.

급식의 기적 역시 구약에 연결되어 있다. 이집트를 탈출한 광야의 이스라엘 백성에게 만나, 식수, 바위의 샘물이 제공된다. 마찬가지로 배고픔에 시달리는 많은 민중에게 충분한 식량이 공급된다. 이것은 하나님의 풍성한 사랑에 연유한다. 마가와 마태에 의하면 대량급식의 기적은 두 차례에 걸쳐 발생한다. 오천 명 급식의 기적과 이어지는 사천 명 급식의 기적은 전체적으로 유사한 사건이다. 그러나 개별적인 데이터의 제시에 오차가 있다. 가장 큰 차이는 사천 명 급식의 기적은 이방지역에서 일어난 기적이라는 사실이다. 이것은 앞으로의 기적적인 전도를 예시하는 징표이다. 급식의 실현은 물질적 식량의 해결이며 동시에 영적 생명의 부여에 대한 암시이다. 이어지는 개안기적과 소생 기적은 이 사실을 뒷받침한다. 빵의 기적은 음식의 제공이라는 면에서 포도주의 기적에 비견된다. 그러나 후자의 경우에는 물량의 확대가 아닌 물질의 재창조이다.

초기기독교의 다양한 기적의 유형을 중요한 실례와 특징에 따라 도식으로 정리하면 아래와 같다.

유형	실례	특징
악령의 추방	마가 1.23-28	마성에 사로잡힘
	5.1-20	악령과 기적수행자의 투쟁
	9.14-29	
질병의 치유	마가 1.29-31	기적수행자의 권능의 행사
	5.25-34	믿음과 기도의 능력
	7.31-37	
	8.22-26	
	10.46-52	
소생의 기적	마가 5.21-24, 5.35-43	영적 생명의 획득
	누가 7.11-17	부활의 복음의 구현
	요한 11.1-44	
규범의 기적	마가 1.29-31	전통적 규범의 문제
	마가 3.1-6	안식일 계명의 분쇄
	마태 8.5-13	
	누가 17.11-17	
선물의 기적 (급식의 기적)	마가 6.33-34	물질적 식량의 공급
	8.1-10	기적발생의 자발성
	누가 5.1-10	기적의 증언의 광범한 파급
	요한 2.1-11	
구조의 기적 (자연기적)	마가 4.35-41	긴급의 상황에서의 구조
	6.45-52	진정한 믿음의 촉구
현현의 사건	마가 6.45-52	예수님의 신성의 구현
	9.2-10	부활의 현현
	16.12-18	
	요한 21.1-14	

3. 악령추방과 병치유의 기적

예수님이 수행한 다양한 기적의 기본적 유형은 악령의 추방과 병치유이다. 마가는 전도의 결과를 보고하는 총화의 요약에서 거듭하여 두 유형의 기적을 언급하고 있다. 이들은 근원에서 서로 연계된다. 이와 같은 사실은 거라사인의 악령퇴치와 간질병 소년의 치유에서 명료하게 드러난다. 앞의 경우에는 마성의 작용이 육체적, 정신적 질환으로 나타난다. 악령의 괴수가 보여준 기이한 자기학대의 행태는 정신분열의 증상이다. 뒤의 경우에는 간질병 환자의 행동이 악령의 활동에 의한 것으로 서술된다. 치유의 과정에서 보여진 그의 증상은 귀신 들린 자의 경우와 흡사하다.

악령의 추방(Exorzismus)은 지상에 전파되는 하나님의 나라의 복음에 연결된다. 그 증거는 이미 공관복음에 선행하는 말씀의 전거에 발견된다(Q 11,20).

> 내가 만일 하나님의 손을 힘입어 귀신을 쫓아낸다면 하나님의 나라가 이미 너희에게 임하였느니라.

위의 인용문은 명령에 따른 치유기적 이야기에 나오는 중심구절이다. 누가는 이 문장을 자신의 복음서에 그대로 받아들이고 있다(11,20). 가정법 형식의 복합문에서 전반부의 동사 "쫓아내다"에 해당하는 그리스어 "ekballo"는 '밖으로 내쫓다'를 뜻한다. 강한 장소의 이동을 나타내는 타동사는 악령의 퇴치를 대언하는 어휘의 도식이다. "쫓아냄"의 도구로 지목된 "하나님의 손가락(daktylo)"은 구약에 예언된 메시아의 권능을 지시한다(이사야 11.2). 악령추방의 종말적 의미를 탁월하게 지적한 고전적 문장은 고귀한 메시아의 자기이해의 증거이다. 마태는 병행단락에서 전승의 명사 "손가락"을 "성령"으로 대체하고 있다(마태 12.28). 이로써 악령추방 능력의 근원이 "하나님의 성령"에 있다는 사실이 강조된다. 하나님의 나라와 그 질서가 세워지는 곳에는 악령이 머무를 삶의 공간이 없다.

예수님의 기적은 새로운 언약의 시대에 이루어지는 위대한 구원의 징표이다. 성령의 힘으로 악령이 퇴치되면 하나님의 나라가 임재한다. "나라"에 해당되는 그리스어 명사 "basileia"에는 왕국과 함께 통치의 의미가 들어있다. 하나님의 나라의 도래는 하나님의 통치의 시작이다. "임하였다"에 해당하는 그리스어 동사 "ephthasen"은 '이미 와있다'의 뜻이다. 하나님의 나라는 예수님의 현존으로 우리의 눈앞에 "와있다." 이미 시작된 하나님의 통치의 완전한 실현은 십자가의 죽음과 부활에 의해 이루어진다.

악령의 추방은 가장 원초적인 기적의 형태이다. 마성을 뜻하는 그리스어 명사 "daimon"(daimonia)에 유래하는 악령은 "불결한 영"으로 규정된다. 이 용어는 유대와 묵시의 전통에 속하는 "거인의 영"의 존재에 유래한다. 부가어 "불결한"(akatharton)은 '부정함'을 뜻하는 "mazereous"와 통한다. 그 근원에는 천상의 아들과 지상의 딸의 성적 결합이라는 창세기의 신화적 모티브가 자리한다(6.1-6). 여기에 지적된 부정한 관계는 최후의 멸망으로 귀결된다. "용사"와 "명성 있는 사람"으로 표기된 악인의 후예는 네피림(Nephirim)으로 불린다(6.4). 하나님의 영에 반대되는 악한 영의 득세는 대홍수의 심판을 가져오는 동인이 된다.

악령의 추방은 우세한 반작용의 힘에 의해 이루어지는 악령의 제식적 퇴출을 말한다. 위에 언급한 동사 "ekballo"에는 주술의 행위가 포함된다. 이 의미는 악령의 퇴치에 해당하는 그리스어 "exorklzein"에 연결된다. 고대의 민속신앙은 마성을 신들과 인간의 세계 사이에 거주하는 영적 존재로 이해한다. 마성에 대한 믿음과 귀신 들리는 것은 상호교체의 관계에 있다. 고대의 악령추방 제식에는 보통 세 가지 요소가 들어있다. 이들은 마성에 맡겨짐, 추방자와 악령 사이의 투쟁, 마성의 제거의 증명이다.

악령은 사탄(satanas)과 밀접하게 연관되어 있다(마가 3,23, 26, 요 12,9). 두 영적 존재는 모두 기적을 행하고 하나님과 예수님을 모방한다. 때문에 매우 위험한 존재로 규정된다. 이들은 오직 보다 강한 힘을 가진 하나님의 성령에 의해 제어된다. 악령에 의해 사로잡히는 것은 신약성서에서 귀신들림으로 표기된다. 이것은 사고, 의지, 행위의 비정상의 상태를 말한다. 이와 같은 일탈의 현상은 실언, 발작, 특이한 행동 등으로 나타난다. 예수님은 자신의 적대자와의 논쟁이 일어나기 전에 "말을 못하게 하는" 악령을 내쫓는다(누가 11.14). "귀신이 나가매 말 못하는 사람이 말하는 지라." 신체적 경련이나 발작은 악령의 퇴치에서 드물지 않게 발견된다. 간질병 소년의 경우는 이 사실을 잘 보여준다. 악령에 사로잡힌 거라사인의 특징은 기이한 행동으로 대표된다. 그는 무덤이나 산에서 괴성을 지르며 돌멩이로 자기의 몸을 "긁는다"(마가 5.5). 이것은 심한 정신분열과 자기학대의 표시이다.

악령의 추방은 고대의 마술에도 시행된다. 그러나 이것은 사탄의 권세에 의존하는 샤머니즘에 속한다. 샤먼이란 죽은 자의 악령과 영혼과 접촉을 시도하는 마술의 제사장을 말한다. 예수님의 기적이야기에는 피안의 여왕에 관한 샤먼의 관념이 발견되지 않는다. 마술사의 미신적 행위와 예수님의 마술적 기적행위는 엄격하게 구분된다. 물론 세속의 귀신추방자도 예수님의 이름으로 병을 치유하여 전도의 영역을 확장할 수 있다(마가 9.38-41). 그는 제자와 사도의 일원이 아닐 수도 있다. 그러나 중요한 것은 금전의 문제이다. 마술의 행사로 어떤 이득을 취하려는 행위는 성사되기 어렵다. 사도의 악령추방은 상업적인 마술사의 귀신퇴치와 다르다.

사도행전에는 마술을 인도하는 마성의 힘의 제거가 여러 차례에 걸쳐 보고된다. 사마리아의 영향력 있는 인물인 마술사 시몬은 집사 빌립의 전도로 세례를 받고 능력 있는 후계자가 된다(8.9-13). 구브로 섬의 거짓 예언자이며 유대인 마술사인 바예수(Elymas)는 성령이 충만한 바울에 의해 앞을 못 보는 맹인이 된다(13.6-12). 이 사실을 목격한 서기오 총독은 바울의 가르침과 기적행위에 크게 놀라게 된다. 빌립보의 한 젊은 여인은 주인을 위해 돈을 버는 점술가이다. 그녀는 사도를 따라다니며 "하나님의 높은 종"이라고 부르며 위협한다. 바울은 조심스럽게 그녀로부터 귀신을 내쫓는다(16.16-22). 여기에서 추방의 대상이 된 점술은 "신탁의 영"(pneuma python)을 가리킨다.

에베소의 대제사장 스게와(Skeuas)의 일곱 아들은 예수님의 이름으로 악귀를 쫓아내려다 오히려 "몸이 상하여 벗은 몸으로 도망한다"(19.13-20). 이를 목격한 마술사들은 거대한 액수에 달하는 마술책을 전부 불태운다. 성령의 힘에 의한 악령의 제압을 보여주는 대표적 예이다. 마술책은 기원전 1세기에서 서기 4세기 사이에 보급된 파피루스 형태의 책이다. 여기에는 귀신의 추방, 꿈의 환영, 상해의 마술 등에 관한 내용이 들어있다. 이와 함께 마술의 실천에 관한 단편적 처방집(defixiones)도 전해진다.

마가의 복음에는 네 개의 악령추방 기적과 세 개의 요약보고가 나온다. 이들은 가버나움의 악령추방, 거라사인의 악령추방, 페니키아 여인의 딸의 치유, 간질병 소년의 치유이다. 간질병 소년의 이야기에는 질병의 치유가 악령의 추방과 연관된다. 악령추방 기적의 대상은 절반이 아이와 소년이다. 이들은 사회에서 보호를 필요로 하는 약한 인물의 유형이다. 두 기적의 경우에는 부모의 중재가 중요한 역할을 한다. 어린 아이는 예수님에 의해 하나님의 나라의 비유의 대상으로 승화된다. 또한 마가의 악령추방 기적의 절반은 이교도의 지역에서 일어난다. 거라사 광인의 영적 치유는 그리스의 연맹도시 데가폴리스의 선교를 가져오는 계기가 된다. 페니키아 여인의 딸이 치유 받은 장소는 "불결한 지역"으로 통하는 두로와 시돈 지방이다. 이방여인의 믿음과 지혜에 기인하는 원거리 기적 역시 주변세계의 전도에 영향을 미친다.

귀신 들린 자의 치유과정을 보면 처음에 심하게 저항하던 악령이 마지막으로 "경련을 일으키며" 물러간다. 가버나움의 악령추방에 보여진 이와 같은 현상은 간질병 소년의 치유에도 유사하게 나타난다. 두 경우 모두 악령의 퇴치는 질병의 마성의 제거와 연관된다. 급성의 발작은 일찍부터 귀신의 활동에 의한 것으로 여겨진다. 악령과 질병의 관계는 고대의학에도 발견된다. 기원전 5세기의 히포크라테스(Hippokrates) 문서에는 "성스러운 병"(morbo sacra)이라는 용어가 발견된다. 여러 이름으로 불리는 간질병도 이와 같은 맥락에서 설명되기도 한다. 그러나 복음가들은 간질병을 악령의 작용에 의한 것으로 보고 있다.

신약성서에는 일반적으로 악령에 사로잡히는 현상과 육체적, 영적 질병은 구분된다. 마태는 예수님의 치유대상자의 열거에서 병에 걸린 자와 귀신들린 자를 구별하여 표기하고 있다(4.24, 10.1, 8). 그러나 실제의 질병치료에는 악령의 제거가 동반되는 수가 적지 않다. 두 가지 행위는 함께 이루어진다. 페니키아 여인의 어린 딸, 말 못하는 간질병 소년, 등이 굽은 여인 등의 치유기적이 여기에 해당한다. 예수님은 간질병 소년의 치유에서 어린 시절부터 병자를 심하게 괴롭힌 악령의 존재를 완전하게 내쫓는다(마가 9.25-26). 아이의 건강회복은 죽음의 상태를 거쳐 이루어진다. 사건의 마지막에는 불가능한 것을 가능하게 하는 기도의 힘이 강조된다(마가 9.29). 18년 동안의 귀신들림으로 인해 허리가 구부러져 일어날 수 없는 여인은 안식일에 예수님에 의해 치유된다. 이 사실은 "사탄의 매임"에서 풀려난 것으로 표현된다(누가 13.16). 데가폴리스의 귀머거리 벙어리 치유에도 "매인 것의 풀림"이 지적된다(마가 7.35). 이것은 악령의 세력에서 해방됨을 의미한다.

병치유의 기적은 "민중의 구원자"로서의 예수님의 모습을 보여주는 전형이다. 예수님은 마성의 질병을 치료하고 치료의 수혜자를 구원의 길로 인도한다. 심한 열병에서 회복된 베드로의 장모는 "섬김의 행위"에서 새로운 구원의 삶을 발견한다. 닫힌 눈이 열려 "밝음"을 보게 된 바디매오는 은혜로운 기적의 증인으로 치유자의 뒤를 따른다. 이것은 "영혼의 치유"에 따른 결과이다. 예수님의 치유행위에는 "자발적 연민"(esplangchnisthe)이 중요하게 작용한다. "불쌍히 여기는" 마음은 구원의 기적을 낳는 동인이다.

연민의 감정은 질병의 치유를 비롯한 여러 기적을 일으키는 동인이다. 나병환자의 치유뿐만 아니라 나사로의 소생과 오천 명 급식의 기적에도 "불쌍히 여기다"라는 단어가 사용된다. 자비로운 사마리아인의 선한 행동도 동일한 심정의 발로에 의거한다(누가 10.33). "잃어버린 아들"의 비유에서 재산을 탕진하고 귀가하는 아들을 반갑게 맞이하는 아버지의 "측은한 마음" 역시 같은 성질의 것이다(누가 15.20). "자발적 연민"의 극단적 경우를 보여주는 사례는 예수님의 마지막 의료행위이다(누가 22.50-51). 예수님이 로마의 연합부대 대원에 의해 체포되는 순간 한 사람의 제자가 칼을 빼어들어 상대방의 귀를 쳐서 떨어뜨린다. 이를 본 예수님은 더 이상의 폭력행위를 제지하며 훼손당한 귀의 기능을 회복시켜준다(22.51). 이것은 예수님 스스로 언명한 원수사랑의 계명의 실천이다(마태 5.44, 누가 6.27, 35). 예수님은 강제로 납치당하는 위기의 상황에서도 용서의 자세가 무엇인가를 보여준다.

예수님이 치유한 병의 종류는 매우 다채롭다. 그 가운데에는 증상이나 진단이 불명료한 경우도 있다. 열병은 마성의 작용과 함께 언급된다. 문둥병은 보통 나병 혹은 한센(Hansen) 병과 같은 것으로 판단된다. 그리스어 "lepra"는 고대에서 상이한 피부질환의 집합개념으로 통용된다. 나병은 유대사회에서 불결한 질병으로 간주된다. 따라서 "깨끗하게" 치유되어야 한다. 중풍병자는 지체가 마비된 자를 말한다. 신약성서에는 마비자(paralytikos)로 표기된다. 요한복음에는 38년 동안 자리에 누워있는 지체장애자가 극적인 치유의 대상이 된다. 신체가 마비되는 현상은 죄로 인한 정신적 장애에 의한 것으로 설명된다.

안식일에 고침을 받은 자의 "마른 손"은 근육의 마비로 기능이 상실된 손이다. "마른"(xeran)이라는 형용사는 활력적 수분의 결핍으로 인한 마비를 나타내는 전통적 비유이다. 여기에는 건조의 상태가 식물에서처럼 제거될 수 있음이 시사된다. 누가의 치유기적에 나오는 "등이 굽은" 여인은 중추신경계에 이상이 생긴 척추굴곡의 병자이다. "무기력(astheneia)의 영"에 의한 것으로 여겨지는 이 질병 역시 악령의 작용에 의한 것으로 서술된다. 특이한 형태의 수종병(水腫病)은 세포에 물이 고여 신체부위가 부풀어 오르는 질병이다. 고대의학에는 "hydropikos"라는 의학용어로 표기되기도 한다. 12년 동안 지속된 여인의 혈루증은 만성의 출혈이거나 심한 생리의 불순을 말한다. 수치의 질병으로 통하는 "피의 흐름"은 예수님의 옷깃의 접촉을 통해 순식간에 중지된다. 신비한 치유의 생명력이 작동한 증거이다.

맹인, 벙어리, 귀머거리는 감각기관의 기능을 상실한 자들이다. 듣지 못하는 것과 말하지 못하는 것은 서로 연결되어 있다. 따라서 벙어리와 귀머거리의 이중장애는 흔히 볼 수 있는 현상이다. 눈의 열림은 시각기관의 회복을 넘어 영혼의 치유를 전제한다. 밝음의 지각은 어둠에서 벗어나는 빛의 인식이다. 영혼의 세계를 향한 눈이 열린 자는 예수님의 길을 따라가는 충실한 종이 된다. 맹인의 치유는 유대의 전승에서 메시아의 사역으로 알려져 있다. 따라서 예수님의 현존을 증거하는 표식이다. 예수님은 시대의 치유자이며 구원자로 다수의 맹인을 광명으로 인도한다. 이것은 자신이 선포한 하나님의 나라의 단면이다.

예수님의 치료행위에는 다양한 매체가 동원된다. 그 구체적 내역을 보면 대체의 약제품, 마술의 공식, 안수, 신체의 접촉, 행동의 지시 등이다. 구체적인 치료매체의 사용에는 청원자나 치유대상자의 개인적 상황이 고려된다. 벳새다 맹인의 눈의 치료에는 침으로 빚어진 진흙이 고약의 기능을 대신한다. 마술적 실천행위는 민속적, 서민적 관습에 걸맞은 형태로 마술사의 경우와 다르다. 이방지역에서 일어난 신체기관의 치유에 이와 같은 토속의 치료방식이 활용된다. 신체의 접촉은 구약의 예언자에 의해 행해진 것으로 맹인이나 귀머거리 벙어리의 경우에 효과를 발휘한다. 상대방의 몸을 만지는 행위는 손을 머리에 얹는 안수의 방식보다 강한 형태의 것이다.

치유의 수행과정에서 중요한 것은 간결한 명령의 발언이다. 이것은 나병환자나 중풍병자의 경우에 직접적 동인으로 작용한다. 귀머거리 벙어리의 치유에는 "에파타"(ephphatha), 야이로의 딸의 소생에는 "달리다 구미"(talita cumi)라는 외침이 결정적 역할을 한다. "에파타"는 아람어의 마술어로 '활짝 열리다'를, "달리다 구미"는 '소녀여 일어나라'를 뜻한다. 이와 같은 토속의 표현은 독자를 위해 그리스어로 번역된다. 말한 것의 내용이 실천으로 옮겨지는 행위의 발언은 신체의 접촉이 어려운 원거리 치유에 활용된다. 가버나움의 백부장 하인의 치유에는 명령의 말씀이 중재자에 의해 청원된다. 이것은 유대인이 아닌 사람의 집에 들어가기 어려운 유대의 관습에 기인한다. 로마의 백부장은 하인의 신체마비가 예수님의 한마디 말에 의해 회복되리라는 순수한 믿음을 갖고 있다. 이것은 예수님에 의해 이스라엘에게 주어져야 할 신앙의 표본으로 고양된다(마태 8,10-12).

예수님의 치유기적 관찰에는 몇 가지 기본사항이 고려되어야 한다. 첫째, "수행적"(performativ) 언어의 구사이다. 이것은 새로운 현실을 조성하는 의미 있는 매체의 사용이다. 중풍병자의 치유이야기에 등장하는 예수님의 권능의 말씀은 대표적 예이다(마가 2,5).

작은 자야 네 죄사함을 받았느니라.

여기에서 죄의 사면은 "수행의 말씀"에 의해 이루어진다. 그 구체적 작용은 발언자의 권능에 의거한다. 이야기의 종결부를 장식하는 기적 치유의 행동은 앞에 이루어진 죄의 사면에 기인한다.

유사한 현상이 혈루증 여인의 치유에도 감지된다. 여기에서는 수행의 담화가 이미 일어난 초월적 힘의 전이를 보증한다(마가 5.34).

네 병에서 놓여 건강할지어다.

이것은 질병의 고통에서 벗어났음을 알리는 결정적 선언이다. 의사들도 실패한 난치병의 제거를 가져온 동인은 청원자의 굳건하고 담대한 믿음이다. 미래의 축원 "건강할지어다"는 정상적인 사회생활의 참여를 의미한다. 건강을 회복한 여인이 전과 다른 삶을 살게 될 것이라는 사실은 자명한 일이다.

둘째, 죄의 용서이다. 질병의 치유와 죄의 사면의 관계는 새로운 병의 관념에서 설명된다. 즉 외형적인 육체의 쇠약은 내면적인 정신의 장애와 분리될 수 없다. 따라서 단순한 증상의 진료가 아닌 원인의 치료가 이루어져야 한다. 이것이 죄의 용서에 대한 필요성이다. 결과적으로 영혼의 구원이 중요하다. 죄의식과 죄의 감정에서 해방된 자는 새로운 출발의 가능성을 보게 된다. 예수님은 선천적 지체장애자의 치유에서 상대방에게 다시는 죄를 짓지 말라고 분부한다(요한 5.14). 이것은 영적 건강의 유지를 말한다. 가버나움의 중풍병자의 치유기적은 죄의 용서가 질병치료의 전제임을 증언한다(마가 2.5). 죄를 사면하는 권세는 하나님의 아들에게 주어진 특권이다. 여기에서 권능이란 악령추방의 기적이야기에 사용된 명사 "exousia"와 동일어이다.

잘 알려진 의사의 비유도 죄의 용서라는 맥락에서 이해된다. 예수님은 자신을 조롱하는 바리새인을 향해 건강한 자가 아니라 병든 자가 의사를 필요로 한다고 말한다(마가 2.17). 이것은 죄를 지은 사람에게 용서의 치유자가 필요하다는 뜻이다. 예수님은 병든 죄인을 구원하는 생명의 의사이다. 고대사회의 치유의 관례는 당시의 의료제도와 관계가 있다. 히포크라테스 학파(기원전 460~375년)의 의학연구는 자연치료, 증세연구, "네 가지 즙의 이론"에 근거한다. 예수님의 시대에는 해부학, 생리학, 병리학이 의학의 개별분과로 발전한다. 페르가몬의 의사 갈렌(Galen)은 이미 서기 2세기에 유명한 고대의 의학백과를 완성한다.

이미 기원전 8세기에 편력의 의사, 신체기관의 전문가, 약재상, 마술사, 기적의 치유사 등의 활동이 보급된다. 마술사와 기적의 치유사는 의심스러운 방법의 사용으로 인해 의사로부터 거부당한다. 팔레스타인의 민중의학은 학문적 근거가 결여된 상태에서 추진된다. 하나님은 질병의 창시자이며 치유자로, 유일하게 활동하는 의사로 여겨진다. 출애굽기 15장 26절은 이를 위한 근거로 인용된다. "나는 너희를 치료하는 여호와임이라." 이러한 전승의 역사에서 육체적 고통의 치유는 구세주인 메시아에 의해 기대된다. 의사로 알려진 누가는(골 4.14) 예수님의 사역을 의사의 치료에 관한 격언과 연관하여 서술하고 있다(4.23).

너희가 반드시 의사야 너 자신을 고치라 하는 속담을 인용하여...

셋째, 침묵의 명령이다. 치유의 주체는 치유의 행위를 마친 후에 일어난 일을 외부에 발설하지 말도록 단단히 지시한다. 이것은 물론 자신의 행위가 "기적의 의사"의 마술로 오해되거나 사람들로부터 환심을 사게 되는 되는 것을 방지하기 위함이다. 그러나 보다 중요한 이유는 "메시아의 비밀"에서 찾을 수 있다. 마가복음 8장 31절에 의하면 예수님은 베드로의 신앙고백이 있은 후에 그 내용을 외부에 발설하지 말도록 분부한다. 이것은 또 다른 형태의 침묵의 명령이다. 그러고 나서 처음으로 자신의 앞날에 관해 예고한다. 문서의 서두에 전제된 "메시아의 비밀"은 여기에서 일차적으로 해소된다. 거듭되는 침묵의 명령은 제자들과 주위의 사람들로 하여금 메시아의 존재와 숙명을 올바로 인식하게 하기 위함이다. 복음서의 전개에서 감추어진 메시아의 신분은 부활이후에야 완전히 드러난다. 이렇게 볼 때 초기단계의 치유기적에 주어진 침묵의 명령은 올바른 신앙고백을 위한 것이라 할 수 있다. 진정한 신앙고백은 예수님의 고난에의 동참과 "따름"의 헌신이 전제될 때 비로소 그 가치를 인정받는다.

제3장 성서의 기적이야기

1. 구약의 기적이야기

1) 이스라엘의 기적이야기

신약의 기적이야기는 구약과 초기유대의 배경에서 이해된다. 예수님의 기적은 구약의 예언의 실현이다. 최초의 나사렛 설교와 세례요한을 향한 답변은 이 사실을 증언한다(누가 4,18-21, 마태 11,5-14). 예수님은 초기유대의 시기에 메시아의 기적수행자로 인정된다. 구약성서의 기적은 이스라엘의 하나님에게 속한 것이다. 기적은 여기에서 자신의 백성으로의 하나님의 개입으로 이해된다. 여호와 하나님에 대한 구약과 유대의 신앙은 창조, 약속, 탈출, 약속된 땅의 삶의 주변을 맴돌고 있다. 기적의 권능을 소유한 창조주 하나님에 대한 확고한 믿음은 유대와 기독교 신학의 핵심이다.

적지 않은 구약의 문서, 특히 시편은 창조주 하나님과 이스라엘의 하나님을 찬양한다. 수많은 이야기들은 세계와 이스라엘의 역사가 놀라운 기적이라는 사실을 보여준다. 시편의 표제라 할 수 있는 98장 1절은 기적과 구원의 사역을 수행한 여호와 하나님을 "새로운 노래"로 칭송한다.

> 새 노래로 여호와께 찬송하라. 그는 기이한 일을 행하사 ... 구원을 베푸셨음이로다.

기적은 감사와 애도의 시편에 자주 등장한다. 시편과 예언서는 자연의 위력을 제압하는 하나님의 능력을 노래한다. 수없는 기적을 동반하는 출애굽의 사건은 찬양의 대상이 된다. 기적을 일으키는 하나님의 모습은 서사적 이야기, 지혜의 문서, 구약의 노래의 중심대상이다. 모든 형태의 기적은 여호와 하나님으로 귀속된다.

원래의 혼돈의 상태로부터의 최초의 창조와 종말의 시점에서의 새로운 창조는 성서전체의 틀을 형성한다. 신적인 기적에는 문화, 인간의 삶, 하나님의 백성의 질서가 모두 소속된다. 이와 같은 기적의 원상은 보다 작은 기적에 의해 보증되고 변형된다. 하나님을 향한 이스라엘 신앙의 핵심은 세계의 질서를 창조한 하나님에 대한 믿음이다. 칭송의 노래와 기적의 신앙은 여기에 근거한다. 천지를 창조한 주체로서의 하나님은 어떠한 기적이라도 수행할 수 있다. 이스라엘이 위기에 처한 시기에는 창조의 기적을 바라보는 시선이 백성의 신앙을 굳건하게 하는 데 기여한다.

감사의 찬가인 시편 136장 4-7절에는 지혜의 창조가 "크고 기이한 일"로 명명된다. 이것은 권능의 말씀에 의한 창조의 기적을 가리킨다. 여기에서는 땅과 빛의 생성이 칭송된다. 이와 같은 기적의 찬송은 시편 107편 8절에도 발견된다.

> 여호와의 인자하심과 인생에게 행하신 기적으로 말미암아 그를 찬송할지로다.

하나님의 지혜의 증거로서의 창조는 잠언 8장 22-31절에 본격적으로 다루어진다. "지혜의 찬가"라고 불리는 10행의 시에는 지혜가 "태초의" 창조 이전에 존재한 여호와 하나님의의 소유로 규정된다. 찬가를 마감하는 제9행은 지혜를 "창조자"로 명명하고 있다(8.30).

> 내가 그 곁에 있어서 창조자가 되어 날마다 그의 기뻐하신 바가 되었으며 항상 그 앞에서 즐거워하였으며

지혜는 창조의 사역에 "함께할" 뿐만 아니라 창조의 중재자이다. 이와 같은 지혜의 인격화는 요한복음 서곡인 "로고스 찬가"에서 로고스의 선재적 인칭화로 나타난다(1.1-3). 서곡의 도입부를 장식하는 두 절은 잠언 8장 22절과 30절에 유추된다.

> 8.22 여호와께서 그 조화의 시작 곧 태초에 일하시기 전에 나를 가지셨으며

8.30 내가 그 곁에 있어 창조자가 되어

앞절의 시간부사 "태초에"는 요한복음 1장 1절의 서두로, 다음절의 장소부사 "그 곁에 있어"는 1장 1절과 2절에서 "함께 계셨고"로 수용된다. 잠언에서 "나"로 규정된 지혜는 서곡에서 3인칭 단수대명사 "그"로 표기된 "로고스"로 이전된다.

1 태초에 말씀이 계시니라. 이 말씀이 하나님과 함께 계셨으니 이 말씀은 곧 하나님이시니라.

2 그가 태초에 하나님과 함께 계셨고

말씀을 뜻하는 주어 "로고스"는 그리스의 스토아 철학에서 신적인 영과 이성의 원리로 간주된다. 그러나 요한은 이 단어를 기독교적 관점에서 사용하고 있다. 다시 말해 말씀의 주체, 즉 창조의 선포자를 지시한다. 2-3절에서 말씀이 중성이 아니라 남성으로 표기된 것은 이를 입증한다. 이것은 로고스의 의인화이다. 정신사의 문맥에서 보면 그리스의 형이상학이 히브리의 창조사고를 통해 기독교적으로 전이된 것이라고 볼 수 있다. 창조의 질서에서 새로이 조명된 지혜(sophia)로 부터 "로고스"로의 전환은 요한신학의 기조를 형성한다.

이스라엘의 역사는 다른 곳에서 찾아볼 수 없는 독보적 기적이다. 이것은 세계의 창조와 구원사의 맥락에서 이해된다. 이스라엘의 기적은 크게 두 가지 사실에 기초한다. 하나는 원래의 혼돈의 제거를 통한 세계질서의 조성이며, 다른 하나는 세계질서의 보존을 위한 형벌의 기적이다. 그 밖에 안내의 기적, 출애굽의 여정, 방황의 오아시스 기적, 전쟁수행의 기적, 신적 카리스마의 기적 등 다양한 기적의 형태가 존재한다. 절대적인 하나님의 카리스마는 선물의 제공과 강력한 요구의 양면으로 나타난다. 이 모든 역사적 기적은 이스라엘의 재건에 대한 희망으로 집중된다.

이스라엘 역사에 보여진 대표적 기적은 민족의 이집트의 탈출과 가나안의 정복이다. 두 기적의 사건은 서로 연계하여 이해될 수 있다. 이집트를 떠난 이스라엘 백성이 모세의 인도로 "갈대의 바다"를 통과하여 행진한 역사적 사건은 여호와 하나님의 마지막 형벌이며 동시에 되돌릴 수 없는 해방의 표시이다(출애 14,1-31). 하나님의 사랑에 대한 탁월한 증거이며, 이스라엘 민족의 헌신을 요구하는 정당화의 사역이다. 하나님은 자신의 영광을 시현하기 위하여 이집트의 군사를 "갈대의 바다"에서 멸망시키는 극단의 행동을 취한다. 히브리인들은 모세의 마술의 지팡이와 하나님의 천사의 도움으로 마른 발로 "갈대의 바다"를 횡단한다. 반면 이집트의 군대는 말과 기사와 함께 바다에서 익사한다.

이제 이집트인의 위협은 완전히 제거되고 이스라엘 민족은 하나님의 창조의 권능에 의한 구조의 기적을 경험한다. 이에 관한 기억은 메마른 광야를 통과하는 험난한 여정을 인내로 감수하도록 만든다. 잊을 수 없는 값진 경험에 대한 회상은 모세와 미리암의 찬양의 노래를 통해 확실하게 보존된다(15,1-21). 장엄한 "갈대의 노래"는 앞장에 길게 기술된 산문적 내용의 운문적 형상화이다. 21행에 걸친 방대한 승리의 합창은 순환의 구성에 의거한다. 숭고한 "영화의 찬송"이 찬가 전체를 둘러싸고 있다.

15,1: 내가 여호와를 찬송하리니 그는 높고 영화로우심이요

15,21: 너희는 여호와를 찬송하라 그는 높고 영화로우심이요

"갈대의 바다"의 기적 이후로는 40년간의 광야의 방랑이 따른다. 그 정점은 시내산의 동맹이다. 하나님은 개인적 현현을 통해 시내산에서 특별한 언약을 제시한다. 거대한 자연의 표적을 동반하는 두 번째 현현에는 모세만이 하나님에게 다가간다. 세 번째 상승의 단계에서 모세는 율법의 돌판을 부여받는다. 하나님과 이스라엘 사이의 언약은 장엄하게 인증된다(출애 24, 1-18).

오랜 기간의 광야의 노정은 하나님의 백성에 대한 위협을 상징한다. 수많은 안내와 선물의 기적에 의한 위험의 해소는 광야에서의 오아시스 발견에 비견된다. 하나님은 삶을 위협하는 광야의 한가운데에서 길을 안내하고 식량을 제공한다. 오늘날의 용어로 말하면 훌륭한 여행의 가이드나 내비게이션과 같다. 나아가 기적적인 천체의 현상을 통해 나아갈 방향을 제시한다. 낮에는 그늘을 마련하는 구름기둥으로, 밤에는 밝은 빛을 가져오는 불기둥으로 백성을 인도한다. 다윗왕은 두 안내의 기적을 다음과 같이 묘사하고 있다(시편 105,39).

> 여호와께서 낮에는 구름을 펴사 덮개를 삼으시고 밤에는 불로 밝히셨으며

여호와 하나님은 광야의 생활에 필요한 모든 물품을 조달한다. 여기에는 무엇보다 물과 일용의 식량이 해당된다. 먹을 수 없는 물은 기적에 의해 식수로 바뀐다. 모세의 마술의 지팡이는 목마른 백성에게 바위의 샘물을 제공한다. 법규와 질서를 위반하는 백성의 불평과 행동은 형벌의 대상이 아니라 선물의 기적으로 응답된다.

가나안 정복의 이야기는 정탐꾼의 파견으로 시작된다(민수기 13장). 모

세의 후계자 여호수아에 의한 가나안 정복은 기적의 발생에서 출발한다. 이 역사적 사건 역시 강력한 하나님의 구조의 손길 아래 놓여있다. 하나님은 놀라움을 불러일으키는 승리를 가져다주며 카리스마의 지도자를 부른다. "기업의 땅"의 분배가 이루어진 이후에는 사사와 왕이 인도의 사명으로 부름을 받는다. 요단강의 횡단과 함께 이스라엘 백성은 가나안의 중심으로 진입한다. 그리고 여리고의 몰락과 함께 예루살렘을 향한 길이 열린다. 이 중요한 대목에서 하나님은 이야기의 원의 구조에 맞게 기적으로 개입한다. 요단강의 건넘은 "갈대의 바다"의 횡단을 상기시킨다(여호수아 3, 17). 넘쳐흐르던 요단강의 물은 언약궤의 도착으로 진정된다. 백성이 무사히 서쪽 강가에 도달할 수 있도록 성벽이 만들어진다. 가나안 정복의 이야기는 기적의 회상을 위한 돌의 기념비의 축조로 마감된다. 기적적인 요단강의 횡단은 이집트의 탈출처럼 후세의 메시아 희망에 대한 상징이 된다.

여리고의 점령과 멸망은 하나님에 대한 백성의 순종에 기인한다. 도시를 포위한지 7일이 지나 일곱 제사장이 일곱 나팔을 불면서 백성은 큰 소리로 전쟁의 참여를 외친다. 그러자 기적이 일어난다. 견고한 성은 한꺼번에 무너진다. 서사적 이야기는 축복과 저주, 승리와 패배, 삶과 죽음의 모든 것이 하나님의 지시에 대한 철저한 이행에 달려있음을 증거한다.

여호수아 3장 1-13절은 "성스러운 전쟁"의 수행을 위한 준비단계이다. 그 전제는 특별한 상징의 행위이다. 이스라엘 백성은 "성결"의 자세를 갖추어야 한다. 긴 행렬의 앞에는 언약궤가 레위족의 제사장들에 의해 운반된다. 백성들은 적당한 간격을 유지하며 그 뒤를 잇는다. 언약궤의 수송은 두 가지 목적을 지닌다. 하나는 하나님의 현존의 현실화이며, 다른 하나는 언약궤 내부의 두 돌판에 새겨있는 십계명의 지침이다. 이것은 당시의 역사적 상황에서 특별한 의미를 얻는다. 이스라엘 민족은 미지의 여정에서 하나님에 대한 확신을 제공하는 표지판을 필요로 한다.

이어지는 단락에는 여호와 하나님의 계시에 따른 여호수아의 선언이 소개된다(3.9-13). 말씀과 기적은 서로 밀접하게 연관되어 있다. 말씀은 예고하고 선포하며, 표적은 이를 확증한다. 하나님은 모세와 다른 선지자에게 특별한 사건의 발생을 미리 알린다. 마찬가지로 여호수아도 하나님의 말씀에 의거하여 미래의 기적을 선포한다. 그가 수행한 예언의 실현은 지도자가 지닌 신적 권능의 증거이다. 3장 14-17절은 열두 지파가 요단강을 건너가는 기사이다. 언약궤를 멘 제사장들은 강의 입구에서 준비의 자세를 취한다. 이 계절에는 눈이 녹아내려 물이 흘러넘친다. 열두 지파가 강의 가운데로 들어서자 북쪽에서 내려오는 물길이 멈춘다. 관련문서에는 유사한 사건이 후세에도 일어난 것으로 보고되어 있다. 이스라엘 백성이 모두 요단강을 통과하여 여리고에 이른 것은 하나님의 권능이 작용한 기적이다. 요단강을 건너가는 것은 축복과 충만의 삶으로의 진입을 지시하는 은유이다.

초기의 유대에서 아브라함, 모세, 여호수아는 기적의 수행자로 규정된다. 아브라함은 위대한 기적의 행위자이며 악령추방자로, 모세는 하나님에 의해 지목된 기적의 행위자로 받아들여진다. 모세의 유년기는 전설의 기적처럼 채색된다. 여호수아는 태양의 진행을 멈추기도 한다. 다윗은 악령추방자로, 솔로몬은 신비의 지혜와 마술의 주체로, 이사야, 예레미야, 에스겔, 다니엘은 예언적 기적의 행위자로 소개된다. 구약의 문서는 이스라엘의 역사를 영화롭게 만든다. 그 근거는 카리스마의 지도적 인물을 향한 유대민족의 강한 동경이다.

2) 엘리야와 엘리사의 기적

엘리야와 엘리사의 기적은 요나의 기적과 함께 구약성서에서 개인의 기적에 속하는 대표적 모형이다. 요나의 이야기는 이스라엘의 적대자의 기적적인 회개를 증거한다. 요나는 하나님으로부터 니느웨의 왕에게 재앙의 심판을 통고하라는 위임을 받는다(요나 1.1). 그러나 그는 이 난관에서 벗어나기 위해 다시스로 가기 위해 배가 있는 욥바로 도망한다. 하나님에 의해 준비된 바다의 곤궁은 이와 같은 도피가 무의미함을 보여준다. 요나는 바다의 폭풍 가운데에서 거대한 물고기의 배에 갇혀 사흘을 지낸다. 극도의 위기의 상황에서 하나님의 존재를 인식한 그는 몹시 후회하며 애도의 시편을 하나님에게 바친다. 그 결과 물고기의 배에서 해방된다.

줄거리의 행동의 목표는 제2의 기적이다. 다시 말해 니느웨 백성을 향한 재앙의 예고라는 놀라운 결과이다(3.1-10). 요나의 기적은 마태에 의해 예수님의 죽음의 운명을 해석하는 선행의 근거로 채택된다(12.40-41). 격언의 형식으로 서술된 두 절에서 요나의 기적은 "인자"의 부활과 연관하여 설명된다. 즉 3일 동안 물고기 뱃속에 갇혀있다 밖으로 나와 니느웨 백성을 회개하게 만든 요나의 행적이 사흘 만에 무덤에서 부활하여 온 인류를 구원할 예수님의 사역에 비견된다. 유대인 복음가 마태의 관점을 보여주는 대목이다. "요나의 표적"은 바리새인의 표적요구에 맞서 주어진 유일의 대상이다.

종교개혁 시기의 독일화가 크라나하(Cranach)의 유화 〈요나와 고래〉는

"요나의 표적"을 시각적으로 형상화한 대표적 성화이다. 할레(Halle)의 교회를 위해 제작된 막달라 제단화의 일부는 고래에 의해 삼켜졌다가(후면) 다시 내뱉어지는(전면) 요나의 모습을 보여준다. 인상적인 그림은 그리스도의 부활이 묘사된 중심화 하단의 제단 위에 배치되어 있다. 이것은 예수님이 "선지자 요나의 표적"으로 명명한 담화의 상징적 의미에 부합한다. 귀중한 이야기는 후세의 기독교 미술에서 예수님의 죽음과 부활을 대언하는 성서적 근거로 통용된다.

기원전 9세기에 활동한 두 예언자 엘리야와 엘리사의 행적은 열왕기 상하에 분산하여 기록되어 있다. 신약성서에서 엘리야가 중요한 자리를 차지하는 것은 예언자로서의 그가 갖는 특별한 의미 때문이다. 그는 복음서의 저자들에 의해 세례요한의 선구자로 간주된다. 세례요한이 태어나기 전에 하나님의 사자가 제사장 사가랴에게 나타나 다음과 같이 전한다(누가 1.17).

> 엘리야의 심령과 능력으로 주 앞에 먼저 와서 ... 주를 위하여 세운 백성을 준비하리라.

모세와 엘리야는 각기 율법과 예언자를 대표한다. 두 성인은 신약에서 인상적인 변용의 장면에 출현한다. 승천한 모세와 엘리야의 재림은 메시아의 죽음과 부활에 대한 상징적 예표이다.

예수님은 산상의 변용에 이어진 하산의 대화에서 엘리야를 자신과 연관하여 언급하고 있다(마가 9.12-13). 우선 그가 세례요한으로 세상에 와서 고초당하고 죽임을 당하였음을 지적한다. 동시에 엘리야와 자신의 고난을 동일화함으로써 자신의 죽음이 하나님에 의해 예비된 것임을 밝힌다. 요한계시록의 "두 증인"의 예언에 나오는 두 감람나무의 상도 모세와 엘리야를 지시한다(11.6). 한 사람은 물을 피로 변화시키며 모든 재앙으로 지상에 형벌을 내리는 능력의 소유자이며, 다른 한 사람은 하늘을 닫아 비가 오지 못하도록 하는 초월적 예언자이다.

열왕기상 17장에서 열왕기하 13장에 이르는 방대한 문서에 기술된 엘리야와 엘리사의 기적이야기는 고전적 기적이야기의 모형이다. 두 성인의 기적이 예수님의 기적과 가깝다는 사실은 독자에게 특별한 관심을 불러일으킨다. 엘리야는 열왕기상 17장 1절에서 아무런 전제가 없이 "디셉(Thisbe) 사람"이라고 소개된다. 유대의 전승에 의하면 엘리야는 디셉에서 납달리로 가서 요단강 건너편의 길르앗에 이주한다. 그는 여기에 언급되기 이전에 이미 상당히 오랜 기간 동안 공적 활동을 벌인 것으로 되어 있다. 그가 지닌 명성은 아합왕에게도 강한 인상을 남긴다. 여호와 하나님은 바알 문화가 여호와의 경외를 위협하는 시대에 엘리야를 불러낸다.

열왕기상 17장 1-24절의 복합단락은 세 개의 이야기로 구성된다. 첫째 단락은 엘리야와 까마귀(17.1-7), 둘째 단락은 엘리야와 과부(17.8-16), 셋째 단락은 과부의 아들의 소생의 이야기이다(17.17-24). 세 편의 이야기는 하나로 연계되어 있다. 최초의 기적수행은 여호와 하나님에 관한 인식을 제거하려는 이세벨의 흉계에 맞서 진정한 믿음을 보존하기 위한 것이다. 아합왕의 부인 이세벨은 이스라엘 민족이 이방의 신 바알을 섬기도록 종용한 우상숭배의 주모자이다.

기적이야기의 줄거리는 간단하다. 엘리야는 아합왕을 향해 수년 동안 "비도 이슬도 내리지 않으리라"고 예언한다. 하나님은 엘리야로 하여금 요단강가의 그릿(Krith) 시내로 가서 시냇물을 마시도록 지시한다.

이곳에서 음식을 제공하는 까마귀는 아람인에 대한 암시로 해석된다. 두 단어는 히브리어 자음이 동일하다. 이것은 다음의 기적이 페니키아에서 일어난다는 본문의 문맥에 부합된다. 엘리야가 계시된 내용을 이행한지 얼마 지나지 않아 "땅에 비가 내리지 아니하므로" 시내의 물이 마르게 된다(17.7). 가뭄의 도래에 관한 엘리야의 예언은 적중한다.

이어지는 단락에서 엘리야는 한 과부가 살고 있는 사르밧(Zarphat)으로 보내진다. 사르밧은 페니키아의 해안도시 시돈에서 남쪽으로 14km 정도 떨어진 지방이다. 엘리야가 과부에게 마지막 남은 밀가루와 기름으로 음식을 만들어주기를 요청한 것은 그녀의 믿음을 알아보기 위함이었다. 그녀는 유대인은 아니지만 하나님에 대한 믿음을 지니고 있었다. 엘리야의 말대로 사르밧에는 가뭄이 끝날 때까지 밀가루와 기름이 떨어지지 않는다. 이 예언의 기적은 예수님에 의해 나사렛 설교와 연관하여 언급된다(누가 4.25-26).

마지막 단락에는 과부의 아들을 살린 기적이 제시된다. 첫 절에서 "숨이 끊어지다"는 표현은 히브리어 어법에서 완전한 죽음을 의미한다. 엘리야가 죽은 아이를 데리고 다락방으로 올라간 것은 위생상의 이유이다. 그가 감행한 소생기적의 장면은 매우 인상적으로 묘사된다(17.21).

> 그 아이 위에 몸을 세 번 펴서 엎드리고 여호와께 부르짖어 이르되 ...
> 이 아이의 혼으로 그의 몸에 돌아오게 하옵소서.

"몸을 세 번 펴서 엎드리는" 강한 접촉의 동작은 생명을 살리는 전형적 방식이다. "혼이 돌아오다"는 표현에서 "혼"은 생명을 가리킨다. 자신의 아들이 살아난 것을 확인한 어머니의 반응은 "하나님의 사람"에 관한 인정과 "말씀의 진실"에 관한 확신으로 나타난다(17.24). "당신의 입에 있는 여호와의 말씀은 진실이다"는 "여호와의 말씀이 진실로 당신의 입에 있다"로 읽을 수 있다.

엘리사는 엘리야에 의해 부름 받은 후계자이다. 특별한 소명의 계시는 열왕기상 19장 16절에 주어진다. 이 대목은 엘리야의 호렙산 체험의 마지막 단계이다. 엘리야는 바알 선지자들과의 싸움에서 승리한 이후 이세벨에 의해 생명의 위협에 처하게 된다. 몹시 좌절한 그는 홀로 광야로 들어가 로뎀나무 아래에서 하나님에게 자신의 죽음을 청원한다. 로뎀나무는 광야에서 발견되는 관목으로 높이가 3m 정도인 것도 있다. 그러나 천사의 지시로 음식을 먹고 사십 주야를 걸려 호렙산에 도착한다. 그는 이곳에서 거대한 자연의 변화 속에 여호와 하나님의 현현을 경험하게 된다. 불길의 지진의 사라짐과 함께 들려온 "세밀한 소리"는 바람결에 울리는 고요함의 음성을 말한다(19.12).

> 또 지진 후에 불이 있으나 불 가운데에도 여호와께서 계시지 아니하더니 불 후에 세밀한 소리가 있는지라.

위의 문장은 후세에 아름다운 고전적 어구로 정착된다. 이제 엘리야는 하나님으로부터 앞으로 이행해야 할 사명에 관해 계시를 받는다. 엘리사에 관련된 내용은 세 개의 지시의 마지막 사항이다. 하나님은 엘리야에게 사밧의 아들 엘리사에게 기름을 부어 "선지자가 되게 하라"고 분부한다. 기름부음은 특정한 사명의 수행을 위한 부름의 행위이다.

엘리사가 엘리야에 의해 선택받는 장면은 열왕기상 19장 19-21절에 나온다. 엘리야는 호렙산을 떠나 엘리사를 찾아간다. "겉옷을 집어던진 것"은 기름부음을 대신하는 상징적 행위이다. 엘리사는 그것이 엘리야를 따르라는 표시임을 알아차린다. 엘리야의 대답에는 따름의 소명이 하나님에 의한 것임이 나타나있다. 엘리사는 집으로 돌아가 백성에게 이별의 식사를 제공한다. 그러고 나서 엘리야를 "섬기는 자"가 된다(19.21). "엘리야를 따르며 수종들었더라." 이와 같은 행위는 여호수아가 모세의 후계자가 된 모형과 유사하다(출애 24.13). 그 후 엘리사의 이름은 열왕기하 2장 1절에 가서야 언급된다. 이 부분은 엘리야가 길갈에서 승천하는 장면의 서두이다. 엘리사는 엘리야로부터 성령을 부여받고 능력 있는 후계자가 된다.

열왕기하 4장 1절에서 8장 15절에 이르는 다섯 장은 엘리사에 관한 이야기의 모음집이다. 여기에는 다수의 놀라운 행위와 사역이 연대의 순서에 관계없이 기술된다. 엘리사의 첫 번째 기적은 말라버린 여리고의 샘물을 복원시킨 일이다(2.19-22). 이 사건은 앞으로의 기적을 예시한다. 도시주민의 생명의 수원인 큰 샘물은 나무에도 수분을 공급하지 못한다. 여기에서 다시 물을 가져오게 한 소금은 매개체에 불과하다. 기적을 일으킨 주체는 하나님이다. 엘리사의 기적은 성서에 나오는 다른 기적들과 차이가 있다. 여기에는 그 어떤 윤리적, 도덕적 요소가 드러나지 않는다. 이것은 또 다른 하나님의 의도의 표시이다.

4장 18-37절에는 수넴 여인의 아들을 살린 기적이 소개된다. 이 소생기적은 엘리야가 사르밧 과부의 아들을 살린 기적과 성격이 비슷하다. 특히 기적수행의 방식과 과정은 거의 동일하다. 치유자는 먼저 여호와 하나님에게 기도를 드린 후에 아무도 없는 조용한 환경에서 죽은 자 위에 "엎드려" 몸을 따뜻하게 한다(4.34). 이것은 엘리야가 "몸을 세 번 펴서 엎드려" 혼이 돌아오게 한 것과 일치한다. 다만 엘리사의 경우에는 유사한 행위가 두 차례 반복된다. 그리고 아이가 살아 일어난 광경이 실감나게 묘사된다. 두 예언자에 의한 소생의 기적은 구약에서 유사한 예를 찾아보기 어렵다.

4장 38-44절에는 두 개의 기적이 보고된다. 하나는 밀가루에 의해 채소의 독이 없어진 일이다. 밀가루는 앞의 기적의 소금처럼 기적의 도구에 불과하다. 엘리사의 사역은 하나님에 의해 수행된 기적의 예언적 행위이다. 다른 하나는 보리떡 20개와 한 자루의 채소로 100명의 군중을 먹이고 여분을 남긴 사건이다. 독립적으로 서술된 기적은 앞의 경우와 직접적 연관이 없다. 장소의 배경도 길갈이 아닌 바알 살리사이다. 이 지역은 샤론 평야의 리다(Lydda)에서 멀지않은 곳이다. 기적이 일어난 시점도 흉년의 기간이 아니다. 식량을 공급받은 100명의 숫자는 예언자 그룹의 전체수를 지시한다. 이 사건은 예수님의 거대한 기적인 오천 명 급식기적의 예형으로 간주된다.

5장 1-14절에는 엘리사가 시리아 군대의 사령관 나아만의 나병을 고쳐준다. 이 시기는 이스라엘이 시리아의 통치하에 있던 기간에 속한다. 따라서 예언자의 생애의 만년에 일어난 일이다. 구약에서 나병은 여러 종류의 병에 대한 총칭으로 사용된다. 나아만이 자신의 군사를 거느리고 엘리사의 집에 도착하자 엘리사는 그로 하여금 요단강에 가서 일곱 번 몸을 씻도록 권한다. 나아만은 엘리사가 여호와의 이름을 부르거나 손을 "부위 위에 들어올려" 병을 고쳐줄 것을 기대한 것이다. 그러나 하인들의 충고에 따라 "하나님의 사람" 엘리사의 지시를 따른다. "어린 아이의 살 같이 깨끗하게 된다"는 것은 완전무결한 치유의 결과를 말한다. 나아만의 병치료는 누가에 의해 엘리사의 시대에 나병을 고친 유일의 사건으로 지적된다(4.27).

이어지는 5장 15-19절의 단락은 치유기적 이후의 후속기사이다. 그 내용은 나아만의 행동과 이에 따른 엘리사의 반응이다. 일생의 고질병을 고친 나아만은 엘리사에게 "예물"을 받도록 강권한다. 그가 이를 거절한 것은 치유의 능력이 자신이 아니라 여호와 하나님으로부터 나오기 때문이다. 또한 나아만은 이스라엘의 신에게 경배하기 위해 성지로부터 "노새 두 마리에 실을 흙"을 고향으로 가져가기를 요구한다. 이를 통해 하나님의 현존이 자신의 땅에도 나타나리라고 생각하고 있다. 아울러 왕이 드리는 "림몬(Rimmon) 신당"의 예배를 위해 "당신의 종"을 용서해주기를 청원한다. "림몬"은 다마스커스의 폭풍의 신의 이름이다. 나아만의 요청에 대한 엘리사의 응답은 매우 소극적이다. "평안히 가라." 이 함축된 발언은 쉽사리 이해되지 않는다. 그러나 우상숭배와 종교예식의 참여는 구분되어야 한다는 사실은 부정할 수 없다.

엘리야와 엘리사의 기적이야기는 질병의 치유, 전쟁의 행운, 선물, 구조, 형벌의 기적, 자연기적 등의 다양한 유형을 보여준다. 기적의 행위는 곤궁의 상황에서의 도움이다. 기적의 수단은 예언의 말씀에서 원거리 기적을 거쳐 마술의 제식에 이른다. 기적의 발생의 전제는 하나님의 사람의 능력에 대한 구조의 요청자의 신뢰이다. 두 기적이야기는 밀집과 충만의 특성에서 예수님에 관한 기적이야기의 모형이 된다.

2. 신약의 기적이야기

1) 이야기의 전승

신약의 기적이야기는 원래부터 존재한 것이 아니라 역사적 전거를 기초로 다시 작성된 것이다. 이 복합적 전승의 과정은 일정한 법칙과 기준에 의거한다. 그 내용은 크게 두 가지로 압축된다. 하나는 주어진 자료의 완전한 서술, 보완적 확대, 새로운 형성이다. 전해진 이야기의 재생의 작업에는 원래의 대상이 현실의 상황에서 활성화되고 높은 수준으로 고양된다. 또 다른 하나는 이중의 이야기의 조성과 변수의 생성이다. 원래의 기적이야기는 복음서로 이입되기 이전에 개별전승으로 수용된 이후 기적의 모음으로 통합된다. 여기에 기초하는 이야기의 재구성은 저자의 관점에 따라 상이한 형태로 이루어진다. 그럼에도 불구하고 가공된 문안은 그 스스로 높은 개연성과 정체성을 지닌다.

초기기독교의 증거의 문서 가운데 **말씀의 전거**(Logienquelle)가 존재한다는 사실은 오늘날 하나의 상식으로 통용된다. 예수님의 말씀의 모음인 공통의 전거는 독자적 문안으로 보존된 것이 아니라 간접적으로 재구성된다. 여기에서 문제가 되는 것은 재구성의 방식과 종교사적 위치의 설정이다. 가장 단순한 방식은 말씀의 전거가 마태와 누가의 복음에 거의 동일하게 전승된 모든 텍스트를 포괄한다는 전제에서 출발한다. 이들 가운데에는 보다 오래된 마가복음에 없는 것들도 있다.

예수님의 기적의 전승사에서 특별하게 제기되는 해석의 난제(crux interptetum)는 상이한 전통의 단계를 상세하게 구분하는 작업이 어느 정도 가능한가 하는 것이다. 여기에는 말씀의 전거의 신학적 프로필이 순차적으로 변화된다는 사실이 포함된다. 이와 연관하여 예수님의 기적이야기는 상대적으로 늦은 편집의 단계에서 말씀의 전거로 통합된다는 견해가 제기된다. 초기의 생성단계에서는 예수님이 예언적이며 지혜로운 교사로 서술된다. 말씀의 전거는 외경(apocryphos)의 복음과 같은 다른 후세의 문서와 달리 예수님의 말씀과 행위의 서사적 전이에 관한 특징을 보여준다.

현존하는 말씀의 전거의 재구성의 설계를 추적해보면 흥미로운 사실이 발견된다. 즉 예수님의 악령추방과 병치유에 관한 최초의 문서가 가버나움 백부장의 이야기로 나타난다는 사실이다. 그 내용에 의하면 헤롯 안티파스(Antipas)의 군대에 소속된 백부장(hekatontarches)이 자신의 예하에 있는 부하 한 사람을 치유해 줄 것을 예수님에게 간청한다. 화자의 주된 진술의도는 한편으로 예수님의 치유의 권능을 증거하고 다른 한편으로 비유대인의 모범적 믿음을 강조하는 데 있다. 예수님의 치유행위에 관한 최초의 텍스트는 말씀의 전거의 재구성과 역사적 편성에 관한 문제를 설명하는 데 도움을 준다.

가버나움 백부장의 이야기에는 높은 계급의 비유대인 군인이 아직 명성이 알려져 있지 않은 유대의 방랑의 설교자를 찾아와 권능의 말씀에 의한 치유를 청원한다. 말씀의 전거에는 이와 같은 믿음의 기대가 어떻게 가능한가에 관한 구체적 지시가 없다. 예수님이 실제로 병자를 치유하였으며, 이에 관한 소문이 주변에 파급되었다는 사실도 언급되지 않는다. 그러나 이 두 가지 사실은 예수님과 백부장의 만남을 위한 객관적 전제로 작용한다.

예수님의 기적에 관한 신학적 중요성은 가버나움의 백부장 이야기에 이어진 세례요한의 질문에서 확인된다. 감옥에 구금된 세례요한은 자신의 후계자들을 통해 예수님의 행적에 관해 들었을 것으로 판단된다. 예수님은 그의 제자들이 던진 물음에 대해 스스로의 치유행위를 간접적으로 진술한다(Q 7,22).

눈먼 자가 다시 보고

마비된 자가 주위로 걸어 다니며

나병환자가 깨끗해지고

못 듣는 자가 듣고

죽은 자가 소생하고...

위의 시행은 말씀의 전거에서 제1의 총화에 해당된다. 이것은 이사야의 전통의 형식적 거점이다. 이사야 61장 1절에는 하나님의 성령에 근거한 구원의 복음이 선포된다. 이 중요한 전통은 예수님의 활동의 신학적 의미뿐만 아니라 치유의 이야기와 예수님의 인물의 신학적 해석 사이의 관계를 인식하게 한다. 위에 제시한 예수님의 답변은 종말의 기대에 관한 관념을 반영한다. 나아가 치유이야기가 초기기독교의 정체성 정립에 중요한 위치를 차지한다는 사실을 깨닫게 한다.

전승의 연구에서 보통 알파벳 철자 Q로 표기된 말씀의 전거에는 두 개의 기적이야기가 전해진다. 하나는 명령에 따른 치유이야기이고, 다른 하나는 악령에 맞서는 예수님의 권능(논란의 대상이 된 악령추방자)에 관한 담화이다. 앞의 사례는 마태와 누가의 복음에 나오는 가버나움 백부장의 하인의 치유기적과 병행한다. 요한복음에 나오는 왕의 고관의 아들의 치유기적은 Q 문서의 변수이다. 뒤의 사례는 마가, 마태, 누가에 의해 다루어진 바알세불(Beelzebul) 논쟁에 유추된다. 두 기적이야기 사이에 두 개의 총화의 보고가 놓여있다. 말씀의 전거의 기적이야기 좌표를 도식으로 표시하면 다음과 같다.

번호	Q 문서	제목	병행단락
1	7.1-3, 6.b-9	명령에 따른 치유	마태 8.5-13

			누가 7.1-10
			요한 4.46-54
	7.22	총화의 보고	
	10.13-15	총화의 보고	
2	11.14-15, 17-	악령에 대한 예수님의 권능	마가 3.20-30
	22.24-26		마태 12.22-30
			누가 11.14-23

명령에 따른 치유기적 이야기는 가버나움의 백부장 하인의 기적이야기에 대한 요약이다(Q 7.1-3, 6b-9). 객관적으로 기술된 에피소드는 이스라엘의 믿음에 대한 칭송으로 끝난다. 치유의 결과에 대한 보고는 결여되어 있다. 마태와 누가의 병행단락은 담화의 부분에서 거의 일치한다. 자신의 군사의 절대의 순종에 관한 백부장의 발언은 언어의 구사가 동일하다. 이에 비해 서사의 요소에는 상당한 차이가 발견된다. 이것은 물론 Q 문서만이 말씀의 전승을 보증함을 의미하지 않는다. 서로 다른 문안의 생성은 주어진 자료를 자신의 구상에 맞게 편성하는 복음가의 작업에 기인한다. 원래의 텍스트의 재구성은 상이한 수용의 상황에 관계된다.

기적의 연구사에서 Q 문서의 인용은 "국제 Q 프로젝트"의 작업에 의거한다. Q 7.1-9의 단락은 두 개의 상이한 장면으로 나누어진다. 이를 위한 기준은 백부장에서 예수님으로의 인물의 교체이다. 이야기를 시작하는 첫 절은 도입부의 상황제시이다. 그 내용은 예수님의 말씀의 종결과 가버나움으로의 도착이다. 제1의 장면은 서사적 이야기의 일반적 특성에 부합한다(7.1-8). 두 명의 주연인 기적의 행위자와 도움을 필요로

하는 자의 대리자로서의 백부장은 상호작용의 관계에 있다. 사건의 전개는 두 인물의 발언과 행동에 집중된다. 커다란 고통에 시달리는 백부장의 하인은 행동의 주체로서 특별한 역할을 하지 않는다. 백부장의 신실한 믿음의 표명이 장면의 마지막을 장식한다.

매우 간결한 제2의 장면은 여기에 연결된다(7.9). 새로이 시작되는 문장에는 선행하는 담화의 청중이 다시 등장한다. 즉 백부장이 아니라 따름의 길을 걷는 동반자가 발언의 상대역이 된다. 기적의 성격을 지시하는 동사 "놀라다"(ethaumasen)는 사건의 목격자가 아니라 치유자인 예수님 자신의 반응이다. 그의 최종적 발언에 사용된 부정과거 동사 "발견하다"(heuron)는 해당문맥을 넘어 텍스트 외부의 상황에 제시된 거부의 경험을 지시한다. 믿음의 정도에 관한 대립적 서술은 이스라엘 비판의 성향을 지닌다.

마지막 결구의 문장도식 "내가 너희에게 말하노니"(lego hymin)는 이야기가 목표에 도달하였음을 알린다. 동시에 "믿음의 질적 특성이 어디에 있는가?"라는 물음을 제기한다. 절대적으로 표기된 명사 믿음과 이스라엘의 연관은 이스라엘의 하나님에 대한 믿음을 지시한다. 화자에 의해 의도된 거대한 거리두기는 이야기의 상황에 기인한다. 예수님을 향한 도움의 기대가 믿음의 표현으로 나타난다면 이것은 이중의 방식으로 규정된다. 즉 이스라엘의 하나님은 예수님의 인물과 진실된 믿음의 자세에서 구원의 행위를 행사한다는 통찰이다. 백부장의 신앙은 기독교적 인식과 실존적 혁신의 포괄적 양상에서 후계자의 모형이 된다. 이야기의 조망은 유대의 특성의 내부에 머물러있다. 비록 이스라엘에 대한 비판이 화용론의 측면에서 지적된다 하더라도 이를 넘어서는 발전적 착상이 내포되어 있다.

요한복음에는 왕의 고관의 아들의 치유기적으로 두 저자의 문안과의 병행이 조성된다. 이것은 원래의 문안의 재독서와 연관된다. 이야기의 기본골격과 원거리 치유의 모티브는 그대로 수용된다. 그러나 개별적 데이터의 제시에서 상당한 오차를 보인다. 기적의 중재자가 로마군대의 지휘관인 백부장이 아니라 왕의 고관(basilikos)이다. 그는 유대의 왕가에 속한 고급관리이다. 이야기의 배경을 이루는 장소는 가버나움이 아니라 가나에 인접한 갈릴리이다. 마지막 결구에는 가나의 혼인잔치 기적에 이어진 두 번째 표적이라는 사실이 지적된다. 이것은 관련기적이 요한의 연쇄기적에 소속됨을 분명하게 한다.

악령에 맞서는 예수님의 권능에 관한 이야기는 말씀의 전거의 구성에서 예수님과 유대의 주변인물과의 갈등을 다루는 긴 복합단락(Q 11,14-52)의 서두에 배치되어 있다. 비교적 명료하게 서술된 이야기는 예수님이 벙어리를 치유하는 악령추방 행위로 시작된다. 여기에서 중요한 것은 치유대상자의 인물이나 치유의 행위 자체가 아니라 악령추방과 연결된 치유의 권능이다. 일부의 군중은 예수님이 마성의 힘에 조종되어 악령을 추방한다고 비난한다. "악령의 주인"인 바알세불과 결탁하였다는 것이다. 이와 같은 음해의 발언은 상세하고 풍성한 악령론의 진술을 가져오는 계기가 된다. 총체적 성격의 내용은 초기기독교의 예수님 전통을 반영한다.

열세 절의 단락은 크게 두 부분으로 구성된다. 주로 예수님의 말씀으로 되어있는 전반은 그 스스로 통일성을 조성한다(11,14-22). 단계적으로 전개된 논쟁의 담화는 고귀한 하나님의 나라의 선언에서 정점에 이른다. 상대적으로 간결한 후반은 동시대의 관념과 의식에 유래하는 귀신퇴치의 위험성을 지적한다(11,24-26). 이 부분은 비유의 형식으로 기술된다. 기적적인 악령추방 행위는 그 자체로서 충분하지 못하다. 그 결과를 완전하게 마무리하는 그리스도의 개입이 필요하다. 세 절의 단락에는 미숙한 악령추방의 여파가 일곱 귀신의 동거로 귀결된다. 이것은 전에 비해 더욱 악화된 상태이다.

전반의 이야기에는 후세의 전승에 중요한 의미를 지니는 두 가지 요소가 눈에 띈다. 첫째, 바알세불의 명칭이다. 두 차례에 걸쳐 언급된 특이한 용어는 "악령의 지배자"로 표기된다. 원래 히브리어 성서에 유래하는 "bl zbwb"는 세 복음가에 의해 새로운 방향으로 수용된다. 자구상으로 '파리의 주인'을 뜻하는 이름은 동일한 복합어인 "Baal Zebul"(숭고한 영주)에서 두 번째 단어의 첫 자음을 조소적으로 변형한 것이다. 초기기독교의 악령론의 형성에서 신적 요소가 악령의 속성으로 전락한 것이다. 초기유대의 문헌에 직접적, 간접적 유추가 없는 것으로 보아 지역적 관념으로 사용된 것으로 추정된다.

이에 비해 예수님 자신의 말씀은 역사적 예수로 환원된다. 두 번째 요소는 여기에 관계된다. 그것은 "하나님의 손가락"으로 악령을 추방한다는 내용이다(11.19). "손가락"의 모티브는 구약에서 소수의 구절에 발견된다(출애 8.15, 31, 18, 신명기 9.10). 따라서 보편적 비유의 전통에 속하지 않는다. 하나님과 연관하여 사용된 인간신체의 모티브는 은유적 교정을 위해 추후에 삽입되었다는 주장은 설득력이 부족하다. 한 가지 분명한 것은 직접적 능력의 행사를 지시하는 "손가락"이 하나님의 나라의 임재를 강조하기 위한 매체로 도입된다는 사실이다. 종말적 기적해석의 근거가 되는 악령추방과 하나님의 나라의 관계는 여기에서 선명하게 부각된다. 예수님의 말씀의 결론인 Q 11.19의 문장은 누가에 의해 그대로 받아들여진다(11.20).

Q 11.14-26의 단락은 공관복음에 상이한 형태로 전수된다. 여기에는 개별저자의 논증의 관점이 작용한다. 마가의 병행단락은 말씀의 전거와 "원래의 마가"의 이중의 전승을 보여주는 사례이다. 특히 3장 22-26절은 Q 14-22와 비교하여 관찰된다. 다섯 절의 본문에는 Q 문서에 없는 내용이 보완된다. 서두에 등장하는 예수님의 적대자는 예루살렘의 율법학자임이 밝혀진다. 나아가 예수님의 답변이 "비유"의 형식으로 개진됨으로써 논증의 담화가 갖는 장르의 성격이 부각된다. 한편 "하나님의 손가락"에 의한 악령추방의 구절은 생략된다. 또한 악령추방의 경고에 속하는 후속의 단락도 결여되어 있다. 그 대신에 성령의 모독에 대한 영겁의 형벌이 강조된다(3.29). 이 부분이 단락 전체의 결론이다. 전체적으로 마가의 서술방향은 대화의 논쟁에 집중되어 있다.

마태의 경우에는 Q 문서의 활발한 수정이 이루어진다. 마가에 의해 유보된 후속부는 심판과 형벌의 단락으로 대체된다. 성령모독의 죄에 관한 발언에 이어진 내용은 예수님의 음해자를 향한 엄중한 경고이다(12.33-37). "독사의 자식"으로 불린 바리새인의 악한 말은 악한 성격의 산물이다. 그것은 마지막 심판에서 "의로움"과 "정죄함"에 따라 결정된다. 전반의 중심구절에 해당하는 Q 11.19의 수용에는 "손가락"이 전통의 용어 "성령"으로 교체된다(마태 12.28). 이 변수에는 특별한 의도가 들어있다. 유대의 사상에 가까이 서있는 저자는 악령추방의 근원적 주체가 "하나님의 성령"이라는 사실을 특별하게 지적하고 있다.

마태의 Q 문서 수용은 9장 32-34절에도 보여진다. 이 단락은 파송의 설교에 선행하는 복합적 치유이야기의 일부이다. 두 사람의 맹인이 치유를 받고 집의 바깥으로 나간 이후 사람들은 귀신 들린 벙어리를 데리고 들어온다. 이어지는 악령추방 행위는 Q 문서에서 바알세불 갈등이 시작되는 짧은 보고와 유사하다. 현장에 있는 군중이 놀라움의 경험을 토로하는 동안 바리새인은 기적의 행위자를 비난하는 발언을 감행한다(9.34). "그가 귀신의 왕을 의지하여 귀신을 쫓아낸다." 이 문장은 Q 11.15와 정확하게 일치한다. 여기에서 바알세불이라는 이름은 거명되지 않지만 곧이어 수행된 파송연설에 등장한다(10.25). "집주인을 바알세불이라 하였거든 하물며 그 집 사람들이랴." 12장 24절에 이르러 9장 34절과 유사한 내용이 바알세불 갈등과 연관하여 다시 언급될 때 독자는 앞에 주어진 비난을 상기하게 된다.

Q 문서와 공관복음의 연관은 누가복음에서 가장 명료하게 확인된다. 누가의 병행단락은 Q 문서의 직접적 수용이며 재생이다(11.14-26). 서사의 골격을 규정하는 이원적 구성은 변함없이 유지된다. 전체의 문맥에서 보면 하나님에 대한 신뢰의 믿음이라는 11장의 주제에 부응한다. 선행하는 단락은 성령의 청원으로 끝나는 기도의 교리를 다룬다(11.1-13). 열세 절의 문안에는 말씀, 비유, 논쟁이 하나의 통일을 형성한다. 이와 같은 서술작법은 "서사적 집합의 그릇"으로 명명된다. 전체줄거리의 전개는 Q 문서처럼 연계적 극작술에 의거한다.

제1부에는 정치적 갈등과 소유의 안전에 연관된 두 개의 비유가 중심을 이룬다(11.14-23). 서로 갈라져서 투쟁하는 통치는 멸망하며, 강한 자는 보다 강한 자의 제압에 의해 약화된다. "악령의 결박"에 관한 비유의 세계에는 헬레니즘과 로마의 일상현실이 반영되어 있다. 오늘의 시대에서 보면 "적군의 인수"라는 문맥에서 이해된다. 독백의 형식을 취한 논증의 담화는 사회사의 측면에서 조명된다. 첫째 비유의 마지막에서 예수님은 반문의 형식을 통해 적대자의 비난을 물리친다(11.19). 바리새인의 주장대로 한다면 마성적 힘의 예속은 모든 유대의 악령추방자에게 해당된

다.

서로 병행된 두 개의 비유담화는 탁월한 말씀으로 종결된다. 그것은 예수님이 직접적인 악령의 지배자가 아니라 "하나님의 손가락"에 의존한다는 내용이다(11.20). 여기에서 이미 하나님의 나라의 시작이 선언된다. 단락의 결구는 독자를 양자택일의 결정으로 유도한다. 즉 동의와 거부 가운데 하나만 존재할 뿐 중간의 자세는 통용되지 않는다. 부정의 어법으로 서술된 복합문장은 예수님과의 관계의 설정에 관한 강한 경고이다.

제2부는 악령추방의 결과에 대한 비판적 코멘트이다(11.24-26). 은유적 언어로 진술된 세 절은 인간적 악령론의 양상을 보여준다. 악령이 머무는 거처로서의 집의 모티브는 그 증거이다. 사람으로부터 빠져나온 "더러운 악령"은 "물이 없는" 곳을 다니며 휴식의 장소를 찾지만 실패한다. 할 수 없이 전에 "거주하던" 집으로 돌아오니 이미 수리되고 정돈된 상태이다. 결국 메마른 황야에서 자신보다 "더 악한" 일곱 귀신과 동거하게 된다. 황야의 모티브에 관한 부정적 이미지는 고대 지중해의 관념과 통한다. 이 종결의 대목은 예수님의 금식에 연결된 악마의 시험을 연상시킨다(4.1-13). 여기에서 악마가 활동하는 곳은 산과 돌멩이가 있는 험한 광야이다.

Q 문서에 제시된 바알세불 담화의 암시적 병행은 네 번째 복음서에 인지된다. 요한복음에는 예수님의 귀신들림에 대한 비난이 여러 구절에서 발견된다(7.20, 8.48, 52, 10.20). 이와 같은 현상은 요한복음에 바알세불 전통에 대한 대응단락이 없으며, 악령추방의 행위가 전혀 언급되지 않는다는 점을 고려할 때 더욱 주목을 끈다. 공관복음의 악령추방 기적에 내재된 예수님과 악령 사이의 투쟁은 완전히 사라진 것이 아니라 보

다 근원적 차원에서 고양된다. 한편으로는 십자가의 사건에서 악령의 권세가 분쇄되며, 다른 한편으로 예수님의 귀신들림에 대한 비난이 예수님의 계시의 요구로 통합된다. 요한에 의해 거듭하여 지적된 악령의 사로잡힘에 관한 혐의는 예수님과 유대인 사이의 갈등이라는 문서의 맥락에서 설명된다. 여기에는 요한의 교구의 기독교인과 유대의 회당의 공동체의 분리도 포함된다.

2) 일반적 양상

신약의 기적은 구약의 기적에 연결된다. 자연의 기적, 치병의 기적, 생명회복의 기적은 이미 구약에 제시되어 있다. 성서해석의 고전적 범주인 예형론은(typology, Typologie) 기적의 이해에도 적용된다. 예수님은 "요나의 표적"을 자신의 부활을 위한 선행적 모형으로 삼고 있다(마태 12,40). 즉 사흘 동안 물고기 뱃속에 갇혀있다 해방되어 니느웨 백성을 회개로 인도한 요나의 행적이 사흘 만에 무덤에서 부활하여 온 인류를 죄에서 구원할 예수님의 사역의 전신으로 설명된다. 예형의 해석은 신약의 기적이야기 조명을 위한 기본전제로 통용된다.

예수님에 의한 기적의 수행은 여러 선지자의 기적과 같은 맥락에서 이해될 수 있다. 이것은 기적의 근원이 되는 하나님의 권능이 동일하게 작용하기 때문이다. 그러나 새로운 시대의 메시아에 의한 기적은 대속의 죽음과 부활을 통한 인류의 구원과 연관된다는 점에서 구약의 인물이 행한 기적과 다른 차원에 놓인다. 신약과 구약의 기적이야기는 상호비교의 방법을 통해 공통점과 차이점이 밝혀진다. 소생의 기적은 이를 위한 적절한 대상이다.

신약의 기적이야기는 크게 예수님의 기적과 사도의 기적으로 나누어진다. 앞의 경우에는 예수님에게 일어난 하나님의 기적도 포함된다. 예수님의 출생, 죽음, 부활이 모두 거대한 기적의 연속이다. 예수님의 출생은 신약성서에서 기적이야기의 형식으로 기술된다. 마태의 동방박사 순례(2.1-12)와 누가의 목가적 천상의 계시에 관한 기사(2.8-21)는 그 증거이다. 신화적 성격을 지니는 두 이야기는 예수님의 출생이라는 역사적 사실을 이방의 대리인과 유대의 목동을 통해 증언한다. 이것은 아기 예수의 탄생이 전 세계를 구원할 "구세주"의 출현임을 보여준다.

예수님의 출생이 갖는 기적의 의미는 우선 "성령의 잉태"에서 드러난다. 마태는 예수님의 출생에 관한 기사의 첫머리에서 "성령으로 잉태된 것이 나타났다"고 적고 있다(1.18). 이것은 혼인의 결과가 아니라 성령의 능력에 의해 아기가 태어났음을 말한다. "성령의 탄생"은 부활의 기적과 마찬가지로 하나님이 소유한 절대권능의 표징이다.

"성령의 잉태"는 이미 이사야서에 의미 있게 주어진다(7.14). "보라 처녀가 잉태하여 아들을 낳을 것이요. 그의 이름을 임마누엘이라 하리라." 강조의 어법으로 표현된 문장에 지적된 "처녀의 잉태"는 새로운 메시아의 시대에 이르러 이루어진다. 이어서 호명된 "임마누엘", 즉 "하나님의 함께하심"이 그 근거가 된다. 누가의 복음에는 신비의 예언인 "성령의 잉태"가 천사에 의해 고지된 "말씀의 권능"으로 실현된다(누가 1.37).

하나님의 모든 말씀은 능하지 못하심이 없느니라.

"말씀의 권능"은 천지와 인간을 창조한 원천이다. 유일하게 하나님에게 속한 이 창조의 능력은 새로운 메시아 기대의 시대에 자신의 아들인 예수님의 출생에 작용한다.

아기예수가 태어난 시점에 베들레헴 근교의 "들판"의 목동에게 들려온 천상의 합창은 놀라운 계시의 "표적"이다(누가 2,12).

> 너희가 가서 강보에 싸여 구유에 뉘어있는 아기를 보리니 이것이 너희에게 표적이니라.

여기에서 "표적"은 아기예수가 태어난 비범한 장소의 지시를 통해 구원자로서의 그의 특별한 의미를 보증한다. 순례의 목자에 의해 발견된 "짐승의 구유"는 예수님이 수행할 구원사역의 방향을 암시한다. 그것은 예수님 자신의 최초의 나사렛 설교에서처럼 억눌린 자, 가난한 자를 질곡에서 해방하는 것이다(4,18). 양을 치는 목동은 경제적 의존성으로 인해 당시의 사회에서 서민적 하층계급에 속한다. 이야기의 서두에서 목자들을 "두렵게" 만든 주변의 밝은 빛은 신적 현현의 표시이다.

양떼를 지키는 목동의 세계로 인도된 출생의 이야기에는 전원적인 목가(牧歌, Idyllik)의 요소가 들어있다. 이런 점에서 오늘날 "성탄의 목가"로 해석된다. 고대의 전원문학에서 목가는 평화의 상징이다. 이와 같은 문화사적 조명은 예수님의 출생에 새로운 아우라를 부여한다. 천사의 합창에 구가된 "지상의 평화"는 예수님에 의한 복음의 실현이다. 성탄의 축제에 관한 해석은 성서의 응용의 해석에서 제기되는 정서적 지각에 관한 신학적 평가이다. 정서적 지각은 기적이야기를 이해하는 중요한 방법적 요소이다. 아기예수 탄생의 "표적"은 경험적 지각을 넘어서는 초월적, 신비적 지각의 차원에서 적합하게 해명된다.

예수님의 고난과 죽음에도 기적의 현상이 감지된다. 예수님이 십자가에 처형되기 전에 겪은 조롱의 사건은 기적의 목록에 속한다(마가 15.29-32, 누가 22.35). 로마군대의 "바보의 왕"의 연극에 보여진 가시관의 얼굴은 초월적인 고난자의 모습이다. 무거운 십자가를 짊어지고 가파른 골고다의 언덕을 올라가는 죄수의 행동도 같은 성질의 것이다. 고난사의 클라이맥스인 십자가의 운명에는 세 시간의 암흑, 성전휘장의 파열, 거대한 지진이 동반된다. 이것은 중요한 역사적 사건에 하나님의 직접적 개입을 보여주는 초자연의 기적이다.

빈 무덤의 부활과 그 이후에 일어난 현현의 사건은 신약성서에 나오는 가장 위대한 기적이다. 엠마오의 여정, 도마의 신앙고백, 디베랴 호수의 고기잡이 기적은 대표적 사례이다. 부활한 자는 40일 동안 지상에서 활동하며 하나님의 나라를 전하고 기적을 수행한다. 이 모든 행적은 제자들을 선교의 사명의 이행으로 인도한 직접적 계기가 된다. 네 명의 복음가는 예수님의 삶과 사역을 하나님에 의한 기적의 구현으로 서술하고 있다. 성서의 독자에게는 구원의 확신을 가져다주는 은혜의 사건이다.

부활의 사건은 사도 바울에 의해 완전히 새로운 형태의 재탄생으로 설명된다(고린도전서 15.42-49). 그것은 하나님의 영에 의해 새로이 창조된 육체이다. 자주 인용되는 "새로운 피조물"(kaine ktisis)이라는 표현도 이와 같은 문맥에서 이해된다(고린도후서 5.17).

> 그런즉 누구든지 그리스도 안에 있으면 새로운 피조물이라. 이전 것은 지나갔으니 보라 새것이 되었도다.

위의 문장은 죽음과 부활에 의해 구현된 그리스도와의 긴밀한 신앙의 합일을 강조한다. 유사한 내용이 갈라디아서 2장 20절에도 실려 있다. 여기에는 그리스도와의 연합에 의해 사람이 영적 인간이 될 수 있다는 사실이 지적된다. 이것이 "믿음의 삶"의 본질이다.

최초의 선교기간에 수행된 사도의 기적은 대부분 누가가 집필한 사도행전에 기록되어 있다. 기적서술의 기본방향은 이미 마가복음의 결구에 제시된다(16,20).

> 제자들이 나가 두루 전파할 새 주께서 함께 역사하사 그 따르는 표적으로 말씀을 확실히 증언하시니라.

사도들이 주님의 "함께 역사함"으로 성취한 여러 표적은 "말씀을 확실히 증언하기" 위함이다. 사도행전의 기적이야기는 이와 같은 전제 아래 있다. 초기의 단계에는 예수님의 이름에 의한 "표적과 기사"의 실행이 시도된다(4,30).

오순절의 성령강림 기적은 교회의 설립을 통해 사도의 선교를 현실화하는 새로운 출발의 동력이다(사도 2,1-13). 하나님의 성령의 현현(Pneumatophanien)은 이미 요엘서에 의미 있게 예언된다(2,28-32). 지혜의 선지자 요엘이 종말적 구원의 차원에서 선언한 풍성한 "성령의 부음"은 부활의 사건이 일어난 이후의 첫 오순절에 그대로 실현된다. 베드로의 숭고한 오순절 설교는 이 사실을 증언한다(사도 2,17-21). 모든 언어가 하나로 이해된 놀라운 방언의 사건은 역사적으로 바벨탑의 언어혼잡 비극을 종식하는 소통과 화해의 기적이다.

기적은 교구의 생활과 초기기독교의 선교에서 중요한 역할을 한다. 교구의 내부에서는 병치유의 카리스마가 제도화되어 장로의 직분에 연결된다. 외부적으로는 기적의 사도가 악령추방과 질병의 치유로 기독교의 구원의 능력을 제고하는 데 기여한다. 동시에 영적 속성의 지나친 강조로 비판에 직면하기도 한다. 초대교회에서 활동한 중요한 인물은 예수님에 의해 위임된 권능의 소유자로 나타난다. 베드로는 예수님의 후계의 맥락에서 부활 이전과 부활 이후의 기적의 연속을 대언한다. 스데반은 사도행전에서 능력 있는 기적의 행위자로 소개된다(6.8).

스데반이 은혜와 권능이 충만하여 큰 기사와 표적을 민간에 행하니.

빌립은 스데반을 중심한 일곱 집사의 그룹에 속한다. 악령을 추방하고 마비자를 치유한 그는 특별한 영적 능력의 소유자이다.

사도의 기적은 크게 교구의 기적, 베드로와 빌립의 기적, 사도 바울의 기적으로 나누어진다. 교구의 기적은 초기선교의 총화의 보고에 훌륭하게 요약된다(5.12-16). 단락의 첫 절에는 사도들의 손에 의한 행적이 "표적과 기사"로 표기된다(5.12).

사도들의 손을 통하여 민간에 표적과 기사가 많이 일어나매

빌립의 기적수행은 마성의 힘의 제거로 나타난다. 사마리아에서 활동하는 "큰 인물"인 마술사 시몬은 빌립의 전도에 의해 세례를 받고 그를 따르게 된다(8.9-13). 능력 있는 후계자로 변신한 그는 빌립의 "표적과 능력"을 보고 놀라움에 사로잡힌다. 빌립이 시몬에게 선포한 내용은 "하나님의 나라와 예수 그리스도의 이름"이다.

베드로의 최초의 기적은 요한과 함께 선천적 마비자를 치유한 사건

이다(3.1-26). 성전의 문전에서 수행된 획기적 치유기적은 사도들의 선교활동을 촉진하는 직접적 계기가 된다. 두 번째 경우는 룻다(Lydda)에서 중풍병자 애니아를 고쳐준 기적이다(9.32-35). 첫 번째 기적을 상기시키는 마비의 치유는 예수 그리스도의 이름 아래 수행된다. 지역의 전통을 보여주는 사건은 인근의 주민의 전도에 크게 기여한다. 세 번째 기적은 욥바(Joppe)의 여제자 도르가를 살린 사건이다(9.36-43). 항구도시 욥바는 룻다에서 20km 정도 떨어진 곳에 위치해있다. 제자들의 간청에 의해 이루어진 특별한 소생의 기적은 기도, 외침, 접촉의 세 단계로 진행된다. 놀라운 치유의 결과는 앞의 기적과 같은 효과를 발휘한다.

사도행전에는 모두 일곱 개에 달하는 바울의 기적이 다루어진다. 그 밖에 네 곳의 총화의 부분에서 바울의 기적활동이 요약해서 보고된다(14.3, 15.12, 19.11-12, 28.9). 이들은 누가에 기인하는 반면 개별적 기적이야기는 누가 이전의 전승에 의거한다. 그 가운데 전설적 성격을 지닌 네 개의 기적은 신빙할만한 방식으로 설명하기에 적합하지 않다. 이들은 구브로(Zypron)의 형벌의 기적(13.9-12), 빌립보의 해방의 기적(16.25-40), 청년 유두고의 소생의 기적(20.7-12), 멜리데(Melitae) 섬의 보호의 기적이다(28.3-6). 그러나 다른 세 개의 기적은 이와 구분된다. 기적은 바울의 사역에서 이차적 의미를 갖는다. 이것은 그의 사도의 직분과 기독교론의 특성에 관계된다.

상대적으로 명료하게 해명되는 세 기적은 두 개의 치유기적과 한 개의 악령추방 기적이다. 바나바와 바울의 루스드라(Lystra) 체류기간에 수행된 치유기적은 신뢰할만한 전승에 근거한다(14.8-18). 태어날 때부터 다리가 마비된 병자는 자신의 믿음의 힘으로 치유되어 그의 생애에서 처음으로 걷게 된다. 이 사실을 목격한 군중은 사도들을 인간의 형상을 가진 신들로 경배하기 시작한다. 로마의 점령지 빌립보의 사역기간 동안 바울은 악령의 추방으로 당국과 갈등을 빚게 된다(16.16-18). 즉 한 여종의 점술을 제거함으로써 두 주인에게 재정적 손실을 끼치고 법정에 세워진다. 여종의 내부에 존재하는 마성적 영은 델피의 신탁을 불러일으킨다. 악령추방의 보고는 근본적으로 빌립보의 지역적 전통에 의거한다.

멜리데 섬의 두 번째 사건인 병치유의 기적은 역사적 가치가 높다(28.7-9). 여기에 명명된 "가장 높은 사람"의 칭호가 묘비명에 의해 증명된다는 사실은 서사적 이야기에 지역적 전통과 역사적 확실성을 부여한다. 바울은 "섬의 제1인자" 라고 할 수 있는 부블리오(Publius)의 부친을 기도와 안수를 통해 열병과 이질에서 벗어나게 한다. 손의 접촉은 카리스마의 인물의 개인적 관심을 감지하게 하고 치유의 힘을 중재한다. 반면에 기도는 삶의 주인으로서의 하나님을 치유의 행위로 초대한다. 바울은 기적의 발생에 있어 신적인 원래의 권능을 특별히 중시한다(고린도후서 12.12). 이런 점에서 여기에 보여진 구체적 치유의 동작은 그에게 자연스럽게 받아들여진다. 기적수행자의 성공적 활동이 스스로의 능력이 아니라 하나님의 도구로 작용한다는 생각은 바울의 기적이해와 합치된다.

3) 형식, 장르, 서술방식

기적이야기가 별도의 장르로 인정될 수 있는가에 관해서는 의문의 여지가 있다. 이에 대한 근거는 이미 용어의 사용에서 드러난다. 신약의 기적이야기에는 비유이야기처럼 고유의 명칭이 동반되지 않는다. 비유이야기는 두 개의 전거의 개념인 "parabole"와 "paroimia"에 의해 그 의미와 범위가 규정된다. 이것은 독자적 장르형식이 이미 전통을 형성하였음을 뜻한다. 이에 비해 기적이야기는 전승의 과정에서 뚜렷한 지시어가 발견되지 않는다. 기적이야기란 명칭은 이야기의 대상과 내용에 따라 후세에 붙여진 것이다. 양식비평에서는 기적이야기가 가장 오래된 기독교의 이야기형식인 "파라디그마"로 분류된다. "파라디그마"는 이야기의 실례를 통해 선포된 내용을 진술하는 설교자의 방식이다.

그러나 초기기독교의 저자들은 전통적 기적이야기에 관한 분명한 "장르의식"을 지니고 있었다. 이것은 이야기를 요약하는 총화(Summarium)의 제시와 문서의 구성적 배열에서 알 수 있다. 의미 있는 보고의 단락에는 이미 수행된 다양한 기적이야기가 간결하게 정리된다. 마가의 총화에는 악령추방과 병치유의 기적이 서로 연계되어 서술된다(1,32-39, 3,7-12). 마가복음의 전반에는 기적이야기의 연쇄가 하나의 커다란 원을 형성한다(1,1-8,26). 이로 인해 상이한 개별이야기가 밀접하게 접목된다. 요한은 "표적"이라는 용어로 일곱 개의 기적을 통일된 상징의 형태로 구성하고 있다. 서로 다른 유형의 기적이야기는 하나님의 계시를 시현하는 동일한 징표이다.

고전적 형식사에는 기적이야기의 서술방식이 고대의 단편(Novelle)과 연관하여 관찰된다. 오랜 기원을 지닌 이 고전적 문학장르는 헬레니즘 문학의 기본형식이다. 기독교의 단편 혹은 복음서의 단편이라는 용어는 두 서사유형의 유사성을 지시한다. 내적 통일성, 줄거리의 구성과 전개로의 집중, 새로운 국면으로의 전환은 성서의 이야기와 문학적 단편에 공통된 요소이다. 통일된 구조는 단편의 형식을 다원적 구조의 소설과 구분하게 하는 기준이다. 단편의 줄거리를 움직이는 극적 전환은 공관복음의 이야기에도 중요한 역할을 한다. 비유이야기와 기적이야기의 종결의 장면이 여기에 해당한다. 누가의 거지맹인 치유기적에는 장엄한 "종결의 합창"이 클라이맥스를 형성한다(18,43). 구약의 전승을 상기시키는 역동적 결구는 저자 고유의 구상이다.

초기기독교의 기적이야기와 헬레니즘의 단편과의 상호비교는 상이한 두 이야기형식 사이의 공통점과 차이를 파악하게 한다. 여기에서 문제가 되는 것은 허구와 사실성의 관계이다. 예수님의 기적이야기는 문학적 기적이야기와 달리 역사적 현실에 기초한다. 신약의 기적이야기의 모티브와 배경을 형성하는 배의 항해, 공동의 식사, 산상의 머무름 등은 이를 위한 근거로 지적된다. "현실의 이야기"로서의 기적이야기는 결과적으로 사실과 허구를 중재하는 종합의 양상에서 적절하게 설명된다. 그 중요한 기능은 수신자로의 인지적, 정감적 작용이다. 여기에서 이야기의 서술의 목표인 "서사적 동질성"이 성취된다.

고대의 기적이야기는 일정한 서사의 견본에 의거한다. 그것은 도입, 제시, 중심, 증거의 네 부분으로 된 다층의 구성이다. 도입은 상황과 인물의 설정, 제시는 곤궁과 긴장의 형성, 중심은 장면의 준비를 동반하는 기적행위, 증거는 기적행위의 확인이다. 마지막 단계는 기적의 발생에 대한 참여자의 반응이다. 기적의 행위자는 초자연의 힘을 소유한 권위의 인물이다. 때로는 제3의 청원자가 기적을 태동하는 중요한 중재자로 출현한다. 이와 같은 기본도식은 기적이야기를 독자적 장르로 관찰하게 한다.

기적이야기의 형식에서 고려되어야할 중요한 요소는 경구적 발언(apophthegma)의 요소이다. 이 용어는 이야기의 원래의 요점으로서의 말씀을 말한다. 격언 형태의 질문이나 대답에 큰 의미를 부여하는 고전적 어법은 규범의 기적이나 치유의 기적에 선호된다. 마비된 손의 치유에 관한 안식일의 기적이야기에는 경구의 발언이 전체의 중심을 형성한다(마가 3,4). 복합적 의문문의 내용은 선행과 악행, 생명의 구원과 파멸 사이에서 양자택일의 결정을 향한 요구이다. 이 첨예화된 질문에는 율법적, 사회적 구속으로부터의 해방을 촉구하는 인권옹호의 사고가 표명된다.

고전적 형식사에는 상이한 전승의 형식이 원시교회의 삶과 연계된다. 이와 같은 사고는 "삶의 자리"라는 용어로 대언된다. 즉 텍스트가 공동체의 생활에서 실현하는 기능이 중요하게 평가된다. 기적이야기에는 배고픔이나 의학적 치유기술의 미비와 같은 곤궁의 상황이 반영된다. 기적이야기의 전승이 초기기독교 교구의 욕구에 부응하는 예는 선교의 사명에 관한 설교에서 찾아볼 수 있다. 여기에서는 기적이 하나님의 아들과 예수님의 메시아성을 보증한다(마가 5,7, 마태 11,5). 구조의 기적, 규범의 기적, 현현은 초기기독교의 부활신앙에 의해 영향을 받는다. 이들은 초자연적 존재의 계시의 사건이다.

특히 규범의 기적은 기독교 교구의 학습에 "삶의 자리"를 두고 있다. "삶의 자리"란 특정한 장르나 형식이 전형적으로 사용되는 현실의 상황을 말한다. 아직도 완전히 정립되지 못한 새로운 규범이 정당화되기 위해서는 증명의 기적이 필요하게 된다. 하나님이 마비자의 치유로 전통의 규범을 분쇄한다는 통찰은 죄의 용서의 실천을 정당화한다. 결과적으로 기적이야기는 주어진 곤궁의 극복을 위한 신뢰를 중재하는 **상징의 행위**로 작용한다. 이런 점에서 시대의 제한을 넘어서는 보편적 범주에서 해석된다.

복음서의 저자에 의한 기적이야기의 재가공은 일관된 구상과 안목에서 이루어진다. 여기에는 기적이야기의 형식과 구조에 관한 명료한 인식이 선행한다. 이와 같은 사실은 서사의 골격의 형성에서 확인된다. 특히 치유기적의 전개는 일정한 원리와 도식에 의거하고 있다. 즉 (1) 병의 증세와 기간, (2) 치유대상자의 청원, (3) 치유자의 구체적 행위, (4) 치유의 결과(목격자의 감동과 변화), (5) 종결의 합창 등의 순서로 진행된다. 여기에 제시된 다섯 항목은 치유의 기적이야기를 구성하는 기본요소이다. 마지막에 언급된 종결의 합창은 모든 사례에 해당하는 것은 아니다.

종결의 합창은 누가가 기술한 바디매오의 개안기적에 의미 있게 활용된다. 극적인 기적이야기는 장엄한 영광의 찬양으로 종식된다. 치유의 수혜자의 감격적 반응에 연결된 민중의 합창은 마음속에서 우러나오는 기쁨과 환희의 표시이다(18.43).

> 곧 보게 되어 하나님께 영광을 돌리며 예수를 따르니 백성이 다 이를 보고 하나님을 찬양하니라.

여기에 강조된 영광의 모티브는 나사로의 소생기적에서 질병의 죽음과 연관된다(11.4, 40). "보다 높은 하나님의 영광을 위해"(ad maiorem gloriam Dei)는 다층의 기적이야기를 인도하는 중심모티브이다. 예수님의 기적의 수행은 영광의 시현과 밀접하게 관련되어 있다.

이제 정리해보자. 기적이야기의 형식과 구조는 장르의 체계론에 소속된다. 다시 말해 일정한 연관의 틀에서 해명된다. 무엇보다 서사적 이야기의 특징과 기법에서 설명된다. 신약의 기적이야기는 다원적으로 구성된 사실적 이야기로 규정된다. 이와 같은 정의는 기적이야기를 순수한 가공의 이야기와 구별하게 한다. 줄거리의 운동에서 보면 결핍의 상황을 해소하는 행동의 주체에 중점이 주어진다. 전체적으로 인간, 사물, 자연에 작용하여 지각의 변화를 야기하는 기적의 행위가 중심에 위치한다. 인간학적 범주에서 설명되는 지각의 변화는 기적의 영향을 규정하는 "놀라움과 당황"을 설명하는 근거가 된다. 동시에 익숙된 세계질서와 비실재성 사이의 경계를 와해하는 역동적 기능을 발휘한다.

현실과 허구의 탄력적 중재라는 기적이야기의 특성은 우주적 담론으로 넘어간다. 이야기에 설정된 과거의 시간은 줄거리의 진행에서 스스로 해체되어 현재의 시점으로 이전된다. 역동적 거리두기의 기법에는 상이한 유희형식이 동원된다. 즉 역사적 사실의 서술뿐만 아니라 증인의 보고, 경험의 증언, 현실의 변용 등이 중요하게 작용한다. 앞의 두 요소에는 객관적 사실을 넘어서는 주관적 성찰과 판단이 작용한다. 서사적 이야기의 본질적 속성인 현실의 변용은 언어의 수행능력에 의한 사건의 발생에서 명료하게 인지된다.

마가의 기적이야기는 고유의 서사구조와 서술방식에 의거한다. 이것은 이미 최초의 기적이야기인 악령추방 기적에서 증명된다(1,21-28). 여덟 절의 단락은 내재적 통일성을 구현한다. 전체의 줄거리는 말씀의 교훈과 기적의 수행의 두 부분으로 나누어진다. 앞의 부분은 1장 21-22절에, 뒤의 부분은 1장 23-28절에 해당한다. 두 단락은 서사의 구조에서 하나로 연결된다. 이것은 1장 21절과 1장 23절의 상호일치에서 증명된다. 각기의 단락을 시작하는 도입문장은 시간의 부사구 "그리고 즉시"에 의해 인도된다. 두 단락의 서술방식도 병행의 어법에 의거한다. 이와 같은 유추의 현상은 전체의 이야기를 통일된 관점에서 읽게 한다.

이어지는 베드로 장모의 치유는 신속하고 완전하게 기술된다(마가 1,29-31). 세 절의 이야기는 3원적 도식의 모형을 보여준다. 즉 열병의 알림, 예수님의 신체접촉, 치유대상자의 건강회복과 "시중들음"의 행위이다. 열병은 당시에 마성의 작용에 의한 것으로 간주된다. 때문에 예수님은 환자의 손을 잡아 일으킨다. "열병이 떠나다"라는 표현은 마성의 퇴치를 시사한다. 전체의 구성에서 주목할 부분은 마지막 단계이다. 즉 치유의 은혜로 인한 섬김의 결과이다(1.31).

열병이 떠나고 여자가 그들에게 수종드니라.

여인의 적극적 행동은 식탁의 봉사(diakoneia)를 의미한다. 주변의 사람들을 "위한" 여인의 섬김은 치유자의 자비에 대한 응답의 표시이다. 예수님의 "능력의 행위"에서 야기된 섬김의 요청은 따름의 명령에 대한 순응이다. 마가는 그의 복음서에서 책임 있는 섬김이 예수님의 후계자의 요건임을 거듭하여 강조하고 있다. 10장 45절에는 대속의 희생에 따른 섬김의 헌신이 강조된다. 베드로의 장모의 치유기적은 형식의 구조에서 헬레니즘의 치유기적과 유사하다. 그럼에도 불구하고 그 속에 내포된 계시의 의미는 근본적으로 다르다. 짤막한 변두리의 이야기에는 문서의 서두에 제시된 구원의 복음의 선포가 실현된다.

나병환자의 치유기적 이야기는 동일한 분량의 두 부분으로 나누어진다. 제1부는 예수님과 나병환자의 만남과 대화에 집중된다(마가 1.40-42). 나병환자의 찾아옴과 청원은 현재형으로 보고된다. 시간과 장소가 제시되지 않은 것은 이야기가 일반적 성격을 지님을 암시한다. 두 주인공의 행동과 담화는 긴밀하게 연관된다. 나병환자의 엎드림과 예수님의 붙잡음과 만짐은 서로 대응한다. 이와 같은 서술방식은 두 사람의 상호작용에 시선을 고정하게 한다.

이야기의 진행에는 세 차례에 걸쳐 청결(katharismos)의 요소가 지적된다. 병자는 깨끗함을 청하고, 치유자는 이를 승인한다. 마지막 단계에서 나병의 사라짐과 함께 깨끗함의 과제는 해결된다. 1장 44절에 이르면 청결이 제식의 의미로 사용된다. 나병의 종교적, 사회적 함의에 관해서는 더 이상의 설명이 필요 없다. 예수님에 의한 병자의 접촉은 유대의 관례에 어긋난다. 그러나 주어진 이야기에는 이로 인해 병자의 불결이 제거된다. 수동의 서술부 "그가 깨끗하여졌다"의 배후에는 권능의 하나님이 존재한다(1.42). 청결로의 변화는 사회공동체로의 재통합을 암시한다.

제2부는 제1부의 집중된 장면을 여러 면으로 확대한다(마가1.43-45). 행동의 공간이 확장되고, 추가적인 행동의 수행자가 등장하고, 새로운 행동이 유희된다. 제1부와 비교해보면 몇 가지 특징이 눈에 띈다. 예수님은 치유 받은 자에게 떠나도록 엄하게 지시한다. 제사장에게 증거를 제시하고 제물을 드리라는 요구는 침묵의 명령에 상반된다. 치유의 수혜자는 침묵의 명령을 이행하지 않고 나아가 말씀을 전파하고 선포한다. 이와 같은 모순된 서술에는 서사의 전략이 들어있다. 산 위의 변용에 이어진 하산의 담화에는 이제까지 주어진 침묵의 명령이 시간적으로 제한된다는 사실이 밝혀진다(마가 9.9).

> 인자가 죽은 자 가운데서 살아날 때까지는 본 것을 아무에게도 이르지 말라.

제자들은 예수님의 부활의 시점까지 침묵을 유지해야 한다. 그러나 그 이후에는 그렇게 할 필요가 없다. 부활의 사건에 의해서만 예수님이 누구이며 그의 사명이 무엇인지 드러난다. 가버나움의 나병환자 치유에 관한 마가의 서술은 복음서의 기본구상인 메시아의 비밀을 예시하고 있다.

중풍병자의 치유이야기는 나병환자의 치유기적과 다른 형식적 구조를 지닌다(마가 2,3-12). 열 절의 단락의 구성에서 가운데의 여섯 절은 후세에 넣어진 것이다(2,5-10). 이것은 특별한 형태의 서사적 작법에서 증명된다. 직접화법의 문장 "중풍병자에게 이르시되"는 2장 5절에 중단된 이후 2장 10절에 다시 등장한다.

2,5: 예수께서 ... 중풍병자에게 이르시되

2,10: 그러나 인자가 ... 하시고 중풍병자에게 말씀하시되

위의 병행구조에서 유도된 단락의 조망에서 다음과 같은 사실을 알 수 있다. 저자는 이야기의 구성에서 율법학자의 개입과 이에 따른 논전을 추가적 보완하고 있다. 이로 인해 기적치유의 특별한 의미가 전면에 부각된다. 그것은 죄의 사면이 치유의 동인으로 작용한다는 사실이다. 그리고 죄를 사면하는 권리는 하나님의 권능을 위임받은 예수님 자신에게 있다. "인자"의 권능을 천명하는 삽입단락의 마지막 절은 전체이야기의 중심을 형성한다(2,10).

야이로의 딸의 소생과 혈루증 여인의 치유에 관한 이중의 이야기는 일정한 서사의 구도에 의거한다(마가 5,21-43). 이 복합단락에는 두 개의 에피소드가 기술적으로 접합된다. 마가의 기적서술에서 중심의 위치를 차지하는 여인의 기적은 결함의 상황, 준비성, 주된 줄거리, 반응의 4원적 도식에 의거한다. 결함의 상황은 어떤 사람이 처한 어려운 상황의 제시이며, 준비성은 결함의 상황을 제거하는 능력의 나타남을 말한다. 주된 줄거리는 주체가 문제를 해결하는 행위이며, 반응은 주된 행동의 결과에 대한 주변의 반응이다.

네 단계의 구조분석은 화자의 의도에 따른 이야기의 골격과 내용을

파악하게 한다. 서로 이어진 두 에피소드의 구성적 중점은 두 번째 항목인 준비성에 있다. 결함의 상황의 변화를 초래하는 중점화의 양상은 활동의 주체인 예수님의 응답에 의해 보증된다. 이와 같은 사실은 줄거리의 운동에서 믿음의 주제에 의해 활성화된다(5.34). 믿음의 능력은 건강의 회복과 구원의 실현을 위한 전제로 부각된다. 질병의 치유와 죽은 자의 소생에 관한 두 이야기는 준비성에 의거한 기적의 실현에서 동일한 위치에 있다.

마가의 무화과나무의 소멸의 기적은 샌드위치의 기법을 보여준다(마가 11.20-26). 특별한 예언적 기적행위는 선행하는 무화과나무의 저주에 연결되어 있다(11.12-14). 가운데 놓인 단락은 성전청결의 행사에 관한 기사이다(11.15-19). 다섯 절의 이야기의 의미는 앞뒤에 위치한 두 설화에 의해 명료하게 이해된다. 그 기준은 무화과나무의 저주와 소멸이 상징하는 부패하고 타락한 예루살렘 성전의 멸망이다. 저자의 특별한 서사적 작법은 독자를 유용한 글읽기의 지침으로 안내한다.

3. 공관복음의 기적이야기

1) 복음가의 기적비평

네 명의 복음가에 의해 상이한 형태로 추진된 예수님의 역사의 설계는 기적의 사건을 지나칠 수 없다. 그들이 이룩한 가장 큰 신학적 업적의 하나는 예수님의 활동의 중요한 부분을 형성하는 기적의 수행을 확고하게 형상화한다는 점에 있다. 이 거대한 과제의 이행에서 그들은 고대의 전기에 연관하여 작업한다. 그들의 의도는 위대한 기적의 수행자를 애매한 마술사의 의혹에서 분리하여 보호하는 것이다. 기적의 전승을 새로이 가공하는 의욕적 작업은 신학적 반성의 척도를 인식하게 한다. 편집자의 손에 의해 이루어진 수정과 보완은 기적의 전체적 해석을 위한 중요한 열쇠를 제공한다.

마가의 기적서술은 긍정적이며 비판적인 관점에 의해 인도된다. 이것은 예수님의 삶으로의 기적의 편입, 기적의 전승의 해석, 그리고 기적의 주제의 총화에서 드러난다. 총화란 요약된 집합의 보고를 의미한다. 기적의 사건이 예수님의 상을 설정하는데 중요한 의미를 지닌다는 사실은 계획된 총화의 편성에서 확인된다. 개별전승에 의해 중재된 일련의 기적은 세 차례의 요약보고를 통해 전체적으로 정리된다(1,32-39, 3,7-12, 6,53-56). 이를 통해 다양한 형태의 기적으로 채워진 예수님의 갈릴리 사역에 중점이 주어진다.

마가의 기적이야기는 형식의 면에서 헬레니즘의 이야기에 가깝다. 동시에 출애굽의 전통과 엘리야와 엘리사의 기적이야기의 원에 연결된다. 특히 서술의 방식에서 고유의 프로필을 지닌다. 즉 믿음을 통한 난관의 극복, 도움의 부름, 청원과 신뢰의 표명, 강조와 호출의 어법, 전체적 구성 등이 중요한 특징이다. 하나님의 나라의 실현자로서의 예수님에 대한 신뢰의 믿음은 주어진 현실의 한계를 극복하게 한다. 특히 치유의 기적에는 기대와 확신의 믿음이 중요하게 작용한다. 자연기적의 서술에는 고귀한 예수님의 인물에 관한 부활 이후의 인식이 반영되어 있다. 기적이야기는 자연과 우주를 지배하는 부활자의 권능을 지상의 예수님으로 전이시킨다. 초월적 기적의 내용은 단순하고 간결한 형식으로 기술된다.

마가는 복음의 문서를 작성함에 있어 개별전통, 복합적 주제, 고난의 전승을 지리적, 연대적으로 접합된 전체로 통일시킨다. 여기에서 중요한 과제는 **말씀과 행위** 사이의 긴밀한 관계를 명료하게 하는 것이다. 즉 기적을 말씀의 인증으로 정립하는 것이다. 이것은 무엇보다 마가복음의 구성적 특징에서 증명된다. 예수님의 공적 활동이 기적의 행위로 시작된다 하더라도 여기에는 복음의 선포와 말씀의 능력으로 이루어진 제자의 부름이 선행된다. 4장 35장에서 5장 43절에 이르는 거대한 기적의 원은 2장 1절~3장 6절의 논쟁대화와 4장 1-34절의 호수 위의 비유연설에 이어져있다. 기적의 전승에 관한 가공의 작업은 저자의 관심이 가르침과 선포의 동시적 진술에 있음을 증거한다.

마가의 기적의 연쇄는 "성스러운 주간"의 활동으로 시작된다(1,16-39). 최초의 가버나움 사역에 해당하는 중요한 기간의 서술에는 악령추방, 치유기적, 그리고 요약의 보고가 다루어진다. 다원적 단락을 마감하는 마지막 절은 전체의 총화이다(1,39). 예수님은 권위의 말씀과 기적의 수행으로 하나님의 나라의 실현을 위한 자신의 권능을 증거한다. 이 의미있는 상징의 행위는 기적의 해석의 지침인 종말의 관점에서 파악된다. 문서의 서두에 제시된 하나님의 나라의 선포는 일련의 기적의 발생을 통해 가시화된다.

악령추방과 병치유의 기적은 마가에게 특별한 의미를 지닌다. 이것은 세 차례에 걸친 총화에서 두 유형의 기적만 언급된다는 사실에서 알 수 있다. 저자는 악령의 추방을 예수님의 신적 존재가 드러나는 계시의 사건으로 본다. 물론 긍정적 계시의 특성은 악령을 향한 침묵의 명령에 의해 약화된다. 기적의 전승에서 보여진 영광의 시현을 고난의 십자가의 이론으로 상대화하는 것은 "메시아의 비밀"의 신학적 구축이다. 십자가의 죽음과 부활의 사건에 의해서만 하나님의 아들로서의 예수님의 존재가 원래의 깊이에서 개진된다. 이와 같은 근거에서 마가는 예수님의 계시를 한동안 비밀의 상태로 유보한다. 악령은 하나님의 아들의 존재를 대중에게 공표해서는 안 된다. 그 의미는 십자가와 부활 앞에서만 완전하게 해명되기 때문이다.

기적의 기독교론을 둘러싼 동의와 비판 사이의 긴장은 비밀의 유지와 공적인 파급의 모순에도 나타난다. 일부의 기적이야기에는 비밀유지의 지시가 메시아비밀의 이론으로 흡수되지만 또 다른 경우에는 이와 반대로 주변세계로의 파급이 지적된다. 기적의 알림에 관한 반복된 금지에도 불구하고 예수님의 계시의 전파는 중단되지 않는다. 기적의 서술에 동반된 침묵의 명령은 처음부터 조성된 이행의 어려움에도 불구하고 복음서의 독자에게 예수님의 존재에 대한 직접적 인식의 길을 차단한다. 이것이 문서를 구성하는 저자의 의도이다.

맹인 바디매오의 기적이야기는 기적과 고난의 연계로 종래의 틀에서 벗어난다(마가 10.46-5.20). 이 마지막 기적사례는 십자가의 신학으로 채색된 문맥으로 편입되며 심오한 후계자의 사고로 이전된다. 밝은 빛을 보게 된 주인공이 예수님과의 연합을 위한 범례로 고양됨으로써 기적의 상징적 이해를 위한 길이 마련된다. 이에 앞서 수행된 벳새다 맹인의 치유도 유사한 입장에서 은유적 질감을 얻는다. 이 일차의 개안기적은 선행하는 제자의 일깨움의 장면에 연결되어 있다(8.14-21). 영적 맹목에 의해 지배된 제자들에게는 은혜의 기적만이 어두움으로 부터의 해방을 가져온다.

마태는 복음의 구성에서 "행위의 메시아"를 "말씀의 메시아"의 하위에 놓는다. 예수님은 거대한 산상수훈에서 위대한 "말씀의 메시아"로 소개된다. 그 이후 8-9장의 기적시리즈에서 "행위의 메시아"로 등단한다. 이 기적의 모음은 초기에는 순수하게 기독교론의 입장에서 관찰되어 왔다. 그러나 여기에는 제자의 도리와 후계의 문제가 다루어진다. 따라서 점차 교회론의 관점에서 해석된다. 저자는 기적의 수행자로서의 예수님의 출현을 교회의 본질과 과제가 미리 제시된다는 조망에서 바라본다. 폭풍진정의 기적에 관한 기술이 그 증거이다. 거대한 자연의 위력의 제압은 예수님의 따름의 길에 항상 동반되어야 할 순수한 믿음의 경험을 위한 초시간의 징표가 된다.

마태의 복음서 가공은 예수님의 전승에서 탈마성화와 탈마술화를 지향한다. 이와 같은 과제는 이중의 목적을 추구한다. 외부적으로는 탈무드에 나오는 예수님의 마술행위에 관한 유대의 논쟁에 맞선다. 내부적으로는 카리스마의 인물의 활동으로 인하여 마태의 교구가 처한 갈등의 해소가 모색된다. 마태의 기적비평은 기적이야기의 마술성 제거를 통해 기독교적 정당화의 토대를 마련한다. 동시에 예수님이 마술의 기술을 사용하였다는 교회 외부의 혐의와 비난에 강력하게 대처한다.

기적에 대한 누가의 지대한 관심은 기적의 서술을 통해 예수님의 상을 풍성하게 만든다는 사실에서 드러난다. 그의 복음서에는 특수전거에서 취한 다섯 개의 기적이야기와 기적의 주제를 다룬 하나의 총화가 (8,1-3) 실려 있다. 그 가운데 일부는 저자 자신에 의해 새로이 작성된다. 여기에 사도행전에 나오는 기적의 형식적 요약이 추가된다. 누가는 기적의 수행에서 예수님의 신적 본질이 가시화된다는 마가의 구상을 받아들인다. 침묵의 명령의 수용에 있어서도 마태보다 마가에 가깝다. 그러나 메시아비밀의 이론은 완전하게 구현되지 않는다.

누가에 있어서는 예수님이 말씀과 행위를 함께 증거하는 종말적 기적의 예언자로 고양된다. 그는 기적을 말씀과 동일한 권리를 가진 위대한 사역으로 평가한다. 부활 이후의 현현의 기사에는 나사렛 예수가 제자들에 의해 "말씀과 행위가 능한 선지자"로 규정된다(누가 24.19). 여기에 지적된 "말씀과 행위"는 복음서에서 예수님의 기적을 서술하는 기본도식으로 대두된다. 예수님의 공적 활동의 제1부는 나사렛의 취임설교로 시작된다(4.16-19). 이 인상적인 고향의 설교는 복음가에게 예수님의 출현에 대한 원상이며 열쇠로 통용된다. 여기에서 예수님은 선포자일 뿐만 아니라 예언적 면모의 기적수행자로 등장한다. 그의 사명은 선포의 위임을 넘어 "눈먼 자와 눌린 자"를 향하고 있다. 그는 종말의 예언자로서 치유의 기적을 통해 이사야의 약속을 실현한다.

누가는 따름과 믿음을 기적의 사건과 밀접하게 연관시킨다. 최초의 제자의 부름에는 마가와 달리 기적적인 고기잡이가 선행된다(5.1-11). 게네사렛 호수에서 일어난 풍성한 어획은 시몬 베드로와 동료로 하여금 즉석에서 예수님을 따르게 만든다. 또한 세리 레위(마태)의 따름은 예수님의 가르침이 아니라 그전에 일어난 중풍병자의 치유가 동인이 된다(5.27-32). 이 치유기적은 하나님의 권능을 지닌 자의 죄의 사면에 기인한다. 일곱 귀신에서 벗어난 막달라 마리아가 악령에서 추방되거나 질병에서 치유된 다른 여인과 함께 따름의 길을 걷게 된 사실은 누가에 의해서만 보고된다(8.2-3). 그의 복음서에서 예수님은 말씀의 능력뿐만 아니라 기적의 힘을 통해 제자들을 자신의 길로 불러들인다.

요한의 기적이야기는 서술의 대상과 방식에서 다른 세 복음서와 차이가 있다. 가나의 혼인잔치, 나사로의 소생, 디베랴 호수의 고기잡이 기적은 저자 고유의 기사이다. 다른 기적들은 직접, 간접으로 공관복음의 기적과 병행된다. 무엇보다 기적이야기의 구성방식이 독자적 특성을 보인다. 일부의 사례에는 원래의 이야기에 긴 분량의 후속담화가 이어진다. 이와 같은 복합적 구성은 기적의 사건에 내포된 계시의 성격을 분명하게 한다. 요한은 기적 자체보다 기적에서 야기되는 계시의 의미에 큰 비중을 두고 있다. 이것은 이미 기적의 해석에 속한다. 기독교적 계시의 기능은 요한의 기적서술의 중심이다.

요한의 기적목록에는 악령추방의 기적이 없다. 하나님과 사탄 사이의 첨예한 대립은 예수님의 행적과 운명에서 해소된다. 악령은 예수님의 현존으로 이미 패배한 존재이다. 의미 깊은 밀알의 비유에 이어진 후속담화에는 지상의 세력이 심판에 처해진다고 언명된다(12,31).

> 이제 이 세상에 대한 심판이 이르렀으니 이 세상의 임금이 쫓겨나리라.

위의 문장에서 "이제"라는 시간부사와 함께 12장 27절에 언급된 "때"의 도래가 규정된다. "내가 이를 위하여 이때에 왔나이다." 여기에 지적된 "이 시간"은 십자가에 의한 현재의 세계에 대한 심판이다. "세상의 임금(영주)"은 악마를 지칭한다. 세계의 지배자인 악마는 예수님의 힘에 의해 쫓겨난다. 요한의 문서에는 예수님의 악령추방 행위가 별도로 취급되지 않는다. 그 대신에 예수님의 모든 행위가 단 한 번의 악령추방으로 총괄된다.

요한의 기적이야기에는 병치유의 기적이 중요한 위치를 차지한다. 연속적으로 배열된 세 개의 치유기적은 일곱 기적 전체의 중심에 놓여 있다. 특히 일생의 마비자와 태생의 맹인의 치유는 후속의 단락을 포함하여 매우 상세하게 기술된다. 원래의 이야기에서 구체적인 기적의 수행은 매우 장엄하고 고양된 어법으로 표현된다. 여기에는 강력한 주권을 지닌 기적수행자의 모습이 부각된다. 베데스다 연못의 마비자의 치유에 주어진 짧은 명령의 말씀 "일어나라"는 지금 이곳에서의 삶의 깨어남을 분명하게 지시한다(5.8).

2) 전체의 성좌

공관복음의 기적은 주로 공생애의 초기와 중기에 집중되어 있다. 예루살렘 입성 이후의 고난의 기간에는 전과 같은 기적의 발생이 거의 발견되지 않는다. 이것은 기적수행의 의도가 제자들과 민중을 위한 확고한 신앙의 고취에 있음을 반영한다. 갈릴리에서 행해진 수많은 기적은 거대한 무리가 예수님을 따르는 직접적 동기가 된다. 게네사렛의 대규모 치유기적은 이미 마가복음의 서두에 총괄된다(3.10-11). 질병에 시달리는 사람들과 "더러운 영"에 붙잡힌 사람들은 모두 예수님의 손길에 의해 치유의 은혜를 입는다. 그리고 예수님의 발아래 엎드려 "하나님의 아들"을 고백한다. 이것은 아름다운 하나님의 나라에 대한 예시이다. 하나님의 나라는 평안이 깃든 구원의 거처이다. 평안에 해당하는 그리스어 "shalom"은 포괄적 구원의 상태를 말한다.

네 편의 복음서에는 수많은 기적이 개별적 혹은 연속적으로 기술된다. 광범한 기적이야기의 범위에는 작은 단위의 변두리 이야기(Perikope)도 포함된다. 대제사장의 하인의 귀의 치유에 관한 누가의 이야기가 여기에 해당된다(22.50-51). 겟세마네 이야기의 후속편에 속하는 짧은 기사는 저자의 마지막 기적이야기이다. 두 절에 걸친 돌발적 사건의 내용은 별도의 특수전거에 유래한다. 예수님 일행 가운데의 한 사람이 허리에 차고 있던 칼을 빼서 제사장의 종의 오른쪽 귀를 쳐서 떨어뜨린다. 의외의 장면을 목격한 예수님은 "이것까지 참으라"고 지시한다. 이 말은 "그만 두어라. 이제 되었다"의 뜻이다. 무력의 사용에 의한 저항은 동일한 보복의 결과를 초래한다.

저자는 이야기의 간결함에 어울리게 상이한 집단의 반응이나 구원론적 서술을 포기한다. 겟세마네 동산의 작은 막간극은 하인의 치유에 관한 이성적 확인으로 끝난다. "그 귀를 만져 낫게 하시더라." 예수님의 치유행위는 잘려나간 귀를 손으로 "만지는" 접촉의 동작에 의거한다. 치유의 수행자는 자신을 제거하기 위해 파견된 불순한 자의 신체를 직접 어루만진 것이다. 이제 예수님의 납치작전은 본격적으로 진행된다. 로마군대를 포함한 연합부대에 의해 체포되기 직전에 이루어진 예수님의 자비의 행동은 스스로 강조한 원수사랑의 계명을 직접 실천한 모형적 범례이다.

예수님에 의해 수행된 중요한 복음서의 기적을 마가의 순서에 따라 열거해보면 다음과 같다.

대상	마태복음	마가복음	누가복음	요한복음
1) 공통의 기적				
가버나움의 악령추방		1.21-28	4.31-37	
베드로 장모의 치유	8.14-15	1.29-31	4.38-39	
나병환자의 치유	8.1-4	1.40-45	5.12-16	
중풍병자의 치유	9.1-8	2.3-12	5.17-26	
안식일의 치유	12.9-14	3.1-6	6.6-11	

예수님과 악령 (바알세불 담화)	12.22-32	3.20-30	11.14-23	
폭풍의 평정	8.23-27	4.35-41	8.22-25	
거라사 광인 치유	8.28-34	5.1-20	8.26-39	
야이로 딸의 소생	9.18-19	5.21-24	8.40-42	
	9.23-26	5.35-43	8.49-56	
혈루증 여인 치료	9.20-22	5.25-34	8.43-48	
오천 명의 급식	14.13-21	6.35-44	9.10-17	6.1-15
호수 위의 보행	14.22-30	6.45-52		6.16-21
페니키아 여인의 딸 (가나안 여인의 딸)	15.21-28	7.24-30		
사천 명의 급식	15.32-39	8.1-10		
간질병 소년 치유	17.14-21	9.14-29	9.37-43	
바디매오의 개안	20.29-34	10.46-52	18.35-43	
무화과나무의 소멸	21.20-22	11.20-26		
백부장 하인 치유 (왕의 고관의 아들 치유)	8.5-13		7.1-10	4.43-54

2) 마태복음의 기적

두 맹인의 치유 9.27-31

벙어리의 치유 9.32-34

물고기 주둥이의 세겔 17.24-27

3) 마가복음의 기적

귀머거리 벙어리의 치료　7.31-37

벳새다 맹인의 치유　8.22-26

4) 누가복음의 기적

게네사렛 호수의 고기잡이　5.1-11

나인성의 소생　7.11-17

등이 굽은 여인의 치유　13.10-17

수종병 환자의 치유　14.1-6

열 명의 나병환자 치유　17.11-19

대제사장 하인의 귀의 치유　22.50-51

5) 요한복음의 기적

가나의 혼인잔치　2.1-11

베데스다 연못의 병자의 치유　5.1-9

태생의 맹인 치유　9.1-12

나사로의 소생　11.1-44

디베랴 호수의 고기잡이　21.1-14

위의 조감도를 보면 대부분의 기적이야기가 서로 중첩되거나 교차된다. 이것은 복음가의 기적서술이 공통의 전거에 의존함을 의미한다.

다시 말해 정통성과 정체성을 인정받는다. 그러나 개별문서의 고유기사도 상당한 분량에 이른다. 누가복음에는 여섯 개, 요한복음에는 다섯 개의 독자적 기적이 존재한다. 별도의 전거에 유래하는 이들은 개별문서의 고유한 특성을 규명하는 데 기여한다.

공관복음에서 기적서술의 근간을 이루는 것은 마가의 모형이다. 마가의 복음서는 기적이야기로 가득 차 있다. 여기에는 기적에 관한 대화도 포함된다. 기적의 주제는 저자의 기본적 관심사이다. 기적의 서술은 문서의 1/3을 차지한다. 그 내용은 주로 문서의 전반부에 배치되어 있다. 1장 1절과 8장 26절 사이에 무려 15개의 기적이 몰려있다. 8장 27절-16장 8절의 후반부에는 3개의 기적만 다루어진다. 갈릴리의 기적 시리즈는 가버나움의 악령추방에서 시작하여 폭풍평정의 기적을 거쳐 혈루증 여인의 치료와 야이로 딸 소생의 복합단락으로 귀결된다. 이들은 기적의 진행과정에서 점진적으로 강화된다. 죽은 자의 소생이 일련의 기적연쇄를 마감한다.

중풍병자의 치유기적은 가버나움의 연쇄기적의 정점을 형성한다(2.3-12). 장엄한 기적이야기는 시간과 장소의 제시로 전체의 문맥에 편입된다. 신체의 마비(paralysis)에 의한 움직임의 불능은 고대에서 힘과 느낌의 상실로 여겨진다. 신화적 성격의 에피소드에는 인간의 신체적, 정신적 통일이 드러나 있다. 질병과 죄의 연관은 모든 행동이 상응하는 결과를 가져온다는 사고에서 출발한다. 질병은 죄, 즉 인간의 결함의 결과이다. 건강의 회복은 치유하는 하나님과의 관계를 회복하는 것이다.

두 부분으로 구성된 복합적 이야기는 이와 같은 기본주제 아래 있다. 서사적 구도의 중심은 사죄의 권능의 천명이다(2.10). 질병의 치유는 죄의 사면에 의해 비로소 가능해진다. 율법학자를 향한 예수님의 과감한 선언은 전체장면의 마지막에서부터 이해된다. 치유기적의 수행자는 치유의 대상자로 하여금 영속적인 하나님과의 공동체를 스스로 확신하게 한다. 그리고 마음이 경직된 인간의 집단을 살아있는 하나님과의 관계로 유도한다. 이야기에 서술된 예수님은 구원론적 조망을 지닌 마가의 신학을 대언한다.

중반기의 순회전도에는 오천 명의 급식에서 바디매오의 개안까지의 다수의 기적이 해당된다. 중간에 두 개의 이방지역 치유기적이 놓여있다. 출애굽의 만나의 기적을 상기시키는 오천 명 급식기적은 제2의 출애굽과 같은 방랑의 노정의 지표이다. 이어지는 호수 위의 보행기적은 선행하는 오천 명 급식기적에 연결되어 있다(6,45-52). 예수님의 현현을 증거하는 초현실의 기적은 이미 발생한 폭풍의 평정과 유사하다(4,37-41). 두 자연기적은 제자들에게 확고한 믿음을 부여하려는 공통의 목적을 지닌다. 부정의 명령 "두려워하지 말라"는 예수님이 상대방의 불신을 지적할 때에 사용된다(6,50). 여기에는 하나님의 아들이 소유한 초자연의 능력이 배여 있다. 종결의 장면에는 마음의 "굳어짐"으로 인한 표적의 은혜에 대한 망각이 경고된다(6,52). 육체적 굶주림을 해소하는 빵의 기적은 이제 영적 각성의 차원으로 넘어간다. 영적 깨달음은 예수님의 고난에 동참할 제자들의 교육을 위한 중요한 지침이다.

귀머거리 벙어리의 치유는 거라사 광인의 치유에 이어 게네사렛 호수의 이방도시 데가폴리스에서 발생한다(7,31-37). 이야기의 서두에 제시된 장소와 인물의 교체는 새로운 단락의 출발을 알린다. 두로의 언급은 앞의 단락과의 연결을 지시한다. 여기에서 사천 명 급식기적의 출발점이 마련된다. 첫 행에서 장면이 조성된 이후 다음 행에서 원래의 이야기가 시작된다. 줄거리의 행동이 역사적 현재로 이전됨으로써 서술된 내용에 역동성이 부여된다. 이름 없는 사람들이 데려온 병자의 질병은 귀머거리와 벙어리의 이중장애로 규정된다.

구체적인 치유의 과정은 권능 있는 기적수행자의 면모를 보여준다. 우선 병자와 군중이 서로 분리된다. 기적의 사건은 예수님의 말씀에 이르기까지 고대의 치유행위에 상응하는 동작과 접촉에 의해 규정된다. 치유자는 손가락을 귓속에 넣고 침을 뱉어 혀를 만진다. 치료의 잠재력을 지닌 타액의 사용은 상대방의 강한 동참을 유도한다. 활성적 분사구문의 사용과 함께 위를 "쳐다보며" 이루어지는 기도의 제식이 서술된다. 동작과 발언 사이에 위치하는 탄식은 하늘을 향한 시선과 유추하여 기적의 능력의 원천을 지시한다. 이어서 현재형 동사가 병자를 향한 말씀의 언명을 인도한다.

치유의 말씀 "에파타"는 아람어 동사의 그리스어 전이이다(7,34). 따라서 수신자를 위해 번역되어야 한다. "활짝 열려라." 말씀의 명령의 직접적인 결과는 상실된 청력의 회복이다. 여기에서는 명사 "귀" 대신에 "들음"이라는 감각기관의 명칭이 표기된다. 문장의 후반에는 이중의 고통에 걸맞게 언어장애의 치료가 확인된다. 그 내용은 혀가 "맺힌 것에서 풀리다"라고 서술된다. 이것은 사탄의 사슬에서 벗어남을 말한다. 치유 받은 자의 발언은 부사 "올바르게"를 통해 질적인 완전함이 지적된다. 들음과 말함의 기능이 회복되는 의사소통의 기적은 정신활동의 활성화를 의미한다.

7장 36절은 침묵의 명령으로 이야기의 연관을 중단시킨다. 그러나 이와 같은 관례적 명령은 역설적으로 강력한 선포의 결과를 가져온다. 군중의 마음을 움직인 커다란 감동은 침묵될 수 없다. 그들의 "놀라움"은 치유기적의 주체를 드높이 찬양하게 한다(7,37).

그가 모든 것을 잘 하였도다.

저자는 짤막한 종결의 합창에서 창세기와 이사야의 여운에 의존하고 있다. 하나님이 자신의 창조의 사역을 "보기에 좋다"라고 표현한 것처럼 군중은 예수님의 행동을 "잘 하였다"라고 칭송한다. 그리고 귀머거리가 듣고 벙어리가 말을 한다는 예언의 약속이 예수님에 의해 보증됨을 확인한다(누가 7.22).

벳새다 맹인의 치유기적 이야기는 정교하게 구성되어 있다(8.22-26). 첫 절을 시작하는 장소의 제시는 도입적 반복의 성격을 지닌다. "벳새다에 이르매..." 앞에 일어난 오천 명 급식기적의 서두에도 동일한 장소의 배경이 언급된다(누가 9.10). "벳새다라는 고을로 떠나가셨으나..." 그러나 맹인의 치유기적에는 어부와 물고기를 연상시키는 마을 벳새다(Beth-Saida)가 돌발적인 개안의 사건의 현장으로 등장한다. 여기에서는 치유의 방식이 데가폴리스의 치유기적에서처럼 지역적 성격을 지닌다.

극적인 에피소드의 서두는 서사적 현재의 구현이다. "사람들이 맹인 한 사람을 데리고 예수께 나아와 손 대시기를 구하거늘." 여기에 언급된 비인칭 복수명사 "사람들"은 상이한 집단의 인물을 포함한다. 독자는 가족, 이웃, 혹은 마을의 공동체를 생각하게 된다. 이들은 앞을 보지 못하는 병자를 예수님에게 데려와 "손을 대어" 고쳐줄 것을 청원한다. 예수님은 여기에서 맹인의 안내자의 역할을 한다. 맹인이 마을 밖으로 나가는 것은 일상의 삶의 환경을 벗어나 낯설고 위험한 지역으로 들어섬을 의미한다. 그와 같은 곳에는 인도자의 도움이 없다.

다섯 절의 이야기는 두 단계로 구조화된 치유과정에 의해 특별한 서사적 프로필을 획득한다. 8장 23-25절에는 이중의 치료행위를 통해 맹인과의 대화가 시작되는 서사의 틀이 마련된다. 예수님은 맹인의 눈에 침(salvia)을 뱉고 손을 대어 반쯤 뜨게 한 후에 다시 손을 얹어 완전히 보게 한다. 타액은 고대에서 눈의 통증을 완화하는 재료이다. 의학적으로는 진흙, 소변, 침이 합성된 찌꺼기의 약제가 언급된다. 요한의 태생의 맹인의 치유에는 침을 섞은 진흙의 연고가 사용된다(9.6). 이와 같은 치유의 방식에는 시대사의 특징이 반영되어 있다. 은유적으로 보면 침을 뱉는 것은 외부의 힘으로 영혼을 깨우는 행위이다.

8장 23절에는 고대의 의사와 환자의 대화를 연상시키는 치유자의 질문이 특별한 문장법으로 주어진다. "무엇이 보이느냐." 이에 대한 대답은 가정의 형식으로 표현된다. "나무 같은 것들이 걸어가는 것을 보나이다." 불투명한 시야의 상황을 가리키는 자기지시의 문장에서 동사 "보다"(anablepein)는 시각기능의 회복이라기보다 "눈이 열리다"의 뜻으로 받아들여진다(8.24). 희미한 "나무의 보임"은 꿈의 상태를 가리키는 것으로 해석되기도 한다.

완전한 치유의 실현은 제2단계에서 비로소 이루어진다. 두 번째 안수는 장애의 신체부위 자체에 해당한다. 화자는 여기에서 성공적인 치유의 과정을 세 개의 변수를 통해 구성하고 있다. 즉 "위로 쳐다보다"에서 "앞으로 보다"를 거쳐 모든 사물의 예리하고 명료한 "봄"으로 넘어간다. 마지막 단계에는 인식과 파악의 행위가 포함된다. 걸어가는 사람을 이리저리 움직이는 나무와 혼동하지 않는 것은 확실한 분간과 판단의 능력이다. 이것이 맹목의 은유에 내포된 의미이다.

마태와 누가는 마가의 벳새다 맹인의 치유이야기를 자신들의 문서에서 취급하지 않고 있다. 또한 이와 비교되는 데가폴리스의 장애자의 치유에 관한 에피소드 역시 수용하지 않는다. 누가의 경우에는 이와 같은 삭제가 6장 45절-8장 26절의 "거대한 생략"과 연관하여 이루어진다. 그가 왜 이와 같은 구성적 변화의 조처를 취하였는지는 충분하게 설명되어 있지 못하다. 벳새다 맹인의 치유이야기에 있어서는 마술적 요소가 삭제의 근거로 제기되기도 한다. 즉 마술의 개념에 관한 부정적 판단이 작용한다. 그러나 예수님이 영적 권능으로 사용한 마술의 방식은 고대의 마술가의 주술적 행위와 근본적으로 다르다.

마태는 마가의 기적이야기 가운데 15개를 취하고 있다. 최초의 기적의 원은 "권위있는 교훈"의 지적에 이어진 8-9장에 배치된다. 여기에서 제외된 귀머거리 벙어리와 벳새다 맹인의 치유는 누가의 문서에도 나오지 않는다. 즉 마가 고유의 기사이다. 마태의 문서에서 마가와 차이를 보이는 부분은 두 맹인과 벙어리의 치유에 관한 이중의 이야기이다(9.27-34). 서로 연결된 두 이야기는 산상수훈에 이어진 기적이야기 시리즈를 마감한다. 이로써 말씀에 의한 천국의 선포가 행위를 통한 선포로 교체된다.

두 개의 치유이야기는 상이한 중점의 부여를 통해 서로 보완된다. 맹인의 치유에는 치유자와 청원자 사이의 대화에 의해 개인적 관계가 기적치유의 동기로 강조된다. 강한 신뢰의 믿음은 보지못하는 자를 보게 만든다. 이어지는 벙어리의 치유 이야기는 개인적 인물의 행동과 상호관계의 서술을 포기한다. 그 대신에 예수님의 위대함을 보증하는 치유의 능력과 치유기적의 영향이 부각된다. 세 절의 단락의 결구에는 바리새인에 의한 "귀신의 왕"의 조종의 음해가 지적된다(9.34).

물고기 주둥이의 세겔(shekel)에 관한 기적으로 불리는 특별한 소재의 이야기는 마태의 복음에만 나온다(17.24-27). 그는 자신의 옛 직업에 관련된 세금징수의 기사를 갈릴리 사역의 포괄적 문맥에 편입시킨다. 그러나 독립된 형태의 이야기는 언어의 구사에서 스스로의 통일성을 보여준다. 여기에 사용된 문체는 이야기의 성격에 부합한다. 네 절의 짤막한 이야기는 기적이야기의 범위에 소속시키는 데 문제가 있다. 서술된 내용에는 기적의 수행자나 발생의 과정이 제시되어 있지 않다. 물고기에 관한 기적은 실제로 일어난 것이라기보다 화자에 의해 예고된 것이다. 이야기의 초점은 기적의 현상 자체가 아니라 영향력을 행사하는 결론에 있다. 가상적인 기적의 결과는 세금의 납부라는 원래의 주제로 되돌아간다. 이와 같은 구성법은 공관적 기적의 서술에서 특별한 형태의 것이다.

비유의 형태를 지닌 기적이야기의 줄거리는 마지막 절에 제한된다. 세 부분으로 구성된 문장은 명령문과 가정법의 두 형식으로 되어 있다. 명령문은 첫째와 세 번째 문장에 해당된다. 제1의 명령문은 호수로 가서 낚시를 던져 처음으로 떠오르는 물고기를 잡으라는 내용이다. 이어지는 가정법 문장은 전설적, 환상적 특성을 지닌다. "네가 물고기의 입을 열면 한 세겔을 발견할 것이다." 낚시바늘로 걸어 올린 첫 번째 물고기의 주둥이에서 성전세에 해당하는 금액의 동전이 나오는 것은 일종의 선물의 기적이다. 다시 말해 수요자의 소원에 부응한다.

제2의 명령문은 한 세겔의 동전으로 성전세를 지불하라는 지시이다. 한 세겔은 두 드라크마(drachma)에 해당한다. 예수님의 지혜로운 논증은 성전세의 개념에 기초한다. 서기 70년에 일어난 성전파멸의 사건이후 종교적 성전세는 인두세에 해당하는 국세로 전환된다. "유대인의 국고"(fiscus Iudaicus)라는 용어는 이를 입증한다. 이렇게 볼 때 국가의 구성원인 기독교인의 세금납부의 의무는 긍정적으로 받아들여진다. 이와 같은 해석은 바리새인과의 납세문답에 제기된 "두 국가이론"에 연관된다(마태 22.15-22). 기적이야기의 영향사에서 특별한 의미를 지니는 종교사회적 해석은 특히 종교개혁의 시기에 활발하게 수용된다.

누가는 마가의 목록에 다수의 사례를 추가하고 있다. 그중의 대부분은 병치유의 기적이다. 게네사렛 호수의 고기잡이 기적만이 독자적 형태의 기적이다(5.1-11). 베드로를 비롯한 제자들의 부름을 초래한 인상적 기적은 흥미롭게도 부활의 현현의 기적인 디베랴 호수의 고기잡이 기적으로 재연된다(요한 21.1-14). 선물의 기적이라고 할 수 있는 두 사건은 기본적인 서사의 구도에서 일치한다. 디베랴 호수의 고기잡이의 결과인 풍성한 어획은 옛 갈릴리 기적의 재연이다. 여기에 의미 있게 지적된 "인간의 어부"의 소명은 미래의 선교의 헌신으로 심화된다.

등이 굽은 여인의 치유기적은 예루살렘을 향한 여행의 보고라는 커다란 문맥에 소속된다(13.10-17). 9장 51절에서 19장 27절에 이르는 긴 부분은 여러 비유와 교시를 통해 하나님의 나라를 향한 후계자의 결단이라는 기본주제를 다룬다. 따라서 질병치유의 기적도 일관된 맥락에서 관찰할 수 있다. 첫 절에 제시된 회당의 가르침은 전체의 문맥에 부응한다. 이어지는 수종병 환자의 치유는 앞의 치유사례와 긴밀하게 연계되어 있다. 두 기적은 모두 안식일(sabbato)에 일어난 사건이다. 안식일의 치유에 관한 예수님의 논증은 동일한 방식으로 전개된다.

여덟 절의 치유이야기는 두 부분으로 나누어진다. 제1부는 예수님과 여인의 상호작용에 의해 규정된다(13.10-13). 말씀과 안수에 의한 치유자의 이원적 행위에 병자의 일어남과 "영광의 고백"이 대응된다. 두 주인공의 행동은 교차적 관계에 있다. 간결한 서사의 합창은 제1부의 정점이다. 제2부는 앞의 사건에 이어진 후속의 장면이다(13.14-17). 여기에는 새로이 등장한 회당장과 예수님의 논쟁이 중심을 이룬다. 예수님은 어두운 관중의 공간에 있는 무리를 밝은 무대의 공간으로 안내한다. 관중을 향한 회당장의 회유는 예수님의 지혜의 논리에 의해 반박된다.

비슷한 분량의 두 부분은 언어의 구사에서 서로 대조된다. 전반부는 짧은 병행문, 분사구문, 직접적 말걸기에 의거하는 반면, 후반부는 긴 문장의 기교적 접합, 정서적 작용, 관중의 수용자세에 의해 특징된다. 이와 같은 대립구조는 종결부에 이르러 적대자와 일반관중의 상이한 반응으로 귀착된다. 그것은 부끄러움과 기쁨의 명료한 대조이다. 한편 전체적 긴장의 원은 기적수행자의 결정적 발언에 의해 하나로 통일된다. 그것은 안식일의 치유행위에 관한 변증의 반론이다(13.15-16).

여인의 병은 의학적으로 척추의 굴곡을 말한다. 중추신경계의 장애로 인한 고통의 질병은 힘을 쓰지 못하는 나약함(astheneia)의 특징을 지닌다. 예수님의 치유의 선언 "네 병에서 놓였다"는 "너의 무기력함에서 벗어났다"를 뜻한다(13.12). 해결하기 어려운 질병치료의 목적은 육체와 정신의 질곡에서 벗어나는 것이다. 예수님은 치유의 말씀과 신체접촉의 행위를 통해 18년 동안 지속된 난치병을 치유한다. 치유의 수혜자는 하나님에게 영광을 돌림으로써 받은 은혜에 보답한다. 그녀에게 주어진 특별한 호칭 "아브라함의 딸"은 사탄의 매임에서 풀려난 자에 대한 존귀의 표현이다(13.16). 여기에서도 질병의 치유는 악령으로부터의 벗어남과 동일시된다.

수종병 환자의 치유이야기는 안식일 계명의 논쟁과 안식일의 치유에 관한 일련의 이야기에 연결되어 있다(14.1-6). 이들은 안식일의 계명에 관한 재해석(6.1-5), 손 마른 자의 치유(6.6-11), 척추병 질환 여인의 치유기적이다(13.10-17). 이야기의 서두는 독자를 바리새인의 집의 식사의 자리로 안내한다. 특별한 공간의 제시는 14장 전체의 문맥을 규정한다. 이어지는 두 개의 단락은 식사의 설교와 비유의 담화이다. 안식일의 논쟁을 포함한 세 개의 이야기는 의미 있는 식사의 담론에 속한다. 먹고 마시는 행위를 동반하는 담론의 형식은 그리스 문학의 철학토론에 통용되는 수단이다. 예민한 성격의 안식일 논쟁대화가 식사의 담론으로 수행된 것은 독자의 눈길을 끈다. 여기에 주어진 내용은 사회적으로 높은 계급에 위치한 종교지도자를 겨냥하고 있다. 치유수행자의 적극적 행위와 적대자의 소극적 자세는 첨예하게 대립된다.

이야기에 등장하는 세 주인공은 예수님, 수종병 환자, 바리새인과 율법학자이다. 세 번째 집단의 행위를 지시하는 동사 "엿보다"는 "정확하게 관찰하다"의 뜻이다. 여기에서 이미 예수님과 적대자 사이의 긴장이 조성된다. 이와 같은 갈등은 이미 첫 번째 안식일 치유에서 분명하게 조성된다. 여기에서는 적대자의 공격의 발언이 유보된다. 그 대신에 예수님의 질문에 대한 두 차례의 침묵으로 대체된다. 한 번은 예수님의 질문에 대한 무응답이며, 다른 한 번은 치유의 결과에 대한 무응답이다. 수종병은 신체의 세포에 물이 고이는 질병이다. "수분의 질병"으로 불리는 특이한 병의 특징은 달랠 수 없는 갈증의 유발이다. 이와 같은 병의 성격은 이야기의 의미를 파악하는 데 중요한 역할을 한다. 유대의 상징인 물은 전통사에서 부정과 긍정의 양면에서 이해된다. 흥미로운 점은 물의 모티브가 척추병 여인의 치유에 등장한다는 사실이다. 여기에 나오는 예수님의 비유에는 "물을 마시는" 가축의 상이 지적된다 (13,15). 갈증의 제거는 두 이야기를 묶어주는 고리이다. 그것은 신체적 욕구의 해소와 함께 정신적 억압으로부터의 탈출을 지시한다. 질병의 치유는 해방의 행위이다.

여섯 절의 이야기는 치유의 행위와 안식일 논쟁의 두 줄기로 전개된다. 예수님은 특별한 식사의 자리에서 수종병을 앓고 있는 환자 한 사람을 발견한다. 그리고 앞에 있는 적대자들을 향해 안식일의 치유행위가 "합당한" 것인지 묻는다. 질문의 내용은 안식일의 휴식에 관한 것이 아니라 양자택일의 결정의 형식을 취하고 있다. 상대방으로부터 아무런 대답이 없자 예수님은 병자를 "데려다가" 고쳐준다. 여기에서 '치유하다'에 해당하는 동사 "apolyo"는 '놓아주다, 풀어주다, 해방하다'를 뜻한다. 이 의미의 뉘앙스는 척추가 휘어진 여인의 경우처럼 상징적으로 해석될 수 있다. 전통사에서 보면 유월절 행사에 내포된 탈출과 해방의 문맥에 연결된다.

놀라운 치유의 기적은 혐오감과 적개심으로 가득 찬 청중의 분노를 자아낸다. 바로 그날이 안식일이기 때문이다. 이에 대한 예수님의 대응은 앞의 기적사례와 유사한 방식으로 이루어진다. 그것은 짐승의 경우와의 비교를 통한 인간의 생명과 복지의 강조이다. 사람이나 소가 "우물에 빠지는" 것은 죽음에 처해지는 것이다. 이와 같은 절박한 상황에서 목숨을 구하는 것은 사람이 취해야 할 당연한 조처이다. 여기에 제시된 우물의 모티브는 수종병의 갈증에 연관된다. 예수님의 도전적 논증은 위험에 처해있는 바리새인의 더러운 욕망을 지적하고 있다. 긴급한 죽음의 상황에서 벗어나야 할 대상은 병자인 여인인 동시에 탐욕으로 가득 찬 바리새인이다. 수종병의 특징은 물과 연관된 우물의 비유에서 그 의미가 확대된다.

열 명의 나병환자 치유는 예루살렘의 도상에서 사마리아와 갈릴리 사이의 한 마을에서 일어난다(누가 17.11-18). 이 단체치유의 사건은 순수한 순종의 믿음이 치료의 사실보다 더 중요함을 가르친다. 줄거리의 전개에는 치료의 과정보다 연민을 구하는 청원자들의 행위에 초점이 주어진다. 그들이 주어진 지시대로 제사장을 찾아가는 도중에 이미 치료는 이루어진다. 질병의 고통에서 벗어난 열 명의 수혜자 가운데 사마리아인만이 "돌아와"(17. 12,18) 감사와 영광의 찬송을 표시한다. 자신의 하인의 중풍병을 낫게 한 로마의 백부장처럼 비유대인이 참된 신앙인의 모범이 된다. 두 이방인의 훌륭한 자세와 행동은 미래의 이방선교의 성과를 예시한다.

3) 공관적 비교

공관복음의 기적이야기의 성좌에서 가장 큰 비중을 차지하는 것은 공통의 기적이다. 공관적 전통의 중심을 형성하는 이 이야기의 범위에는 무려 18개의 사례가 소속된다. 이들은 다시금 세 개의 형태로 나누어진다. 즉 (1) 네 복음서에 공통된 기적, (2) 세 공관복음에 공통된 기적, (3) 두 개별문서의 공통기적이다. 첫 번째 항목에는 오천 명의 급식기적만이 해당된다. 세 가지 유형의 공통기적에서 특별한 관찰의 대상이 되는 것은 두 번째 경우이다. 세 공관복음에 동시에 다루어진 기적이야기는 신약적 기적관찰의 중심대상이 된다.

복음서의 저자들은 전승된 자료에서 취한 이야기를 개인적 관심과 구상에 따라 재구성하고 있다. 마태와 누가는 전반적으로 먼저 작성된 마가의 모형을 따르고 있다. 그러나 서사의 구성과 구체적 서술에는 상당한 차이가 존재한다. 사건이 등장하는 상황이나 문맥이 다른 경우도 적지 않다. 동일한 제목의 이야기라 하더라도 부분적으로 수정되거나 다시 쓰여진다. 그 내용을 구체적으로 파악하는 것은 역사적 문헌비평의 중요한 과제이다.

서로 병행하는 단락의 상호조명은 기적이야기를 전체의 조망에서 파악하게 한다. 특히 비교의 방법에 의한 관찰은 개별이야기 사이의 공통점과 차이를 규명하게 한다. 이것은 개별저자의 의도와 구상을 파악하게 하는 동시에 전승된 이야기의 보편적 특징을 도출하게 한다. 이런 점에서 상이한 방향으로 수행되기 쉬운 기적이야기의 해석에 크게 기여한다. 아래에서는 복음서의 대표적 병행단락을 서로 비교하여 조망하기로 한다. 제3장의 실천분석에서 다루어질 사례는 여기에서 제외된다.

나병환자의 치유이야기는 세 복음가에 의해 가버나움 기적의 초반에 편입된다(마가 1.40-45, 마태 8.1-4, 누가 5.12-16). 마태와 누가는 마가의 모형에 의존하고 있다. 그들의 문안은 핵심에서 마가와 일치하나 부분적 변화가 감지된다. 산상수훈에 이어진 마태의 기사는 다수의 기적의 출발을 알린다. 이로써 예수님의 가르침과 구원행위의 내용적 연관이 이루어진다. 마태는 에피소드의 대화적 성격을 강조한다. 주님의 말걸기와 신뢰의 표명은 여기에서 중요한 역할을 한다. 치유의 동기로서의 연민에 관한 구절은 생략되는 반면 "제사장을 통한 증거"는 그대로 수용된다. 이것은 "율법의 완성"이라는 저자의 명제에 대한 증거가 된다(5.17).

누가의 문안은 마가의 원본의 재생이다. 사건이 발생한 문맥의 상황도 같다. 극적인 치유의 사건은 갈릴리 회당을 중심으로 한 초기전도의 과정에서 일어난다. 부분적 수정에 있어서는 마태와 유사하다. 다만 이야기의 결론은 약간 다르게 서술된다. 치유기적의 결과에 관한 소문은 치유의 수혜자의 행동이 없이 파급된다. 한적한 곳으로의 예수님의 피신은 마가와 동일하게 지적된다. 결론적으로 세 개의 병행단락은 개별적 오차에도 불구하고 전체적으로 긴밀하게 연관되어 있다. 신체의 접촉과 "제사장에의 증거"는 이들의 공통분모이다.

안식일에 손이 마른 자를 치유한 기적은 세 복음서에서 다소의 변수를 보인다. 마가의 문안은 안식일의 밀이삭 사건에 이어져 있다(3.1-6). 그의 언어양식은 병자의 치유에 관한 정보의 절제에서 뿐만 아니라 안식일의 계명에 관한 논쟁에도 나타난다. 안식일의 갈등에 관한 적대자와의 심한 논전은 치유행위자의 살해에 대한 결의로 귀결된다. 이것은 제2의 줄거리의 줄기를 형성하는 포인트를 제공한다. 여기에는 고난사에 이르는 커다란 긴장의 원을 구축하려는 편집의 의도가 배여 있다. 그러나 마가의 기본관심은 율법의 해석에 연관된 예수님의 행위를 강조하는 데 있다.

다른 두 저자는 문체의 교정과 보완의 설명을 통해 마가의 서술에서 한걸음 더 나간다. 누가의 경우는 몇 가지 점에서 마가와 차이를 보인다(6.6-11). 그는 처음부터 예수님의 적대자를 율법학자와 바리새인과 동일화한다. 나아가 그들의 내면의 의중을 예수님의 말씀 앞에 제시함으로써 도전적 질문의 성격을 분명하게 한다. 마지막으로 적대자의 침묵과 내면의 상태에 관한 언급을 삭제한다. 그들이 오해로 가득 차 있다는 암시를 통해 살해의 결의를 완화한다. 이 모든 조처를 통해 기적의 수행이 인자의 통치를 증거한다는 사실을 강조한다.

마태는 마가의 문안을 근본적으로 수정한다(12.9-14). 그는 이해하기 어려운 예수님의 말씀을 축소하고 바로 적대자의 질문으로 들어간다. 예수님은 하나의 실례를 들어 구체적으로 답변한다. 여기에 등장하는 짐승의 비유는 안식일의 치유에 관한 누가의 기적이야기의 비유에 유추된다. 인간의 삶의 가치에 입각한 "작은 것에서 큰 것으로"(minore ad maius)의 결론의 도식은 동일하게 활용된다(13.15, 14.5). 마태의 문안은 다른 두 저자와 달리 갈릴리 초기의 연쇄기적이 마감된 이후에 배치되어 있다.

마가의 안식일 치유이야기는 앞 단락의 안식일 논쟁에 이어져 있다. 다시 말해 의미 있는 논증의 결과에 대한 실행이다. 여섯 절에 걸친 이야기의 정점은 양자택일의 결정을 향한 이중의 질문이다(3.4).

> 안식일에 선을 행하는 것과 악을 행하는 것, 생명을 구하는 것과 죽이는 것, 어느 것이 옳으냐?

격언형식의 의문문에서 안식일 치유의 거부는 악행으로 규정되어 살인과 동일화된다. 여기에서 생명이란 살아남는 것 이상을 의미한다. 예수님은 생명의 위협에 처한 자의 고통의 제거에 만족하는 것이 아니라 병든 인간 자체를 치유한다. 이미 제시된 논쟁대화의 결론은 이를 뒷받침한다(2.27).

> 안식일이 사람을 위하여 있는 것이요 사람이 안식일을 위하여 있는 것이 아니니

인간의 복지는 안식일의 준수에 우선한다. 여기에는 창세기 1-2장에 실린 인간창조의 명제가 논증의 대상이 된다. 하나님의 형상을 따라 만들어진 인간의 존재는 그 후에 이루어진 안식일의 제정보다 높은 위치에 있다. 이어지는 2장 28절에는 "인자가 안식일의 주인"이라는 결론이 제시된다. 위에 인용한 두 구절은 안식일에 이삭을 딴 사건과 연계하여

주어진 고귀한 말씀이다.

안식일의 병치유는 누가와 요한에 의해 독립된 이야기로 작성된다. 누가의 경우에는 등이 굽은 여인과 수종병 여인의 치유이며(누가 13.10-17, 14.1-6), 요한의 경우에는 일생의 마비자와 태생의 맹인의 치유이다(5.1-9, 9.1-12). 요한의 기적이야기에는 치유의 행위가 나중에 안식일의 사건으로 지적된다. 공관적 전통에는 안식일의 치유기적이 그 자체보다 안식일의 갈등의 해결에 집중된다. 이것은 당시의 시대적 요구에 부응하는 조처이다.

누가의 두 이야기에는 원래의 문안이 전승의 과정에서 안식일의 논쟁으로 확대된다. 여기에는 예수님의 변증이 이미 소개된 손 마른 자의 치유에 비해 확대된다. 이를 위한 기본원리는 "작은 것에서 큰 것으로"의 논리적 도식에 의한 결론의 유도이다. 이것은 동시대의 "할라카"(halacha) 토론에 사용된 논증의 방식이다. 안식일에 위험에 처하거나 마실 물을 찾는 가축의 돌봄이 허락된다면 도움을 필요로 하는 인간에게는 당연히 그 이상의 조처가 취해져야 한다.

누가와 마태의 안식일 치유의 이야기에는 안식일의 갈등에 관한 논증을 위해 유사한 형태의 비유담화가 도입된다. 후세의 편집단계에서 넣어진 것으로 판단되는 **병행의 전승**은 이야기의 해석을 위한 유용한 유희공간을 마련한다. 두 비유담화는 모티브의 선정과 행동의 서술에서 뚜렷한 변수를 보인다. 그 내용을 요약해보면 다음과 같다.

누가 13.15: 소와 나귀(두 짐승), 구유에서 끌어냄, 물을 먹임

누가 14.5: 소와 노새(아들), 우물에 빠짐, 끌어올림

마태 12.11: 양, 구덩이에 떨어짐, 잡아 일으킴

서사의 의도에서 보면 누가는 상황의 긴박성에, 마태는 양과 같은 짐승의 특성에 중점을 둔다. 그러나 변증의 방식은 동일하게 "큰 것과 작은 것의 대비"에 의거한다. 여기에서 안식일 계명의 자유로운 기독교적 해석이 결론으로 도출된다.

특히 누가는 짐승의 모티브에서 "노새-아들"의 아람어 언어유희를 활용하고 있다. 이로 인해 아버지를 향한 호출이 암시된다. 아버지는 우물에 빠진 아들을 구조하기 위해 모든 수단을 다 동원한다. 마찬가지로 창조주 하나님은 자신이 생명을 부여한 아이들을 구하기 위해 소유한 능력을 사용한다. 그는 치유와 구원의 하나님이다. "아들"의 죽음을 통한 인류의 구원은 실제로 발생한다.

예수님이 치유의 행위를 통해 안식일의 계명을 분쇄한 사실을 근저에서 파악하기 위해서는 동시대의 안식일 이해에 관한 통찰이 필요하다. 안식일은 하나님의 휴일로서 창조의 완성을 상징한다. 고대의 유대에서는 다가오는 구원에 대한 상징의 힘을 획득한다. 이런 점에서 아름다운 의복을 입고 풍성한 음식을 즐기며 축하하게 된다. 안식일의 기쁨을 방해하지 않기 위해 질병과 고통이 금기사항이 된다. 예수님 역시 미래의 구원시기의 모사로서의 안식일이 질병과 고통과 함께 할 수 없다는 사실에 전적으로 동의하면서 새로운 결론을 유도한다. 안식일이 하나님의 창조의 권능을 반영하고 미래의 구원을 기호로 현재화한다면 다가오는 하나님의 통치의 지평에서 질병의 치유가 이루어져야 한다. 하나님의 나라에 연결된 종말적 해석은 이미 기적해석의 전통에 속한다.

예수님의 의도는 안식일의 폐기나 평가절하가 아니라 휴식의 날로서의 원래의 의미의 회복에 있다. 안식일은 천지창조의 성업에서 인간의 창조가 이루어진 이후에 제정된다. 지상의 삶에서 병이 든 인간은 창조의 상황에 맞는 원초의 상태로 돌아가야 한다. 종말의 안식일에 하나님의 통치가 성취된다면 안식일에 질병을 치유할 수 있고 치유해야 한다. 예수님은 예언적 기적행위에서 병자의 구원을 통해 안식일이 지닌 원래의 의미를 되살린다. 예수님의 안식일치유는 경직된 율법의 해석을 넘어서는 사랑의 실천을 고양시킬 뿐만 아니라 창조상황의 회복에 의해 규정되는 하나님의 통치에 대한 직접적 표명이다.

자연의 기적에 속하는 호수 위의 보행기적은 마가, 마태, 요한의 복음에 등장한다. 즉 누가의 복음에 나오지 않는다. 여기에는 오천 명의 급식기적이 죽음과 부활의 예고와 산상변용의 장면으로 넘어간다. 세 복음서에는 항해의 노정에서 일어난 돌발의 기적이 오천 명 급식기적에 이어져 있다. 이것은 두 기적이 서로 연관됨을 의미한다. 상이한 형태의 연쇄기적은 군중과 제자들을 영적 각성으로 인도하는 데 목적이 있다. 마가의 단락의 결구에는 직전에 일어난 빵의 기적이 선사한 은혜에 대한 망각이 예리하게 지적된다(6,52). 그 내용은 "마음의 굳어짐"으로 표현된다. 이와 같은 내면의 자세는 바리새인의 누룩에 대한 경고에서 "마음의 둔함"으로 다시 지적된다(8,17). "굳어짐"과 "둔함"은 정신적 마비의 상태를 말한다.

마태의 문안은 전체적으로 마가의 모형을 받아들이고 있다. (14,22-33). 열두 절의 단락에서 전반의 내용은 마가와 큰 차이가 없다. 그러나 후반에 이르러 상당한 변화가 감지된다. 그 중심은 베드로의 보행사건과 "하나님의 아들"에 관한 제자들의 고백이다. 나중의 요소는 전체 이야기의 결구를 형성한다(14,33). 이 경외의 발언은 폭풍진정의 기적에서처럼 신적 권능을 구현한 기적의 수행자에 대한 확실한 인정이다(마가 4,41).

그가 누구이기에 바람과 바다도 순종하는가.

베드로의 특이한 행동에 관한 별도의 삽입극은 후세의 편집에 의한 것으로 추정된다(14.28-31). 짤막한 에피소드에는 예수님의 부재와 현존이라는 중심모티브가 강화된다. 베드로는 호수 위에 나타난 스승을 만나기 위해 배에서 내려 물위로 걸어간다. 그러나 곧 강풍에 밀려 그 자리에 빠진다. 그의 눈이 예수님을 향할 때에는 기적의 능력이 발휘되지만 바람을 보자 다시 원래의 상태로 돌아간다. 인간이 두 발로 물위를 걸어가는 것은 절대의 권능자의 힘에 의존할 때에만 가능하다. 예수님은 물속에서 도움을 청하는 베드로를 손으로 붙잡아 일으킨다.

가장 나중에 작성된 요한의 문안은 전체의 구성에서 다른 두 문안과 큰 차이가 있다(6.16-25). 즉 원래의 이야기에 후속의 단락이 따른다(6.22-25). 이 부분은 고귀한 "생명의 떡" 설교를 준비하는 예비단계이다. 첫 절에는 "이튿날"이라는 시간의 제시와 함께 제자들로부터 호숫가의 군중으로 시선이 옮겨진다(6.22). 빵의 기적을 경험한 무리는 호수의 동부에서 가버나움으로 이동한다. 그들은 예수님을 보자 "랍비여 언제 여기 오셨나이까"라고 묻는다(6.25). 여기에서 랍비의 호칭은 오천 명 급식기적의 마지막에 명명된 "선지자"에 연결된다(6.14). 예수님은 그들에게 육체적 배부름의 충족이 아닌 영적 충만으로서의 표적의 의미를 강조한다(6.26). 여기에서 "영생의 양식"에 관한 긴 담화가 시작된다(6.27-59).

마가의 문안은 문학적으로 형상화된 소품이다(6.45-52). 여덟 절의 이야기는 소수의 붓의 터치로 복합적 구성의 유화를 그려내고 있다. 전체의 줄거리는 서사의 경제를 보여준다. 특히 시간의 진행은 이야기를 관찰하는 중심요소이다. 서두의 세 절은 상황의 제시이다. 예수님은 제자들을 배에 태워 벳새다로 보내고 홀로 기도하기 위해 산으로 올라간다(요한 6.15). 그곳에는 배가 호수 위에서 움직이는 광경을 잘 볼 수 있다. 이어지는 다섯 절은 사건의 줄거리이다. 이 부분은 원형의 구성을 보인다. 이야기의 서두에 조성된 극도의 긴장은 종결부에 이르러 단숨에 해소된다. 이것은 배에 오름과 바람의 그침의 이중의 요인에 기인한다(6.51). 마지막 결구는 제자들의 놀라움에 대한 경고의 코멘트이다.

호수 위의 보행에 관한 이야기는 일반적 이야기의 구성과 달리 다음 단락의 첫 절에서 완전하게 마무리된다(6.53). "건너가 게네사렛 땅에 이르러 대고." 벳새다로 가려고 하였던 제자들의 배가 예정과는 완전히 다른 곳에 상륙한 것은 명백한 사실이다. 그들은 바람의 움직임에 밀려 반대편 육지에 도달한 것이다. 그러나 예상하지 못한 안착의 장소에서 다시금 많은 병치유의 기적이 일어난다. 독자적인 총화의 보고에는 다시금 신체적 접촉의 능력이 지적된다(6.54-56). "게네사렛 땅"에서 수행된 집단치유는 이제까지 진행된 치유기적의 결산이다. 여기에 명명된 게네사렛은 호수의 북서쪽에 면해 있는 갈릴리의 지역이나 아니면 같은 이름의 다른 인근의 장소로 추정된다.

시간의 진행은 줄거리의 운동에서 분명하게 제시된다. 제자들은 오후 늦게 배를 타고 출발한 후 저녁 무렵에 항해의 절반의 지점인 호수의 한가운데 도달한다. "밤 4경"은 새벽 3~6시 사이의 시간이다. 그러나 이곳에서 강한 역풍을 맞아 노를 젓는데 심한 어려움을 겪게 된다. 이와같은 상황 서술은 호수의 기상여건에 합치된다. 바로 그때에 제자들은 예수님이 호수 위로 걸어오는 놀라운 장면을 목격하게 된다. 여기에서 구원의 현존이라는 기본주제가 개진된다. 예수님의 보행의 묘사는 전체이야기의 중심이다. 그 내용은 다음과 같이 서술된다(6.48).

(예수께서는) 바다 위로 걸어서 그들에게 오사 지나가려고 하시매

위의 문장은 상세한 분석을 필요로 한다. 예수님의 행동을 지시하는 서술부 "그들을 지나쳐가다"(parelthein autous)는 단순한 사람의 통과를 뜻하지 않는다. 그것은 신적 현현을 나타내는 은유의 표현이다. "지나가다"로 번역된 그리스어 동사 "parelthein"은 '이르다', '도착하다'로 읽는 것이 바람직하다. 여기에서 현현의 사건은 구조의 이야기와 결합된다. 이것은 전체이야기를 이해하는 열쇠이다.

이어지는 구절은 긴장의 상황을 강화한다. 제자들은 자신들을 구조하기 위해 호수 위로 걸어오는 스승을 유령으로 오인한다. 그리하여 형언할 수 없는 두려움에 사로잡힌다. 예수님은 "안심하라 내니 두려워하지 말라"라고 말한다(마가 6.50). 두 개의 명령문 사이에 놓인 "나는 이다"(ego eimi)는 의미 있는 자기제시의 도식이다. 여기에는 하나님의 아들에게 주어진 고귀함의 속성이 내포되어 있다. 짤막한 발언은 공포와 안심이라는 대립의 도식을 신뢰의 결론으로 흡수한다.

호수 위의 보행기적은 비현실적이고 환상적인 특성으로 인해 근본적인 해석의 문제를 제기한다. 어둠이 사라지지 않은 새벽시간에 예수님이 산으로 둘러싸인 호수 위로 걸어오는 모습은 단순한 시각적 환영으로 비쳐질 수 있다. 그러나 이것은 하나님과 하나님의 아들의 완전한 일체성을 구현하는 현실의 사건이다. 이야기의 정점을 형성하는 보행의 장면은 의도된 주제의 틀에서 설명될 수 있다. 그것은 예수님을 향한 확고한 믿음의 촉구이다. 마태의 병행단락에는 물속에 빠진 베드로

를 향한 "믿음이 작은 자"의 불신이 지적된다(14,31).

믿음이 작은 자여 왜 의심하였느냐.

호수 위의 보행에 관한 이야기에는 종말적 구원의 실현을 예시하는 교훈적 의도가 들어있다. 하나님의 아들의 부재에 관한 직접적 경험은 상징적 해석의 가능성을 열어준다. 긴박한 곤궁의 상황에 처한 제자들은 하나님의 근접과 임재에서 커다란 위로를 얻게 된다. 현실의 지각을 초월하는 기적이야기의 계시의미는 **상징적 동일화**에 의해 적절하게 이해된다. 여기에서 동일화는 하나님의 권능을 소유한 예수님의 존재에 관한 인식의 확인이다. 이 고귀한 확인은 시간의 제한을 넘어 영속의 특성을 갖는다.

마가의 페니키아 여인의 딸의 치유기적은 페니키아의 수도인 해안도시 두로에서 일어난 이방의 기적이다(7,24-30). 두로는 시돈과 함께 부정적 연상을 일깨우는 지역이다. 이와 같은 이역의 장소에서 악령추방의 기적이 일어난다. "수로보니게"(Syrophoinikissa) 족속으로 표기된 그리스 태생의 여인은 짤막한 에피소드에서 치유의 기적을 주도하는 중요한 역할을 한다. 치유자와 중재인의 대화는 기적을 가져오는 동인이다. 대화의 능력은 악령의 제거에 효력을 발휘한다. 두로의 악령추방 기적은 인근도시의 전도에 큰 영향을 미친다. 한 이방여인의 겸손의 믿음으로 인한 질병의 치유는 예수님의 죽음과 부활 이후에 수행될 세계선교의 발판을 마련하는 계기가 된다.

페니키아 여인의 딸의 치유기적은 마태에 의해서만 다루어진다(15,21-28). 그의 문안은 마가와 동일한 문맥에 위치한다. 두 단락에는 청결의 규정에 관한 바리새인과의 논쟁이 선행한다. 이 논쟁이 끝난 이후 예수님은 이방의 지역으로 들어간다. 여기에서 탈지역의 의미를 지니는 동사 "들어가다"(anachoreo)는 특별한 효과를 발휘한다. 마태는 이 사실을 보다 분명하게 표현하고 있다. 장소의 이동은 새로운 출발을 지시한다. 그것은 이방의 구원으로 나타난다.

이어지는 줄거리의 행동은 두 병행단락에서 약간 다른 방식으로 진행된다. 마태의 경우에는 상이한 담화의 행위에 따라 세 부분으로 나누어진다. 여기에는 담화의 서술이 모두 짤막한 명령문으로 시작된다.

제1부(15.22-23): 가나안 여인과 예수님

명령문: "나를 불쌍히 여기소서"

제2부(15.23-24): 제자들과 예수님

명령문: "그를 보내소서"

제3부(15.25-28): 가나안 여인과 예수님

명령문: "저를 도우소서"

마가의 문안에는 마태와 같은 3원적 구성도식이 존재하지 않는다. 이야기의 제시부는 길고 완만하다(7.24-26). 주석가들은 비교적 긴 첫 절을 편집의 단계에 소속시키기도 한다. 그러나 언뜻 이해할 수 없는 상세한 서술은 불필요한 것이 아니다. 서사의 논리에 따르면 이방의 지역에 거주하는 유대인의 가정이 상정된다. 첫 절에 제시된 집의 모티브는 마지막 절에 다시 등장한다. 여기에서 독자는 시간과 공간의 도약과 함께 여인의 집으로 안내된다. 이야기의 결론은 이와 같은 조망에서 주어진다. 어머니는 집에 도착하여 귀신에서 벗어난 딸이 침상에 던져져 있는 것을 발견한다. 완료형으로 서술된 종결의 장면은 이미 과정이 완료된 상황이다. 여인이 치유의 현장을 목격한 것처럼 표현하는 마지막 결구는 앞 절에 제시된 예수님의 예고에 대한 반복으로 설명된다. 이와 같은 귀환의 어법은 모든 것이 예수님의 예언대로 실현되었음을 징표적으로 보여준다.

이제 같은 표제의 두 이야기를 서로 비교해보기로 한다. 여기에서 몇 가지 오차가 도출된다. 그 내용을 정리하면 다음과 같다. 첫째, 중요한 등장인물인 이방여인의 명칭이 다르게 표기된다. 마가는 서구의 방식에 따라 페니키아 여인을 "수로보니게" 여인으로 명명하는데 반해, 마태는 토속적 문맥에서 가나안 여인으로 부른다. 이 전승의 명칭에는 유대인과의 대립이 선명하게 드러난다. "불결한 지역"에 연관된 부정적 이미지는 두로와 시돈이라는 이중적 지역의 명기에 의해 더욱 강화된다. 저주받은 두 도시를 상기시키는 별도의 지적은 의도적 처사이다.

둘째, 이야기의 중심을 형성하는 대화의 방식과 내용이 같지 않다. 마태의 문안에는 여인의 간청과 예수님의 응답이 상호성과 반복의 요소에 의해 구조화된다. 네 차례에 걸친 대화의 연속은 마지막 단계에 이르러 목표에 이른다. 이와 같은 점진적 대화의 도식은 마가의 문안에 결여되어 있다. 여인의 청원은 바로 예수님의 은유적 발언으로 넘어간다. 두 주인공 사이의 대화의 내용에도 거리가 있다. 마태의 문안에서 예수님이 제자들의 만류를 반박하기 위해 도입한 "이스라엘의 양"의 은유(15.24)는 마가의 문안에 나오지 않는다. 전체적으로 상호대화의 양식은 마태의 경우가 보다 정교하다.

셋째, 대화의 정상을 이루는 개의 은유에서 강세의 이동이 엿보인다. 집안에서 기르는 개는 사나운 길거리의 개와 달리 가족이 밥상에서 먹고 남긴 찌꺼기를 받아먹고 살아간다. 이와 같은 일상의 생활상이 이야기에 반영되어 있다. 마태는 은폐적인 종결의 담화에서 마가가 표기한 복수명사 개를 축소형 명사 "작은 개"(kynarion)로 대체하고 있다(15.27). 여기에는 특별한 의도가 있다. 즉 일반적으로 통용되는 개의 부정적 이미지가 약화된다. 비유어 개가 지시하는 이방인의 존재가 긍정적 뉘앙스를 지니게 된다. 짤막한 개의 이야기의 핵심인 어린 아이(주인)와 개의 대립은 새로운 차원으로 들어선다. 이방인과 유대인 사이의 심한 갈등은 서사의 운동에서 완화된다.

넷째, 종결장면의 상치이다. 마가의 경우에는 딸의 치유기적이 훌륭한 논증으로 인한 악령추방의 선언으로 실현된다. "이 말을 하였으니 돌아가라"(7.29). 이에 비해 마태의 경우에는 "큰 믿음"으로 인한 소원의 성취로 나타난다(15.28). 여기에 지적된 "큰 믿음"은 가버나움 백부장의 훌륭한 믿음의 연장선에 있다. 두 저자는 치유의 기적을 가져온 여인의 지혜로운 답변을 약간 다르게 해석하고 있다. 이야기를 마감하는 기적의 결과는 어머니의 직접적 확인과 건강회복에 대한 객관적인 서술로 대비된다. 이 대목에는 딸의 상황을 표현하는 마가의 어법이 현실감을 자아낸다.

이상의 차이점에도 불구하고 두 병행단락은 서사의 골격과 기본주제의 전개에서 거의 일치한다. 이것은 무엇보다 이야기의 중심인 개의 은유에서 증명된다. 짧은 대화이야기는 어린 아이와 개의 관계에 집중된다. 두 모티브를 연결시키는 "빵의 부스러기"는 특별한 의미를 지닌다. 이미 독자에게 알려진 복합명사는 이미 일어난 식사의 기적에 구현된 빵의 확대를 상기시킨다. 오천 명의 급식기적에는 다수의 민중이 "배불리 먹고 남은" 빵의 분량이 열두 바구니에 가득 찬다(마가 6.43). 이와 같은 잉여의 충만이 이방여인의 이야기에도 해당된다. 지혜로운 여인의 마지막 답변에는 식탁에서 떨어지는 "빵의 부스러기"로 만족하는 개의 모습이 지적된다. 유대인에게서 찾아볼 수 없는 뛰어난 여인의 생각과 믿음은 예수님으로 하여금 치유의 말씀을 선포하게 만든다.

기적적인 치유의 수행은 두 대화의 상대자 사이의 합의에 의거한다. 이제 예수님과 이방여인 사이에 놓인 거리는 사라진다. 그 결과는 만민을 위한 구원의 복음의 실현이다. 이스라엘의 변두리에서 일어난 작은 치유의 사건은 민족과 지역의 경계를 넘어 우주적 차원으로 향한다. 제한된 경계의 초월과 기존의 갈등의 극복은 두 저자의 공통의 관심사이다. 이야기의 종결부를 규정하는 두 요소는 상징적으로 일반화된다. 기적의 해석에서 자주 거론되는 해방의 주제는 여인의 이야기에서 페미니즘의 범위를 넘어 보편적 구원사의 지평에서 개진된다.

세 복음서에 공통적으로 다루어진 가버나움의 백부장 하인의 치유기적 이야기는 공관적 비교에 의해 보다 선명하게 파악된다. 말씀의 전거인 Q 문서에서 전승된 병행단락은 마가의 문서에 결여되어 있다. 그 이유는 분명하게 밝혀져 있지 않다. 마태와 누가는 동일한 제목의 이야기를 강령적 도입설교, 즉 산상수훈과 평원설교의 다음에 배치하고 있다(마태 8,5-13, 누가 7,1-10). 이것은 연쇄기적의 시작을 알린다. 가버나움이라는 장소의 제시는 하나의 징표이다.

마태와 누가는 백부장의 믿음이라는 Q 문서의 기독교적 구상을 집필의 충동으로 받아들인다. 그러나 두 저자의 서술방향에는 강세의 차이가 감지된다. 마태는 절대의 믿음으로 강조된 이스라엘의 연관에 무게를 두고 있다. 이것은 유대의 사고에 기초한 그의 입장을 보여준다. 이에 비해 누가는 백부장의 인물에 초점을 맞추고 있다. 이것은 이방인의 선교라는 저자의 관심에 부응한다. 사도행전에는 사도들의 이방선교에서 중요한 중재자의 역할을 담당한 백부장 고넬료(Cornelius)의 상이 소개된다(사도 10,23-43). 전승된 기적이야기의 가공적 서술에는 두 저자의 관점이 반영된다. 이것은 공관적 전통의 형성을 파악하는 중요한 근거가 된다.

누가는 백부장을 스스로의 재력으로 민족을 위해 회당을 세운 인물로 "하나님을 경외하는 자"라고 부른다. 그는 한마디의 "명령의 말씀"만으로 예수님의 능력이 발휘된다고 생각한다. 이와 같은 믿음은 유대인에게 찾아보기 힘든 것이다. 백부장의 발언의 핵심은 명령과 이행에 관한 세 장면의 연속이다(누가 7,8). 이 대목은 세 행의 운문으로 다시 표기될 수 있다.

"가라" 하면 그가 가고
"오라" 하면 그가 오고
"이것을 하라" 하면 그가 그것을 합니다.

사령관이 명령하는 것은 그 어떤 조건이나 저항이 없이 그대로 준수된다. "주님"은 하나님의 권능에의 참여를 통해 자신의 수행적 말씀의 능력을 행사한다. 독자는 가버나움의 악령추방 기적 이후 예수님이 이와 같은 권능을 소유하고 있음을 알고 있다.

존경받는 자의 정서적 반응은 이야기의 정점을 형성한다. 예수님의 귀에 "들려온" 사실은 그를 놀라움에 사로잡히게 한다. 그 결과는 자신을 따르는 군중을 향한 거대한 선언으로 나타난다. 이 선언은 권위의 발언도식 "내가 너희에게 말하노니"에 의해 인도된다(7,9).

이스라엘 중에서도 이만한 믿음은 만나보지 못하였노라.

수사적 어법으로 표현된 문장의 중심은 이방인의 범례적 믿음이다. 발언자는 이방의 지휘관에게 최고의 찬사를 보냄으로써 주변에 있는 유대의 군중을 부끄럽게 만든다.

마지막 장면은 치유의 결과에 대한 서술이다. 사신들이 집에 돌아와 보니 하인이 이미 건강을 회복한 사실을 알게 된다. 앞 절에 사용된 동사 "발견하다"(만나보다)의 재수용은 믿음과 기적을 연결시킨다. 이야기는 전환된 상황의 확인과 함께 종식된다. 병든 하인은 죽음에서 삶으로 이전된다. 백부장이 청원한 종의 구원은 현실로 이루어진다. 7장 3절에 사용된 그리스어 "diasozo"는 '완전히 구원되다'를 뜻한다. 이 특별한 동사는 이야기 전체의 열쇠어이다. 제3자에 의해 중재된 예수님과의 만남은 기적적인 치유의 결과를 가져온다. 그것은 "원격-신속-좋음"의 도식으로 정리된다.

요한의 왕의 고관의 아들의 치유이야기는 먼저 나온 백부장 하인의 치유이야기의 수용으로 보인다(4.43-54). 이들 사이의 상호관계는 일찍부터 주석가들의 토론의 대상이 된다. 그 중심은 전거의 배경에 관한 확정에 놓여있다. 이 문제에 관해서는 서로 다른 결론이 도출된다. 한편으로는 동일한 역사적 사건의 상이한 기술로 받아들여지며, 다른 한편에서는 독자적 전거의 존재가 가정된다. 이와 같은 견해의 상치는 다른 공통의 기적사례에도 해당된다.

두 복음서와 요한복음의 사이의 차이점은 다음과 같은 몇 가지 항목으로 정리된다.

1) 중재자의 신분: 백부장과 왕의 고관

2) 치유의 대상자: 하인과 아들

3) 장소의 배경: 가버나움과 가나

4) 질병의 언급

마태: 마비

누가: 없음

요한: 열병

마태와 누가의 본문에서 백부장의 "하인"은 자구상으로 "종"이라기보다 "젊은이"(pais)에 가깝다. 여기에서 아들이나 자식과의 연관이 추정된다. 요한의 병행단락에는 치유의 대상자가 왕의 고관의 아들이다. 왕궁의 고관은 백부장과 달리 마술에 대한 믿음을 가진 사람이다. 때문에 예수님은 단순한 인간적 기대의 기적은 효력이 없음을 지적한다(요한 4.48). 요한의 문안은 삶과 믿음의 주제를 통해 전체의 문맥으로 용해된다. 두 번째 표적이야기에 해당하는 열두 절의 단락에는 다음의 치유기적 이야기가 따른다(5.1-18).

세 편의 병행적 기적이야기는 개별적 차이에도 불구하고 본질적 양상에서 일치한다. 그것은 원거리 치유기적에 내재된 완전한 권능의 행사이다. 물론 치유의 결과에 대한 서술은 저자에 따라 약간 다르게 서술된다. 마태의 경우에는 청원자에 의해, 누가의 경우에는 사신에 의해, 그리고 요한의 경우에는 귀가의 도상에서 종들에 의해 확인된다. 원거리 치유기적은 마가의 페니키아 여인의 딸의 치유이야기에도 해당된다. 이것은 우연의 병행이라 할 수 있다. 세 복음가는 치유의 기적이 치유자의 현존이나 행위가 없이도 일어날 수 있다는 사실에 공감한다. 다시 말해 예수님의 치유의 능력은 장소와 거리와 관계없이 행사된다. 그 근원에는 강력하고 진실한 믿음이 자리하고 있다.

마가의 무화과나무의 소멸의 기적은 예수님의 예루살렘 입성 직후에 일어난 예언적 기적행위이다(11,20-26). 초자연의 기적의 현상을 서술하는 일곱 절의 단락은 앞에 제시된 무화과나무의 저주에 연결되어 있다(11,12-14). 그 사이에 성전청결의 사건이 배치되어 있다. 두 에피소드는 전날 저녁에서 다음날 아침에 이르는 이틀간에 일어난 사건을 다룬다. 첫 번째 설화는 예수님과 무화과나무의 상호관계에 의거한다. 예수님은 무화과나무를 행동하고 고뇌하는 인물로 대하고 있다. 이것은 고대 우화에 나오는 마술적 소재와의 연관을 보여준다. 무화과나무의 인칭화는 이야기의 진행을 파악하는 데 중요하다. 사건의 목격자인 제자들은 동반자에 불과하다.

줄거리의 운동은 간단하다. 아침 일찍 베다니의 숙소를 나온 예수님은 강한 시장기를 느끼며 길을 지나가다 멀리서 무화과나무를 발견한다. 그리고 가까이 다가가 열매가 맺혔는지 살펴본다. 그러나 무성한 잎사귀 이외에 아무것도 보지 못한다. 그리하여 다음과 같이 선언한다(11,14).

> 이제부터 영원토록 사람이 네게서 열매를 따먹지 못하리라.

이인칭단수 대명사 "너"로 표기된 무화과나무를 향한 저주는 특별한 어법으로 언어화된다. 일반적 진술문의 술부 "먹지 못하다"는 원망법으로 표현됨으로써 부정의 의미가 강화된다. 그것은 재앙과 탄식의 부름이다. 영속성과 무한성의 시간부사 "영원토록"은 발언자의 권위를 지시한다. 이와 같은 결정적 저주의 동기를 이해하기 위해서는 앞 절의 마지막에 주어진 특별한 지적에 주목하여야 한다(11,13).

이는 무화과의 때가 아님이라.

열매의 부재를 설명하는 문장에서 "때"를 가리키는 그리스어 명사 "kairos"는 특별한 의미를 내포한다. 보통 무화과나무는 수확기인 여름에 열매가 무르익는다. 이 사실은 올리브산의 묵시설교를 마감하는 무화과나무의 비유에 지적된다(13,28-29). 그러나 어떤 경우에는 잎이 피어나는 봄철에도 열매를 맺는다. 이 시기에 열리는 열매는 특히 맛이 있다고 한다. 먹을 수 있는 열매를 제공하지 못하는 무화과나무는 나무로서의 기능을 상실한 무용지물이다. 무화과나무는 자신의 "때"를 실현하는 경우에 존재의 의미를 지닌다.

무화과나무에 대한 저주는 미래의 재앙과 파국에 대한 경고이다. 다시 말해 종말적 형벌의 의미를 지닌다. "kairos"는 저자의 문서에서 하나님의 나라와 연관하여 회개와 결단의 시점을 지시한다. 획기적인 성전 청결의 행사에 선행된 저주의 설화는 상징의 성격을 띄고 있다. 무화과나무로 대표되는 나무의 모티브는 유대의 전승에서 이스라엘의 운명을 지시한다. 나무의 소멸은 역사적 문맥에서 부패한 성전의 멸망, 나아가 부정한 로마권력의 교체를 비유한다. 전승의 모티브를 다룬 무화과나무의 이야기에는 사회비판의 성향이 반영되어 있다.

두 번째 이야기는 앞의 경우에 비해 상세하게 다루어진다. 예수님을 따라가던 베드로는 어제 본 무화과나무가 뿌리채 "말라죽은" 것을 확인한다. 여기에서 "마른"이라는 부가어는 생리학적 의미의 뉘앙스를 갖는다. 다시 말해 신체부위의 "마름"(exerammenen)에 연관된다. 안식일에 치유 받은 병자의 "마른 손"은 여기에 해당한다. 식물의 고사(枯死)는 인간의 장애와 죽음에 비견된다. 여기에서 무화과나무의 인간학적 은유가 명료하게 인지된다. 몹시 당황한 베드로가 예수님에게 일어난 사실을 말하자 예수님은 짤막하게 "하나님을 믿으라"고 답변한다(11.22). "하나님에 대한 믿음"의 소유는 산을 움직여 바다로 떨어지게 한다. 이와 같은 거대한 믿음은 9장 23절에 선포된 "모든 것을 가능하게 하는 믿음"과 통한다. 초자연의 기적의 발생은 확고한 신뢰의 믿음과 청원의 기도의 능력과 연계하여 설명된다. 이어지는 결구는 용서의 기도에 대한 촉구이다. 예언의 기적 행위는 제자교육이라는 주제로 넘어간다.

마태의 병행단락은 마가의 모형과 비교해볼 때 두 가지 중요한 수정이 눈에 띈다(21.18-22). 첫째, 무화과나무의 소멸은 무화과나무의 저주에 바로 이어져있다. 성전청결의 사건은 기적이야기에 선행한다. 마가의 서사적 작법인 샌드위치 기법은 사라진다. 다섯 절의 단락은 무화과나무의 이야기(21.18-20)와 후속의 믿음의 말씀(21.21-22)의 두 부분으로 구성된다. 전반의 줄거리에서 무화과나무의 고사는 저주의 발언이 주어진 후에 바로 일어난다. 여기에서 "곧"으로 번역된 그리스어 부가어 "parachrema"는 '즉석에서'를 뜻한다.

둘째, "무화과나무의 때"에 관한 함축적 구문이 삭제된다. 이것은 종말적 예언의 성격을 약화한다. 그 대신에 위대한 믿음의 능력이 전면에 부각된다. 저자는 이야기의 구성과 강세의 부여에서 변화를 시도하고 있다. 이야기의 마지막을 장식하는 저주의 문장은 원망법에서 접속법으로 교체된다(21.19). "이제부터 영원토록 네가 열매를 맺지 못하리라." 이인칭단수 대명사 "너"를 주어로 하는 문장에서 동사 "맺다"는 마가의

"먹다"에 비해 부정의 강도가 약화된다.

후반의 세 절에는 예수님의 상대역이 적대자에서 믿는 자로 교체된다. 그러나 사실상의 청중은 그 자리에 있는 제자들이다. 무화과나무가 실제로 "말라죽은" 사실을 확인한 그들은 놀라움에 가득 차서 어떻게 해서 그렇게 되었는지 물어본다. 이 복귀의 질문은 새로운 말씀의 강령을 가져온다. 그 내용은 "산을 움직이는 믿음"과 청원의 기도에서 발휘되는 막강한 힘이다. 이 부분은 마가의 경우와 거의 일치한다. 다만 용서의 기도에 관한 부분은 생략된다. 따라서 말씀의 방향은 믿음과 기도의 능력에 집중된다. 독자는 이야기의 종결부에서 절대의 신앙에 관한 최고의 지침으로 인도된다.

제4장 요한복음의 일곱 표적

1. 상징의 구조

제4의 복음인 요한복음의 기적서술은 다른 세 편의 공관복음에 비해 고유의 면모를 보인다. 이것은 무엇보다 언어사용의 특수성에서 드러난다. 공관적 전통에는 예수님의 기적이 주로 "능력의 행위"(dynameis)로 규정되는 반면, 요한은 유사한 기적을 표적이라고 명명하고 있다. 기적의 행위는 그에게 예수님의 사역과 복음의 중심에 속한다. 표적의 발생에 관한 코멘트는 문서의 시작과 중간의 전환뿐만 아니라(12,37) 마지막을 장식함으로써 요한의 기독교론에 직접 연결된다. 기적의 사건에는 메시아로서의 예수님의 존재가 인식된다. 이와 같은 사실은 가시적 위대함으로("큰일" 1.50) 하나님의 아들에 대한 믿음으로 인도된다.

표적이라는 용어는 요한의 문서에서 화자로 돌아가는데 반해 예수님의 기적행위는 사역(활동)으로 표기된다. 이 명사는 하나님, 예수님, 신자의 포괄적 연관에 소속된다. 예수님이 제자들과 함께 행동하며 이루어내는 모든 것은 하나님의 사역에 속한다. 예수님은 믿는 자들이 자신처럼 행동하리라고 약속한다. 여기에서 사역은 계시의 행위뿐만 아니라 계시의 담화를 포함한다. 요한의 표적은 예수님의 특별한 사역으로 이해된다.

요한의 기적이야기는 거대한 중후함과 역동적 고양에 의해 규정된다. 이와 같은 특징은 문서의 목적에 부합한다. 그것은 메시아와 예수님의 동일화와 하나님의 영광의 가시화이다. 개별기적이 갖는 육중한 무게는 특히 병치유와 소생의 기적에서 감지된다. 나사로의 소생기적에는 무덤 속에 갇힌 부패한 시체가 살아 일어나 밖으로 걸어 나온다. 여기에는 다른 기적에서 볼 수 없는 격정과 장엄함이 감지된다. 치유의 기적에는 치유대상자의 인물이 주목을 끈다. 예수님의 치유행위는 그의 시선이 머무는 특정한 개인을 향하고 있다. 병자의 개성에 관한 지적은 전기적 사실에 의해 강화된다. 38년 동안 병상에 누워있는 중증장애자는 그의 삶의 운명과 절망의 경험 전체가 독자의 시야에 들어온다.

태생의 맹인의 경우도 마찬가지이다. 세상에 태어나서 부모로부터 아무런 도움도 받지 못한 채 거지의 신세로 전락한 그는 예수님을 만남으로써 일생의 소원을 이룬다. 치유의 기적의 수혜자는 비록 이야기에서 그 역할이 미미하다 하더라도 단순한 통계의 대상은 아니다. 그들의 신체기능 회복은 죽음에서 삶으로의 전환을 뜻한다. 여기에서 소생의 기적이 준비된다. 곤궁에 처한 인간을 고통과 질곡에서 해방하는 기적적인 치유의 능력은 언제나 예수님 자신으로부터 나온다. 예수님의 기적활동에는 한 개인에 대한 관심에서 드러나는 고귀함과 존엄이 계시된다.

요한의 기적이야기는 주로 개별 이야기의 블록으로 형성되는 공관적 기적이야기와 달리 이야기의 체계에 연관된 통합적 구성요소로 파악된다. 이와 같은 특징은 통일된 **상징의 구조**로 설명된다. 여기에서 상징이란 다양한 요소를 하나의 전체로 접합하는 특성과 기능을 말한다. 상징의 그리스어 동사 "symballein"은 '함께 맞추다', '모으다'의 뜻이다. 기적이야기의 상징구조는 순환과 연계의 속성으로 나타난다. 전체이야기의 편성에서 처음과 마지막은 순환의 관계에 있다. 가나의 혼인잔치 기적에 구현된 음료의 근본적 변화와 생성은 나사로의 소생기적이 지시하는 죽음에서 삶으로의 이행에 비견된다. 전체적으로 보아 물질의 재창조에서 영적 부활로의 전환이 일어난다. 한편 물량의 확대를 의미하는 오천 명 급식기적은 음료의 질적 변화인 가나의 기적과 통한다. 재생과 변용은 두 기적에 공통된 요소이다. 결과적으로 상이한 형태의 일곱 기적은 동기, 과정, 결과에서 서로 연결되고 교차된다.

일연의 연쇄표적을 열어주는 가나의 혼인잔치 기적은 특정한 주제에 집중되어 있다. 그것은 하나님의 영광의 시현과 예수님의 정체성의 확립이다. 첫째, 기적이야기의 서두에 지적된 영광의 모티브는 마지막 기적이야기인 나사로의 소생 이야기에 동일하게 강조된다. 제2의 표적인 왕의 고관의 아들의 치유는 앞의 표적과 함께 표적 전체의 방향을 지시한다. 여기에서는 "표적의 봄에 의한 믿음"이 경고된다(4.48). 이어지는 베데스다 연못의 기적에는 신체마비자의 극적 치유를 통해 죽음과 삶이 서로 대조된다. 치유의 수행자는 죽어가는 자를 살려주는 자이다.

"생명의 증여자"로서의 예수님의 상은 치유와 소생기적의 중심이다. 서로 다른 기적유형인 오천 명 급식기적과 호수 위의 보행기적은 영적 각성의 차원에서 하나로 묶어진다. 나중의 자연기적에는 제자들을 향한 믿음의 고취가 강조된다.

태생의 맹인과 신체마비자의 치유는 안식일의 갈등에 연결되어 있다. 두 치유기적의 서술에는 긴 분량의 후속단락이 따른다. 여기에서 표적에 내재된 계시의 의미가 드러난다. 나사로의 소생기적은 베데스다 연못의 치유에 다루어진 죽음과 삶의 주제를 받아들인다. 두 요소 사이의 갈등은 부활의 현재화에 의해 해소된다. 마지막 표적은 예수님의 고난에 관한 깊은 아이러니를 담고 있다. 영원한 "생명의 제공자"는 자신의 죽음을 통해 죽음의 주인이 된다. 죽음에 대한 공포는 예수님의 부활 앞에서 사라진다.

요한복음에는 부활 이전의 시기에서 모두 일곱 개의 표적이 다루어진다. 부활 이후의 현현의 기적인 디베랴 호수의 고기잡이 기적은 세 번째의 "계시의 사건"으로 표기된다(21,1, 14). 의도적으로 구상된 숫자 일곱은 완전을 상징한다. 일곱 표적은 하나님의 완전과 충만을 나타내는 징표이다. 저자 요한은 예수님의 기적을 원의 체계로 구성하고 있다. 상이한 형태의 기적이야기는 다른 이야기와 설교와의 연관에서 적절하게 배열된다. 여기에는 문서를 작성하는 저자의 관점이 작용하고 있다. 요한의 기적은 주로 공생애의 초반에 갈릴리와 예루살렘을 오가며 이루어진다. 이 기간의 활동은 예수님이 세상에 들어와 스스로를 계시한 전반부에 기술된다. 여기에 해당하는 2~11장은 "표적의 책"이라고 불린다.

일곱 개의 기적을 유형별로 분류하면 세 개는 병치유의 기적이고, 나머지 네 개는 음료와 급식의 기적, 자연기적, 생명회복의 기적이다. 오천 명 급식기적, 호수 위의 보행기적, 왕의 고관의 아들의 치유를 제외한 네 개의 기적이야기는 세 공관복음과 직접적 병행이 없다. 기적의 발생에는 일정한 장소가 배경을 이룬다.

기적의 제목	장소의 배경
1. 가나의 혼인잔치: 2.1-11	갈릴리의 가나
2. 왕의 고관의 아들의 치유: 4.43-54	가나, 가버나움
3. 베데스다 연못의 장애자 치유: 5.1-9	베데스다, 예루살렘
4. 오천 명의 급식: 6.1-15	갈릴리의 산
5. 호수 위의 보행: 6.16-21	게네사렛 호수
6. 태생의 맹인 치유: 9.1-12	예루살렘, 실로암 연못
7. 나사로의 소생: 11.1-44	베다니

장소의 배경에서 보면 처음의 두 기적은 가나에서 수행된다. 갈릴리 근교의 마을 가나는 요한의 기적의 출발점이다. 의도적으로 표적이라고 명명된 두 차례의 기적은 믿음의 촉구로 귀결된다. 두 개의 병치유의 기적은 예루살렘에서 일어난다. 이들은 처음의 두 기적과 지역적으로 대립된다. 예루살렘의 두 연못 베데스다와 실로암은 질병치료의 진원지이다. 여기에는 전통사의 요소가 반영되어 있다. 서로 이어진 급식기적과 구조의 기적은 유사한 장소가 배경을 이룬다. 지역의 위치에서는 산과 호수에 의해 분리된다. 복음서의 독자에게 잘 알려진 두 병행의 기적은 공관적 전통의 수용을 전제한다. 마지막 기적은 예루살렘 교

외의 마을 베다니에서 발생한다. 베다니의 향유사건과 연관하여 언급된 이곳은 이제까지의 기적발생 장소와 구분된다.

일곱 개의 기적은 전체의 구성에서 조화와 균형을 조성한다. 오천 명 급식기적이 가운데 위치하고 있다. 이를 중심으로 두 개의 병치유 기적이 대칭을 형성한다. 이들은 유사한 구조의 형식을 보인다. 마지막 기적인 나사로의 소생기적은 전체의 클라이맥스다. 초반의 기적에 명시된 표적의 의미는 여기에서 완성에 이른다. 요한의 기적서술을 마감하는 장대한 기적은 세 번째 기적인 일생의 장애자의 치유기적 후속담화에 연결된다. 이 단락의 종결부에는 생명의 부여자로서의 예수님의 권한이 지적된다. 아울러 "심판의 부활"에 대치되는 "생명의 부활"이 강조된다(5,29). 이 중요한 명제가 나사로의 소생기적의 정상을 이룬다(11,25). "나는 부활이요 생명이니..."

요한복음에는 기적의 성격이 표적이라는 단어(복수 "semeia")로 대언된다. 이 용어는 스스로를 넘어 어떤 다른 것을 지시하는 기능적 개념이다. 즉 기적의 결과적 징표에 초점이 주어진다. 요한은 기적의 현상과 기적이야기를 구분함으로써 표적의 의미에 중점을 부여한다. 결과적 징표로서의 기적은 서사의 구조, 특히 종결의 장면과 후속의 담화에서 구체적으로 드러난다. 요한이 처음의 두 기적을 "첫째 표적", "둘째 표적"으로 표기한 것은 의도적 조처이다. 표적에 관한 수자의 헤아림은 이어지는 표적의 연쇄를 지시한다.

요한복음의 연구사에는 "표적의 전거"라는 용어가 대두된다. 이것은 문학적으로 형성된 기적의 모음집이 이미 존재하였음을 말한다. 그러나 기적이야기의 생성에 연관된 특정한 전거에 관한 가설은 논란을 불러일으킨다. 그 실체에 관해서는 분명하게 확정하기 어렵다. 적지 않은 주석가들은 요한이 기적이야기를 개별적 전통으로 받아들였으며, 부분적으로 공관적 전통의 지식에 의거하였다는 사실에서 출발한다. 이것은 공통의 표적의 서술에서 증명된다. 오천 명 급식과 호수 위의 보행기적은 세 공관복음의 저자들이 의존한 전거에 바탕을 둔다.

"표적의 전거"에 관해서는 처음의 두 표적의 명명이 근거로 제기된다. 그러나 다른 복음가에서 볼 수 없는 특별한 지적이 다섯 기적 전체에 해당되는지는 확실하지 않다. 표적이라는 명사는 "둘째 표적"이라는 표현이 사용되기 전에 이미 2장 23절에 등장한다. 그 후에도 반복적으로 등장하는 이 용어는 저자에 의해 선호되는 표제어이다. 왕의 고관의 아들의 치유기적은 갈릴리에서 일어난 "두 번째 표적"으로 읽혀지기도 한다. 그 후의 기적은 예루살렘과 베다니에서 수행된다. 요한이 즐겨 사용한 표적의 이해에서 중요한 것은 전거의 존재에 관한 논쟁이라기보다 표적의 본질적 의미에 관한 해석이다.

요한의 기적서술의 기본구상은 구성적 배열, 해석적 개입, 후속의 담화를 통한 해석의 심화이다. 마지막 복음가는 전승된 기적이야기를 자신의 입장에서 다시 편성하고 작성한다. 예수님의 기적을 직접 체험한 그는 예수님의 기적에 중요한 기독교적 증거의 기능이 들어있다는 전통의 확신에 의견을 같이한다. 기적수행의 의도는 예수님의 진정한 존재의 드러냄이다. 표적과 행적으로서의 기적은 예수님의 영광을 드러내고 자신의 사명을 증거할 뿐만 아니라 믿음을 불러일으키고 구원의 의미를 획득한다. 권능 있는 기적의 수행자로서의 예수님과의 만남이 한 개인을 믿음으로 인도한다면 그는 미래에 보증될 생명을 얻는 것이다. 여기기에 기적이야기 고유의 계시의 기능이 있다.

요한복음에서 표적이 갖는 중요성은 문서집필의 목적을 밝힌 기본문서의 결구에서 확인된다(20,30-31). 독자를 위한 안내의 글인 이 부분은 문학적 형식의 종결이다. 저자는 기록할 수 없을 정도로 "많은 표적"이 "그리스도를 믿어 영생을 얻게 하려함"이라고 지적하고 있다. 여기에서 표적은 직접적으로 선행하는 단락의 내용인 부활자의 자기증거를 가리킨다. 그러나 넓게 보아 문서에 다루어진 표적을 모두 지시한다. 요한이 문서를 끝내면서 다시금 표적의 의미를 강조한 것은 "부활의 믿음"을 확고하게 하기 위함이다. 기적의 체험은 복음의 신앙을 굳건하게 만든다. 이것이 단순한 이적과 다른 표적의 의미이며 기능이다.

믿음과 기적의 긴밀한 관계는 요한의 기적서술에서 보다 구체적으로 확인된다. 최초의 기적인 가나의 기적은 제자들에게 확고한 믿음을 심어주며(2,11), 오천 명 급식의 기적은 진정한 "선지자"의 인식으로 마감된다(6,14). 태생의 맹인의 치유기적은 치유 받은 자의 확고한 신앙고백으로 귀결된다(9,38). "주여 내가 믿나이다." 마지막 기적인 나사로의 소생은 많은 유대인을 믿음으로 인도한다. 이 사실은 그 후 세 번에 걸쳐 지적된다(11,45, 12,10). 무엇보다 예수님 자신에게 일어난 획기적 기적은 믿음의 마지막 보증이다. 제자들의 따름과 헌신의 선교는 확고한 부활의 신앙에 기초한다.

2. 표적의 계시의미

요한의 기적서술은 기적의 발생에서 야기되는 계시의미의 개진에 중점이 주어진다. 이와 같은 구상은 기적이야기에 이어진 후속의 담화와 논쟁으로 실현된다. 여기에서 기적을 바라보는 저자의 관점이 드러난다. 이미 첫 번째 표적인 포도주의 기적에서 기적수행의 기본방향이 제시된다. 그것은 영광의 계시와 믿음의 성장이다(2.11). 두 요소는 모든 다른 기적에도 해당된다. 일부의 기적사례에는 사건의 발생에 이어지는 주변의 반응과 이에 관한 논평이 원래의 이야기보다 자세하게 다루어진다. 일어난 기적의 해석에 해당하는 후속의 부분은 설정된 주제의 성격에 따라 확대된다.

오천 명 급식과 호수 위의 보행기적에 연결된 장엄한 빵의 연설이 대표적이다. 여기에는 "생명의 떡" 설교(6.26-59)에 이어 "영생의 말씀"의 담화(6.60-71)가 따른다. 두 복합단락은 요한복음 6장의 대부분을 차지한다. 빵의 연설에 선행하는 보행기적에 제시된 "나는 이다"의 문장(6.20)은 "생명의 떡"의 은유를 규정하는 자기증거의 도식을 예비한다. 신적 현현을 구현하는 초현실의 사건은 기적의 계시의미를 개진하는 빵의 연설을 위한 출발의 기적이다. 거듭되는 은유의 문장 "나는 생명의 떡이다"(6.35, 48)는 서두의 이행단락 결구에 제기된 군중의 질문에 대한 답변이 된다(6.25). "랍비여 언제 여기 오셨나이까?" 예수님은 거대한 분량의 빵을 선사함으로써 이미 "생명의 떡"의 주체자로 등장한다.

베데스다 연못의 장애자 치유와 태생의 맹인의 치유에 관한 기적에는 긴 분량의 후속담화가 이어져 있다. 그 내용은 주변의 예상을 초월하는 획기적 표적이 남긴 커다란 반향에 집중되어 있다. 앞의 경우에는 기적의 수행자인 예수 그리스도의 존재에 관한 증언이 단계적으로 개진된다. 이를 마감하는 "성서를 통한 증언"은 메시아의 오심이 구약에 예언되어 있음을 증거하는 의미 있는 결론이다(5.39-47). 뒤의 경우에는 바리새인의 잘못된 의식과 관념이 예수님의 경고의 말씀을 가져온다(9.39-41). 여기에서 중요한 것은 외형적 "봄"의 역전을 통한 죄의 의미이다. 보지 못하는 맹인이 죄인이 아니라 눈을 뜨고도 자신의 죄를 자각하지 못하는 우매한 자가 죄인이다. 이것은 개안기적의 주제인 맹목의 진정한 의미가 무엇인가를 잘 보여준다.

첫 번째 표적은 가나의 혼인잔치에서 일어난다(2.1-11). 이 도입기적은 이어지는 일련의 기적을 준비한다. 전체의 기적은 이야기의 결구인 2장 11절의 지적처럼 그리스도의 영광의 계시로 이해된다. "그의 영광을 나타내시매..." 서두의 두 절에는 사건의 시점, 장소, 인물이 소개된다. 새로운 인물인 어머니는 이야기의 초반에서 예수님의 상대역으로 등장한다. 마지막 절은 전체줄거리의 총화이다. 여기에서 기적에 따른 결과가 요약된다. 서사적 이야기는 상징의 성격을 띠고 있다. 이것은 기적의 배경을 형성하는 결혼식 축제와 포도주에서 드러난다. 포도주는 요한의 문서에서 물과 함께 갈증과 해소의 관계를 지시한다. 두 모티브는 육체와 영의 해갈을 나타내는 상징이다. 이와 같은 상징의 의미는 문서 전체를 관류한다.

포도주에 내포된 갈증과 해소의 도식은 문서의 종반에 이르러 다시 활성화된다. 예수님은 십자가 위에서 신체의 고통을 달래주는 신포도주를 받아 마신다(19.30). 마가복음과 상치되는 이 대목은 앞장의 11절에 연결되어 있다. "아버지께서 주시는 잔을 내가 마셔야하지 않겠느냐." 죽음의 잔은 구원의 과업을 이루는 속죄의 잔이다. 속죄의 구원은 십자가 위의 예수님에게 목마름과 완성으로 구현된다. 예수님의 마지막 고백 "다 이루었다"는 직전의 발언 "내가 목마르다"에 이어져 있다. 이 구절은 시편 22편 15절의 인용으로 입의 기능을 방해하는 강한 갈증을 나타낸다. "...내 혀가 입천장에 붙었나이다." 예수님이 십자가에 매달려 운명하면서 남긴 마지막 두 마디는 자아의 육체적, 영적 갈증에서 우주적 차원의 해소로 넘어가는 위대한 전이의 과정을 보여준다. 예수님은 하나님의 거룩한 뜻을 성취함으로써 목마름이 없는 영원한 생명의 세계로 인도된다.

결혼예식은 신약성서에서 메시아의 향연에 대한 예비적 비유로 받아들여진다(마가 2,19-20, 요한계시록 19,7, 9). 즐거운 공동의 축제에 주된 음료인 포도주가 떨어지는 것은 축제의 분위기를 해치는 일이다. 포도주의 결핍의 해소는 식사의 초대자를 위한 보상의 선물이다. 동시에 축제의 참가자에게 기쁨을 선사하는 동인이 된다. 포도주의 기적은 오천 명 급식 기적처럼 곤궁에 처한 자를 구해주는 선물의 기적이다. 여기에서 물이 포도주로 변하는 것은 혼인예식의 성사라는 현실의 문제를 넘어선다. 그것은 재료의 근본적 변화를 지시하는 재창조의 기적이다. 이런 점에서 마지막 기적인 나사로의 소생기적과 통한다.

첫 절에서 시간의 데이터로 제시된 "사흘째 되던 날"은 설명을 필요로 한다. 이것은 예수님이 두 제자 빌립과 나다나엘을 부르면서 갈릴리를 향해 떠난 지(1,43) 사흘이 된다는 의미이다. 기적이 행해진 장소로 지목된 가나(Kana)는 나사렛에서 북쪽으로 14km 정도 떨어진 곳에 위치한 것으로 알려져 있다. 요한은 예수님의 공생애의 출발을 6일간의 일정으로 소개하고 있다. 즉 세례요한의 증언에서 최초의 제자들의 선택까지의 일정이 날자 별로 기술된다(1,19-51). 가나의 혼인잔치 기적은 첫날의 세례요한 증언에서 7일째 되는 날에 수행된다. 이와 같은 숫자의 암시는 문서의 특징적 요소인 숫자의 상징에 부합한다. "사흘"은 예수님의 부활을, 7일은 종말의 안식을 시사한다.

예수님은 갈릴리로 가던 도중에 근처에 있는 가나의 결혼식에 제자들과 함께 초대된다. 결혼예식의 성격에 관해서는 아무런 언급이 없다. 다만 손님들의 식사에 필요한 포도주가 부족하다는 사실만 지적된다.

"포도주가 떨어졌다"는 어머니의 전언에 대한 예수님의 대응은 오해를 불러일으킬 수 있다. 첫째 발언 "나와 무슨 상관이 있나이까"는 "나의 일에 관여하지 말아 주십시요"의 뜻이다. 그러나 이 거리두기의 발언은 어머니의 발언을 물리치는 것이 아니라 어머니의 마음에 부응하는 것이다. 이와 같은 사실은 이어지는 어머니의 반응에서 확인된다. 하인들을 향한 그녀의 분부는 기적이 일어날 것을 알고 있음을 시사한다. "너희에게 무슨 말씀을 하시든지 그대로 하라." 어머니는 아들의 마음과 생각을 이미 간파하고 있다. 어머니는 예수님의 기적수행을 위한 중재자이며 협력자이다.

예수님의 두 번째 진술은 앞에서 보다 더욱 부정적이다(2, 4). "내 때가 아직 이르지 아니하였나이다." 여기에서 "나의 때"는 하나님의 뜻에 맞는 "때"를 가리킨다. 이와 같은 표현은 요한의 복음서에서 계속해서 사용된다(7.30, 8.20, 12.23, 27, 13.1, 17.1). 그것은 구체적으로 예수님의 죽음을 통한 구원의 완성을 지시한다. 이것은 기적의 수행에서 중요한 의미를 갖는다. 첫 번째 기적인 포도주로의 변화는 이미 부활의 사건을 예시하고 있다. 마지막 기적인 나사로의 소생은 "나의 때"의 다가옴을 알리는 사건이다.

동방의 관습에서 결혼식 축제에 포도주가 떨어지는 것은 주최 측에서 볼 때 커다란 결례가 된다. 예수님의 기적은 이처럼 난처한 상황에서 수행된다. 그러나 구체적인 기적의 행위는 극도로 절제되어 있다. 서술된 내용은 항아리에 물을 가득 채우라는 것과 채워진 물을 떠서 연회장에게 갖다 주라는 것에 불과하다(2.7-9). 두 단계의 외형적 과정에서 이미 물은 포도주로 바뀐다. 여섯 개의 "돌항아리"에 들어있는 물이 어떻게 해서 포도주가 되었는가에 관해서는 아무런 진술이 없다. 여기에 언급된 연회장 혹은 "식사의 감독자"는 성서의 전승에서 이곳에만 나오는 단어이다. 그리스어 명사 "architriklinos"에 해당하는 이 명사는 마찰 없는 식사의 진행을 보증하는 초대자의 동료이다.

물을 담는 돌항아리의 현존은 고양된 결혼식의 문맥으로 용해된다. 고고학의 발굴에는 적지 않은 팔레스타인 지방에서 작은 돌통이 발견된다. 그러나 여기에 언급된 커다란 돌항아리는 흔하지 않은 대상이다. 그와 같은 물건의 제작에는 어느 정도의 수공의 기술과 능력이 요구된다. 따라서 비교적 높은 생활수준을 지닌 가정에서 사용되는 고가의 물품에 속한다. 유대의 정결예식과의 연결은 돌항아리가 도자기 항아리와 달리 불결하지 않음을 지시한다. 청결의 모티브는 변화와 생성의 원천이 된다. 2장 6절에서 돌항아리의 크기를 서술하는 숫자는 사실적인 제시이다. 한 개의 돌항아리에 들어가는 "두세 통"의 양은 80~120리터에 해당한다. ["한 통"에 해당하는 1 메트레테스(metretes)는 38~40리터이다.] 따라서 돌항아리 여섯 개 전체의 양은 거의 600리터에 가깝다. 이처럼 많은 분량의 물이 포도주로 변한 것은 질적 확장의 극대화이다. 다시 말해 넘치는 풍요의 결과이다.

포도주의 충만은 구약의 비유에서 구원의 시기에 대한 표적이다. 이사야 25장 6절은 다음과 같이 노래한다.

> 만군의 여호와께서 이 산에서 만민을 위하여 ... 오래 저장하였던 포도주로 연회를 베푸시리니...

포도주의 기적은 예수님의 존재를 계시하는 의미 있는 사건이다. 하나님은 그리스도를 통해 구원의 시기를 실현하며 인간에게 풍성한 구원의 선물을 선사한다. 식사의 기적도 유사한 위치에 있다. 오천 명 급식기적은 네 복음서에 공통으로 "모든 사람이 배불리 먹었다"라는 사실을 지적한다. 여기에서 중요한 것은 빵의 확대라는 물질의 기적이 아니라 인간을 곤궁에서 벗어나게 하는 사건이다. 빵은 구약에서 포도주와 기름과 함께 이스라엘의 기본식량이며 구원의 완성을 위한 시간의 징표로 여겨진다(예레미야 31,12).

> 그들이 와서 시온의 높은 곳에서 찬송하며 여호와의 복 곧 곡식과 새 포도주와 기름과 ... 크게 기뻐하리라.

이어지는 두 절은 기적의 결과에 대한 보고이다. 연회장은 가져온 포도주를 맛본 후에 신랑에게 "좋은 포도주"가 나올 것이라고 말한다(2,10). 연회장은 결혼축제의 식사를 관리하는 책임자이다. 그러나 그는 포도주가 어디에서 왔는지 모르고 있다. 중요한 것은 새로이 만들어진 포도주가 훌륭한 품질의 최상품이라는 사실이다. 예수님의 기적행위는 결혼식 주최자의 기대에 부응하는 완전한 것이다. 보통 유대인의 결혼식 잔치에는 "좋은 포도주"가 먼저 나온다. 가나의 혼인예식은 기존의 관례를 깨뜨린 새로운 형태이다. 이것은 앞으로 이루어질 하나님나라의 향연을 암시한다. 2장 4절에 언급된 "예수님의 때"는 여기에서 그 의미가 드러난다.

요한의 기적서술에서 주목할 점은 과정이 아니라 결과이다. 전체의 초점은 기적수행자의 탁월한 능력에 주어진다. 그것은 하나님의 권능의 구현이다. 이것은 기적이야기의 본질적 부분이다. 예수님의 기적행위는 결혼식에 초대된 모든 사람들에게 기쁨과 만족을 선사한다. 이야기의 마지막에 "첫 표적"이라는 말로 표적의 시작(arche)에 주의를 환기시키는 것은 이전의 기적이 별 의미가 없음을 나타낸다. 동시에 앞으로 "보다 큰" 표적이 일어날 것임을 지시한다. "제1의 표적"은 곧이어 동일한 장소에서 "제2의 표적"을 가져온다(4.45). 가나의 혼인예식 기적은 일곱 표적의 발생과 의미를 예시하는 지표이다. 요한의 표적시리즈는 최후의 위대한 기적인 부활의 기적으로 종점에 이른다.

두 번째 표적은 왕의 고관의 아들을 치유한 사건이다(4.43-54). 이 기적 이야기는 마태와 누가의 백부장 하인 치유이야기와 병행된다. 열두 절의 단락은 순환의 구성을 보인다. 첫 행과 마지막 행에는 기적수행의 장소가 갈릴리라는 사실이 지적된다. 갈릴리 가나에서 일어난 첫째 기적에 대한 지시는 이야기를 전체의 문맥으로 용해시킨다. 서두의 세 절은 이야기의 도입부이다. 예수님은 유대에서 사마리아를 거쳐 갈릴리로 돌아온다. 명절에 예루살렘을 방문하여 예수님의 행적에 관해 들은 갈릴리 사람들은 예수님의 귀환을 환영한다. 이것은 고향을 방문한 예수님을 박대한 나사렛 사람들의 태도와 대조된다. "선지자가 고향에서 높임을 받지 못한다"라는 격언적 문구는 여기에서 간접화법으로 인용된다. 마가복음 6장 4절과 마태복음 13장 57절에는 동일한 내용이 예수님 자신에 의해 직접화법으로 언급된다. 고향인과 친척에 의한 예수님 배척은 요한복음에서 별도로 다루어지지 않는다.

예수님은 사마리아 여인의 증언에서 비롯된 이방전도의 사역을 마친 후 "이틀이 지나" 갈릴리에 도착한다. 그런데 예수님이 갈릴리에 머문다는 소식을 들은 왕의 신하가 가버나움에서부터 예수님을 찾아와 죽을병에 걸린 아들을 고쳐달라고 간청한다. 예수님은 우선 "표적과 기사"의 믿음에 관한 잘못된 자세를 지적한다(4.48).

너희는 표적과 기사를 보지 못하면 도무지 믿지 아니하리라.

위의 문장에는 표적과 기적에 의존하는 믿음이 배격된다. 이것은 2장 23절에 지적된 "표적의 믿음"으로 되돌아간다. "많은 사람이 그의 행하시는 표적을 보고 그의 이름을 믿었으나..." 여기에서는 정교한 "문법적 뉘앙스"가 감지된다. 담화의 도입에는 예수님이 왕의 관리를 향해 말을 하지만 그 내용은 일반적 진술로서 모든 사람, 즉 갈릴리에서 온 현장의 군중을 향하고 있다. 나아가 "표적의 믿음"에 대한 경고의 대상인 복음서의 독자를 겨냥한다. 왕가의 고관은 이와 같은 두 집단을 대리하는 인물로 나타난다.

인간의 초월적 힘에 예속되는 한 진정한 표적은 주어지지 않는다. 왕가의 관리는 치유자의 신체접촉에 의존하는 마술의 믿음을 가진 사람이다. 이처럼 막연한 우연의 기적은 지속적 영향력이 없다. 그럼에도 불구하고 청원자는 "네 아들이 살아있다"라는 예수님의 의외의 말씀에 의지하여 즉시 집으로 돌아간다(4,50). 여기에서 "살아있다"라는 현재형 동사는 죽음의 병에서 회복되어 건강하게 활동한다는 뜻이다. 아이의 아버지는 가버나움으로 가는 도중에 뜻밖에도 종들로부터 정말로 아들이 "살아났다"는 소식을 전해 듣게 된다. "살아나다"에 해당하는 그리스어 "zao"에는 '영원히 살아나다'라는 의미가 내포되어 있다. 이와 같은 동사의 사용은 이미 마지막 기적인 나사로의 소생을 지시한다. 두 번째 기적사건은 저자에 의해 특별히 지적된 표적의 상징적 의미를 계시한다.

이야기를 마감하는 세 절에는 치유된 시간의 정확성과 함께 치유의 완전성이 지적된다(4.52-54). 그 전날의 "제7시"는 로마의 계산법으로 저녁 일곱 시를 말한다. 왕의 신하의 아들이 "열기가 떨어져" 병에서 회복된 시간은 예수님이 삶을 선언한 시간과 정확하게 일치한다. 이것은 인간의 상상력을 뛰어넘는 초자연의 사건이다. 기적의 수행자는 완전무결한 원거리의 치유를 성취한 것이다. 아무런 구체적 행위가 없이 순수하게 말씀의 권능으로 이루어진 치유의 성과는 병자의 가족 전체를 믿음으로 인도한다.

텍스트 내부의 조망에서 보면 두 번째 표적에는 요한의 전통을 보여주는 세 가지 전형적 요소가 도출된다. 이들은 "생명을 증여하는" 예수님의 능력, 진정한 믿음의 의미, 그리고 표적의 기능이다. 요한복음의 목적은 기본문서의 결론에 강조된 것처럼 예수님을 향한 믿음과 영원한 생명의 결합이다(20.31).

> 오직 이것을 기록함은 너희로 예수께서 하나님의 아들 그리스도이심을 믿게 하려 함이요 또 너희로 믿고 그 이름을 힘입어 생명을 얻게 하려 함이니라.

강한 음조의 어법으로 서술된 문장에서 저자는 문서의 수신자를 향한 요구를 명료하게 제시하고 있다. **믿음**과 **생명**의 두 기본요소는 복음서 전체의 전개를 통해 상세하게 개진된다. 열두 절의 치유기적 이야기는 이 포괄적인 신학의 논증에 의미 있게 편입된다.

세 번째 표적은 명절의 안식일에 중증의 마비자를 고쳐준 사건이다(5.1-9). 신체의 마비로 인한 장애의 해소는 공관복음에서 가버나움의 중풍병자 치유로 대언된다(마가 2.3-12). 안식일의 사역에 등장하는 신체불구자는 38년 동안 거동을 하지 못한 평생의 장애자이다. 따라서 다른 마비의 치료에 비해 그 강도가 크다. 치유자는 상대방의 간절한 청원을 듣는 즉시 그 자리에서 중증의 고질병을 완전히 낫게 한다. 요한의 기적이야기에는 태생의 맹인이나 선천적 지체장애자와 같은 불치의 환자가 치유의 대상이 된다. 이것은 치유의 수행자가 완전무결한 치유의 능력을 소유함을 지시한다.

서사적 이야기는 문학적 단편의 성격을 지닌다. 세 절의 도입장면에 중심부를 형성하는 세 편의 에피소드가 따른다. 이들은 서로 다른 예루살렘의 장소에 연관된다. 치유의 행적은 베데스다(Betesda) 연못에서, 유대인의(hoi Ioudaioi) 심문은 정확히 알 수 없는 또 다른 장소에서, 예수님과 맹인의 두 번째 만남은 성전에서 이루어진다. 전체의 사건이 일어나는 날은 안식일이다. 상황의 제시는 특별한 설명이 없이 "유대인의 축제"에서 주어진다. 치유의 기적의 현장은 도시외곽의 "양의 문" 근처에 위치한 베데스다 연못으로 소개된다. 특별한 음향을 지닌 고유명사는 옛부터 아람어 이름에 따라 "은혜의 집"(bet chesda)으로 알려져 있다. 이것은 "이름은 내용을 지시한다"는(nomen est omen) 고전적 격언에 부합한다.

에피소드의 연속은 대화의 형식에 의해 주도된다. 그 중심에는 세 차례의 치유의 말씀이 놓여있다(5.8). "일어나라. 네 자리를 들어라. 그리고 걸어가라." 첫 번째 동사 "일어나다"는 예수님의 입에서만 나올 수 있는 말이다. 대부분의 기적이야기에는 병자가 곤궁의 상태에서 치유의 구조를 청원한다. 그러나 여기에서 병자에게 시선을 돌려 건강회복의 의사를 물어본 주체는 예수님 자신이다. 이로써 예수님의 존귀와 주권이 빛을 발한다. "낫고자 하느냐?"라는 물음은 상대방으로 하여금 절망의 상황을 이야기하도록 유도한다(5.6). 이 가련한 마비자에게는 연못의 물속으로 자신을 옮겨주는 조력자가 없다. 어떻게 그가 병이 나을 수 있겠는가?

비교적 긴 상황의 제시는 "유대인의 축제"의 언급으로 시작된다(5.1) 여기에 언급된 명절이 어떤 명절인지는 분명하지 않다. 상황제시의 대부분은 베데스다 연못의 설명에 집중되어 있다. 그 내용은 시각의 단계적 조망에 따라 예루살렘—"양의 문"—기둥의 전당—유일의 병자의 순서로 좁혀진다. 천사가 내려와 물을 휘저어놓은 연못에 몸을 담그면 불치의 질병이 치료된다는 전설이 남아있다. 때문에 많은 병자들이 "다섯 행각"에 누워 "물이 움직일" 때를 기다린다. 거대한 기둥으로 둘러싸인 넓은 홀은 신성한 물의 힘에 의한 치유의 공간이다. 이곳에 한 사람이 38년 동안 몸을 움직이지 못한 채 자리에 누워있다.

다음의 단락은 직접적인 치유의 행위를 다룬다(5.6-9). 예수님이 자리에 누워있는 병자를 향해 강하게 명령하자 그는 새로운 힘을 느껴 "일어나" 침상을 들고 주위로 걸어간다. 예수님의 치유의 말씀은 연못에 있는 물의 신비력을 능가한다. 새로운 삶의 출발은 "지금 이 자리에서" 실현된다. 유대인은 보통 사람을 눕힌 채로 들것을 운반한다. 예수님의 치유행위에는 인간의 관례와 규율을 무효화하는 신적 권능이 들어있다.

이어지는 단락은 치유기적이 발생한 후의 일을 기술한다(5.10-18). 유대인들은 안식일에 병의 치유를 청원한 장애자를 비난한다. 안식일의 계명에 위배되기 때문이다. 그는 그때까지만 해도 자신을 걸어가게 만든 치유자가 누구인지 알지 못한다. 예수님은 공적인 갈채를 피하여 서둘러 자리를 옮긴 것이다. 그러나 그 후 성전에 나타나 치유의 대상자에게 다시는 죄를 짓지 말라고 분부한다(5.14). 여기에서 "더 심한 것"은 영적인 마비를 뜻한다. 예수님의 명령은 "죄 안에 머물러있지 말라"는 현재의 상태를 지시한다. 영혼의 치유자로서의 예수님의 존재를 깨닫게 된 그는 유대인들에게 나아가 예수님의 사역을 증거한다. 예수님은 자신의 치유가 하나님에 의한 것임을 담대히 선언한다(5.17). 하나님과 그의 아들 예수님의 행위는 동일하다. 유대인들은 이 말을 예수님이 하나님과 "동등하다"는 권리의 요구로 받아들이고 있다. 이것은 안식일 계명의 위배에 관한 질책보다 더 나쁜 형태의 것이다. 그들은 결국 신성을 모독한 예수님을 죽이기로 결정한다. 진리의 증언을 받아들이기에는 그들의 마음이 영적으로 굳어있다.

마지막 단락은 치유의 기적에 따른 후속담화이다. 그 주제는 5장 17절에 언급된 아버지와 아들의 존재적 동일성이다. 긴 복합단락은 크게 5장 19-29절의 전반부와 30-47절의 후반부로 나누어진다. 전반부에는 하나님의 아들이 자신의 충동으로 행동하지 않는 근거를 네 가지로 설명한다. 그것은 아버지처럼 행동하고, 아버지의 구원계획을 통찰하고, 아버지로부터 생명을 부여하는 권능을 전수하고, 심판의 전권을 부여받는 것이다. 5장 20절에는 아버지께서 아들을 통해 "보다 큰 일"을 보이리라고 언명된다. "보다 큰 일"은 다음 절에서 죽은 자를 살리는 소생의 기적으로 설명된다. 전반의 단락을 마감하는 다섯 절에는 미래의 부활이 다루어진다(5.25-29). 예수님은 하나님의 아들을 부활과, 인자를 심판과 연관하여 설명하고 있다. 일반적 의미로 사용된 명칭 인자는 여기에서 인간을 잘 알고 있음을 지시한다. 마지막 결구에는 심판의 형벌에 대비되는 "생명의 부활"이 선포된다.

이야기의 후반부에는 예수님의 증언이 단계적으로 개진된다. 자기증언에서 하나님의 증언인 "보다 큰"(5.36) 증언으로 넘어가는 복합적 과정은 "성서를 통한 증언"으로 귀결된다(5.39-47). 이 단락은 예수님의 존재가 구약에 예시되어 있음을 증거하는 중요한 부분이다. 전체의 전제는 첫 절에 명시되어 있다(5.39). "이 성경이 곧 내게 대하여 증언하는 것이니라." 모세의 5경에는 이미 메시아아인 예수 그리스도에 관한 최초의 예시가 들어있다. 신명기 18장 15-22절은 예수님의 오심에 관한 "선지자의 약속"이다. 유대인들은 관습적으로 "토라"(tora)를 열심히 공부하지만 그 속에 담긴 심오한 예언적 의미를 파악하지 못하고 있다. 그들이 예수님의 말씀을 믿지 못하는 것은 당연한 일이다(5.47).

그러나 그의 글도 믿지 아니하거든 어찌 내 말을 믿겠느냐.

여섯째 표적에 해당하는 태생의 맹인의 치유는 선천적 장애자의 치유가 일어난 이후 한동안의 시간이 지나 이루어진다(9.1-12). 열두 절의 단락은 8장 12-20절에 다루어진 "세상의 빛" 은유에 대한 구체적 증거이다. 9장 5절에는 치유의 행위에 앞서 "나는 세상의 빛이다"라는 치유자의 발언이 전제된다. 이것은 8장 12절의 자기증거의 반복이다. 예수님은 실제적인 행동을 통해 자신의 존재적 선언을 증명한다. 눈먼 자가 보게 되는 것은 단순한 환상적 소원이나 관념적 상징이 아니라 현실에 일어난 사건이다. 모든 복음서는 이 사실을 증언하고 있다.

태생의 맹인의 치유이야기가 마가의 벳새다 맹인 치유이야기를 알고 있는 독자를 위해 작성되었는가 하는 문제는 논란의 여지가 있다. 여기에 등장하는 맹인은 태어날 때부터 보지 못하는 자이다. 기적적인 치유행위는 하나님의 사역의 증거를 위해 "세상의 빛"과 믿음-"봄"의(이해함)

관계에 관한 저자의 기독교론과 밀접하게 연관된다. 맹인의 치유는 제자, 병자의 부모, 치유 받은 자, 유대의 적대자와의 연쇄대화의 대상이 된다. 요한의 구상에서 예수님은 맹인의 눈을 뜨게 할 뿐만 아니라 동시에 유대의 적대자를 맹목의 상태로 인도한다. 이와 같은 은유적 해석은 기적의 사건을 행함과 일어남의 관계로 바라보는 원초적 도식을 넘어선다.

요한은 특히 개안의 기적이 갖는 **영적 각성의 요구**에 주의를 환기시키고 있다. 이 사실은 복합적 후속단락을 마감하는 세절에 인상적으로 서술된다(9,39-41). 여기에서는 "보는 것"과 "보지 못하는 것"이 역의 방향에서 예리하게 대조된다. 바리새인은 신체적으로 볼 수 있으나 영적으로 보지 못하는 자이다. 영적인 눈이 닫힌 자에게 예수님의 오심은 심판을 의미한다. 맹인의 치유기적에서 도출된 "진정한 봄"은 요한이 추구한 빛과 생명의 모티브를 실천적으로 구현하는 역동적 명제이다. 이런 점에서 문서전체의 이해에서 간과할 수 없는 위치에 있다.

선천적 맹인의 치유는 마가의 벳새다 맹인의 치유와 유사한 면모를 보인다(8,22-26). 두 경우 모두 치유의 과정은 단계적으로 진행된다. 점진적 개안은 내면적 영혼의 구원을 시사한다. 다시 말해 믿음의 발전단계를 지시한다. 무엇보다 치유행위의 방식이 비슷하다. 물질적인 치료제의 사용과 신체의 접촉은 두 기적의 수행방식의 공통요소이다. 이것은 마술적, 미신적 행위가 아니라 치유의 현장에 걸맞은 서민적, 일상적 작업이다. 하나님의 권능의 행사는 각기의 여건과 상황에 따라 다른 형태로 나타난다. 예를 들어 이방지역의 악령퇴치나 병치유는 민속적 전통과 관습에 어울리는 방법이 동원된다.

시력회복의 기적은 육체의 차원을 넘어 영적 개안으로 넘어간다. 영혼의 눈이 열린 자는 세상의 어둠에서 벗어나 "생명의 빛"을 보게 된다. 이것은 요한복음의 기본주제이다. 문서를 열어주는 서곡의 두 시행은 창조의 근원인 "로고스"를 생명과 빛에 연결시키고 있다(1.4-5)

4 그 안에 생명이 있었으니 이 생명은 사람들의 빛이라.
5 빛이 어둠에 비치되 어둠이 깨닫지 못하더라.

빛과 어둠의 대조는 9장 4절에 언명된다. 여기에서 낮과 밤은 예수님의 사명에 연관된다. 어둠의 밤은 임무수행의 종식을 뜻한다. 의미 있는 반복의 도식 "나는 세상의 빛이다"는 1장 4절에 제시된 빛의 계시의 연속이다. 이어지는 절에 언급된 "어둠의 무지"는 영적 맹목의 상태와 통한다.

치유기적의 이야기는 크게 두 부분으로 나누어진다. 제1부는 치유 수행자의 행위이고(9.1-7), 제2부는 주위의 사람들과 치유 받은 맹인 사이의 논쟁이다(9.8-12). 후반부의 논쟁은 이어지는 후속기사에서 두 차례의 집단심문으로 넘어간다. 9장 전체에 해당하는 다원적 단락의 진행에서 예수님은 처음과 나중의 틀의 장면에 등장한다. 이에 반해 맹인은 모든 개별 장면에 출현한다. 서사적, 극적 운동은 보고 믿는 맹인과 눈이 먼 보는 자 사이의 거대한 대립으로 발전한다. 역설적으로 규정된 두 유형의 대조가 전체줄거리의 중심을 형성한다.

치유기적의 수행은 벳새다 맹인의 경우처럼 단순하고 간결하게 기술된다. 서두의 두 절에는 병의 원인에 관한 설명이 제시되어 있다. 질병의 원인이 본인의 죄에 있는가 아니면 부모의 잘못에 유래하는가 하는 것은 당시에 토론의 대상이 된 문제이다. 그러나 예수님은 제자들의 의

문을 전혀 다른 방향에서 해소하고 있다. 병의 발생은 인간의 죄와 허물에 있는 것이 아니라 "하나님의 일을 나타내기" 위함이다. 기독교적 고난의 이해에 관한 기초가 되는 이 중요한 명제는 후속담화의 마지막에서 역설적인 양극화의 어법으로 정리된다. 보는 자의 맹목은 보지 못하는 자의 눈뜸에 비해 죄악의 정도가 훨씬 강하다(9.41).

열두 절에 걸친 이야기의 서술방향은 치유의 행위와 과정에 집중되어 있다. 치유의 수행자는 "침으로 진흙을 빚어" 보지 못하는 자의 눈에 바른다. 침으로 빚은 진흙의 반죽(pelos)은 눈병의 치료에 쓰이는 고약이다. 그러고 나서 실로암(Siloam) 연못으로 가서 눈을 씻도록 분부한다. 실로암은 예루살렘의 남서쪽 언덕에 있는 연못으로 지하의 동굴을 통해 "기혼(Gichon)의 샘물"과 연결되어 있다. "표적의 샘"이라는 표현이 여기에서 나온다. 초막절의 생수를 제공하는 이곳은 선조들의 손길이 남아있는 기쁨과 기대의 현장이다. 진흙의 치료를 받은 자는 치유자의 지시에 그대로 순종한다. 실로암 연못에서 흐르는 물에 눈을 깨끗이 닦은 후 "밝은 눈"으로 돌아온다. "밝은 눈"은 영적 생명을 인식하는 "깨달음"의 기관이다. 기적의 발생이 치료의 현장에서 즉각적으로 이루어지지 않은 것은 신앙의 테스트라 할 수 있다.

히브리어 고유명사 실로암에는 "보냄을 받았다"는 표현이 ( ) 속에 들어있다. "보내진 자"는 히브리어 "schaliach"의 역어이다. 이와 같은 추가적 설명은 그리스어 독자를 위한 안내이다. 눈먼 자의 눈을 뜨게 하는 것은 자연의 매체가 아니라 "하나님의 파송자"인 메시아의 능력이다. 이것은 9장 4절에 언급된 예수님의 사명에 연결된다. 여기에서는 "나를 보내다"라는 문구가 직접 사용된다. 기적치유의 원천은 하나님의 권능이다. 이 기본명제는 후속단락의 전반을 마감하는 결구에서 치유의 수혜자에 의해 직접 증거된다.

기적이야기를 이어받는 후속의 기사는 본문에 비해 다섯 배나 길다. 이 복합단락은 인물의 좌표에서 볼 때 다섯 장면으로 구성된다. 제1장면은 백성의 반응과 치유 받은 자에 대한 바리새인의 첫 번째 심문이다(9.13-17). 제2장면은 유대인과 바리새인에 의한 맹인의 부모의 심문이다(9.18-23). 이것은 중간심문이라 할 수 있다. 제3장면은 유대인에 의한 두 번째 맹인의 심문이다(9.24-34). 제4장면은 예수님과 맹인의 재회이다(9.35-38). 제5장면은 종결부로서의 말씀의 교체이다(9.39-41). 전체줄거리의 운동은 계시의 의미를 정리하는 다섯째 장면에서 목표에 도달한다. 이야기의 독자는 마지막에 이르러 하나의 요구에 직면하게 된다. 그것은 영적 지각을 향한 눈을 뜨는가 아니면 절망적인 맹목의 상태에 빠지는가 하는 양자택일의 결정이다.

치유 받은 맹인의 사고는 다섯 단계를 통해 점진적으로 개진된다. 치유의 주체인 예수님의 존재는 "그 사람"(9.11)-"선지자"(9.17)-하나님의 아들(9.33)의 순서로 진행된다. 이미 처음의 단계에 치유자의 신분에 관한 기초적 인식의 변화가 나타나있다. 결정적 전환은 마지막 단계에 이르러 이루어진다. 그것은 평범한 인간이 결코 맹인의 눈을 열게 할 수 없다는 인식이다. 아래의 발언은 이제까지의 성찰의 결론이다(9.33).

> 이 사람이 하나님께로부터 오지 아니하였으면 아무 일도 할 수 없으리이다.

하나님의 권능을 받지 않은 사람은 닫힌 눈을 열게 하는 재창조의 기적을 수행할 수 없다. 짤막한 진술은 세상에 태어나서 처음으로 밝은 빛을 보게 된 감동과 은혜의 주인공이 스스로 도달한 경험적 반성의 결론이다.

치유 받은 자의 진솔한 신앙고백은 전체이야기의 정상이다(9,35-38). 치유의 수행자는 격렬한 논전 끝에 유대인과 바리새인에 의해 죄인으로 취급되어 추방당한 기적의 증인 앞에 나타난다. 여기에서 "밖으로 쫓겨남"은 성전으로부터의 추출을 의미한다(9,34). 그리고 "네가 인자를 믿느냐"라고 묻는다. 질문을 받은 자는 "인자"의 의미가 무엇인지를 즉시 알아채지 못한다. 때문에 보다 자세한 설명을 요구하게 된다(9,36). "주여 그가 누구시오니이까 내가 믿고자 하나이다." 질문자가 바로 앞에 있는 사람이 "인자"라고 밝힐 때 이를 들은 사람은 그 사실을 믿게 된다. 이미 그의 내면에 신앙이 싹이 피어난 것이다. "주여 내가 믿나이다"는 앞의 경우에 비해 훨씬 진전된 확신의 고백이다(9,36). 반복의 호칭 "주님"은 신학적 용어라기보다 상대방에 대한 존경의 표시로 보인다.

마지막 세절은 선행하는 신앙고백에 이어져 있다(9,39-41). 역설의 어법으로 구사된 결론부는 깊은 성찰의 반사이다. 그것은 "보는 자"와 "보지 못하는 자"의 역설적 대비를 통한 영적 진리의 천명이다. "보는 자"는 영혼이 닫힌 자, "보지 못하는 자"는 영혼의 눈이 열린 자로 도치되어 규정된다. "우리도 맹인인가?"라는 일부 바리새인의 질문은 예수님의 경고를 깨닫지 못한 우매한 자의 발언이다(9,40). 이에 대한 응답 역시 매우 높은 차원에서 주어진다. 가정법의 문장 "너희가 맹인이라면"은 "너희가 맹인이라는 사실을 안다면"으로 고쳐 쓸 수 있다. 만일 그렇다면 바리새인은 예수님 안에서 죄를 면할 수 있을 것이다. 그러나 애석하게도 자신의 맹목을 의식하지 못하는 자는 사면의 은혜를 받지 못한 채 심판과 형벌에 처해진다. 비록 두 눈이 열려있지만 내면의 영혼이 마비된 사람은 “생명의 빛”을 감지할 수 없다. 반대로 두 눈이 닫혀있다 하더라도 영혼이 살아 움직이는 사람은 하나님의 영광에 들어갈 수 있다. 이것이 난해한 파라독스의 결구가 주는 심오한 계시의 의미이다.

제2부
기적해석의 방법

제1장 해석의 지침

기적을 어떻게 해석할 수 있을까? 이 질문은 기적에 관한 토론과 연구의 중심이다. 기적은 쉽게 이해될 수 없는 속성으로 인해 근본적으로 해석의 난문에 속한다. 따라서 여러 상이한 해석의 가능성이 제기될 수 있다. 최근의 기적연구 상황을 되돌아보면 크게 두 개의 상반된 입장이 존재한다. 하나는 초자연주의 해석이며, 다른 하나는 합리주의의 설명이다. 앞의 경우에는 기적이 자연의 질서에 대한 하나님의 개입이라는 관점에서 관찰된다. 이와 같은 방법은 기적행위의 주체가 하나님의 능력으로 자연의 질서에 맞서 기적을 성취한다는 데 근거한다. 뒤의 경우에는 자연의 법칙을 넘어서는 기적의 현상이 합리적 이성(ratio)의 기초에서 설명된다. 고대의 기적을 현대의 세계상과 연관하여 관찰하는 방식은 기적의 역사성을 보증한다.

그러나 다양한 형태의 기적은 이분법의 도식으로 완전히 해명되지 않는다. 여기에서 또 다른 해석의 착상이 요구된다. 이와 같은 요청에 부응하는 방법이 신화적, 종교사적 해석이다. 이 복합적 방법은 기적의 사건을 사실의 보고가 아니라 믿음의 증거로 바라본다. 여기에서는 기적의 역사성이나 초자연의 특성이 크게 중요하지 않다. 신약의 기적이야기는 원시기독교의 메시아 신앙의 생산물로 설명되고 그 종교적 내용과 의미가 추구된다. 그 결과 유용한 신학적 결론이 유도된다. 기적이야기의 신학은 독자적 영역으로 추구될 수 있다. 여기에는 기적과 믿음, 죄의 용서, 따름의 요청, 하나님의 나라, 예수님의 운명 등의 다양한 주제가 다루어진다.

기적은 검증 가능한 사실로 확인될 수 없다 하더라도 역사적 만남과의 경험에서 인지되고 동화된다. 이와 같은 명제는 기적 자체의 존재보다 훨씬 중요한 의미를 갖는다. 지각의 주체에게 과거와 다른 새로운 삶의 조망을 열어주기 때문이다. 기적이야기는 수신자의 정서적 지각에 강하게 작용한다. 그 내용과 방식을 해명하는 것은 기적해석의 중심과제이다. 인간학적 지각의 이론은 최근에 이르러 문화적 인공작품을 파악하는 유용한 방법으로 대두된다. 다매체시대의 문학과 예술이 이 새로운 이론적 착상에서 조명된다. 적합한 지각양식의 설정은 성서의 기적이야기를 해명하는 방법적 열쇠이다.

기적의 이해에 관한 최근의 연구동향에서 주목할 점은 현대적 진리개념의 독점적 요구에 대한 반성이다. 유럽의 계몽주의 사고에 기초하는 자연과학 이론은 과학적, 합리적 진리를 우선으로 삼고 있다. 그러나 20세기 후반에 들어와 새로이 정립된 정신과학 이론은 "해석학적 진리”를 지향하고 있다. 이 명제는 과학적 증명과 다른 실천적 이해에서 개진된다. 고대의 진리개념에 연결된 진전된 착상에는 역동적 삶, 역사, 존재 등의 요소가 중요하게 취급된다. 실존주의 해석학은 경험의 방법을 넘어서는 “예술의 진리”에서 출발한다. “예술의 진리”는 과학의 진리와 달리 비합리주의적 직관에 의해 포착된다.

이상의 전제에서 볼 때 기적의 이해에는 두 가지 기본요소가 중요하게 고려된다. 첫째, 현실을 인식하는 지각의 방식이다. 이것은 합리적 경험의 범위를 넘어서는 초월적 사건과의 만남과 접촉을 의미한다. 한마디로 기적의 인식과 경험은 기술적, 기능적 지각이 아니라 종교적, 신비적 지각을 필요로 한다. 이 점에서 일상적 현실의 지각과 구분된다. 그밖에도 신화적 지각, 미적, 문학적 지각, 지혜와 “비교”(秘敎, Esoterik)의 지각, 사랑과 공감(Empathie)의 지각 등이 중요하게 거론된다. 결과적으로 기적의 지각은 서로 연관된 다수의 지각의 협연으로 수행된다. 이와 같은 상호보완의 지각작용은 기적을 인식하는 고유의 방법으로 정립된다.

신화적 지각은 역사적 현실성을 넘어선다는 점에서 신비적 지각과 유사한 위치에 있다. 신화는 주로 민족의 형성기에 활동한 영웅과 정신적 지도자를 다룬다. 잘 알려진 그리스의 신화는 다수의 신들에 관한 이야기이다. 올림포스 신의 설화는 대표적이다. 여기에는 고대의 세계상이 반영된다. 고대신화의 특징은 불가해한 자연의 힘의 인칭화이다. 수없는 신들의 형상이 인간의 일상의 삶에 작용한다. 신들에 대한 제식의 경배는 자연의 힘을 존중하고 수호하도록 유도한다. 계절이나 기상의 신에게 보여지는 신화적 지각양식은 현대의 동화, 환상영화, 컴퓨터 게임 등에서 다시 활성화된다. 그것은 기술적, 기능적 지각방식과 대립된다.

현대의 신화해석은 현실을 지각하는 새로운 통로를 열어준다. 천상의 열림과 같은 현현의 사건은 초지상의 경험을 통해 적합하게 인지된다. 상징과 원형의 개념에 의거하는 신화적 해석은 그동안 베일에 가려진 형이상학과 심층심리학의 진리를 개진한다. 인간의 내면에 존재하는 불안과 공포는 그 근원에서 규명된다. 논리적으로 일관된 경험체계에서 신적 현존, 현현의 경험, 신적 표적 등의 요소가 해명된다. 이와 같은 연구결과는 신약성서의 기적해석에 전용된다. 심층심리학의 방법은 최근에 이르러 기적이야기의 분석에 의미 있게 응용된다. 그 기초는 육체와 정신의 통일이다. 이 고전적 명제는 하나님의 육화라는 기독교의 원리에 부합한다. 심층심리의 해석은 육체에 연관된 영혼의 치유의 설명에 크게 기여한다.

지혜와 "비교"의 지각은 증명되지는 않으나 자연적, 역사적, 우주적 사실에 관한 축적된 인식에 관련된다. 동시에 인간의 영혼의 상태에 대한 에너지의 작용에 연관된다. 현대적 "비교"의 개념은 천문학, 신화, 마술, 심리학과 같은 상이한 분과의 지식을 서로 결합한다. "비교"의 지각은 특히 문학이나 예술과 같은 미적 대상의 인식에 적용된다. 이런 점에서 심미적, 문학적 지각과 유사한 입장에 있다. 사랑과 공감의 지각은 기적의 기본유형인 치유기적과 소생기적을 이해하는 적절한 방법적 범주이다. 두 요소는 기적의 서술과 해석에서 밀접하게 연계되어 있다. 타인과의 내면의 유대를 형성하는 공감은 기적의 동인이 되는 연민과 동정의 인접 개념이다.

신비는 명상과 기도에 의해 하나님과의 개인적 일치에 도달하는 특별한 종교성의 개념이다. "신비의 합일"(Unio mystica)이라는 용어는 이를 증거한다. 신비의 특징은 보이는 세계와 보이지 않는 세계, 인간의 영역과 신적 영역 사이의 경계의 해체이다. 신비는 본질적으로 묵시의 요소이다. 요한계시록에 보여진 환상과 환영은 영적 엑스타시(ekstasis)의 산물이다. 탈자아를 뜻하는 엑스타시는 내면적 황홀의 경지를 말한다. 신비의 현상에는 천상의 들어올림, 꿈의 환영, 신성의 육화 등 다양한 신적 체험이 포함된다. 신적 체험은 신약성서에서 그리스도에 집중된다. 예수님만이 권위를 지닌 하나님의 계시자이다. 신비의 지각은 가시적 현실을 넘어서는 종교적 체험의 길을 열어준다. 그리고 세계의 역사에 관여하는 하나님의 행위를 직접 경험하게 한다.

둘째, 기적이야기가 지향하는 계시의미의 해명이다. 기적이야기의 이해에는 원래의 이야기 자체보다 발생한 사건에서 야기되는 결과와 반응이 중요한 역할을 한다. 다양한 표적이 전하는 복음의 메시지는 목격자와 주위의 인물뿐만 아니라 이야기의 청취자와 독자에게 커다란 영향력을 행사한다. 그 내용은 영향사와 화용론의 관점에서 적절하게 해명될 수 있다. 영향사는 이야기가 일으키는 영향의 역사에 관심을 가진다. 그것은 삶의 실천으로의 응용이다. 화용론은 화자의 의도나 전략을 수신자의 입장에서 분석한다. 여기에는 정서적 지각에 연관된 여러 요소가 고려된다. 두 방법은 실제의 기적해석에서 서로 용해된다. 그 결과는 기적이야기의 계시의미의 도출로 이어진다.

기적이야기의 의미를 이해하는 출발점은 물리적, 육체적 측면의 고려이다. 신체적 장애의 제거는 인간의 삶의 영위에 필요한 일차적 요건이다. 따라서 치유기적의 중심이 된다. 대부분의 질병치유는 건강의 회복을 목표로 한다. 그러나 여기에는 죄의 사면이라는 중요한 전제가 놓여있다. 단순한 증상의 치료가 아닌 원인의 치료가 중요하기 때문이다. 고대사회에는 질병의 발생이 흔히 정신의 장애에 의한 것으로 간주된다. "건강한 정신은 건강한 신체에 있다"(Mens sana in corpore sano)라는 격언이 이를 증명한다. 따라서 육체적 질병의 치유에는 심리적, 영적 요소가 중요하게 취급된다. 영혼(psyche)의 치유는 악령의 지배를 벗어나는 해방과 구원의 행위이다. 기독교의 목회는 여기에 근거를 두고 있다.

기적해석의 심리적 의미 차원은 1940년대 이후 여러 학자들에 의해 추진된다. 이 방면의 연구에는 기적이 상징적, 제식적 행위로 규정된다. 악령추방의 기적은 트라우마의 경험의 결과로서의 분열적 방해를 제거한다. 질병치유의 행위는 현대의학에 알려진 믿음의 치유의 힘을 증거한다. 기적이야기는 심리적 의미차원의 조명과 함께 거대한 치유의 잠재성을 개진하게 된다. 결론적으로 심리학적 기적해석은 내면의 구속으로부터의 해방을 목표로 한다.

기적이야기의 의미해명에는 그밖에도 사회, 신화, 문화, 선교, 봉사 소통 등의 여러 측면이 고려된다. 사회적 해석은 고립과 곤궁으로부터의 해방에 관계된다. 여기에는 사회사와 사회비판의 요소도 포함된다. 기존의 잘못된 관례는 새로운 사건의 발생에서 와해된다. 적지 않은 치유기적이 사회적 복권과 통합의 지시로 끝난다. 신화적 의미 차원은 원초의 공포와 경험의 한계와 같은 부정적 요소를 다룬다. 자연과 구조의 기적은 우주적 무기력에 맞서 세계에 대한 공포를 제거한다. 문화의 차원은 제식의 관습으로부터의 해방에 연관된다. 여기에서 인간의 시선은 하나님을 만나는 새로운 길로 인도된다. 하나님과의 소통은 예배, 기도, 말씀을 통해 이루어진다. 세례와 성찬은 새로이 설정된 하나님과의 관계를 나타내는 상징이다. 전통적인 제사장의 중재는 예수님의 구속의 사건 이후 효력을 상실한다.

선교와 봉사의 차원은 삶과 행동을 위한 새로운 조망을 열어준다. 이를 위한 원상은 기적의 수행을 통해 구원의 복음을 선포한 예수 그리스도이다. 예수님의 말씀의 권능은 헌신의 봉사를 감당할 능력을 부여한다. 소통은 치유자와 치유의 대상자를 이어주는 중요한 고리이다. 기적을 일으키는 원천적 요인으로서의 상호소통은 대화, 담화, 말씀, 명령, 기도 등의 형태로 나타난다. 여기에서 미지의 두 인물 사이의 합일이 이루어진다. 치유자와 청원자 사이의 친밀한 대화는 서로의 신뢰를 조성하며 저항감을 해소한다. 때에 따라서는 적대자와의 격렬한 토론이 야기된다. 이 경우에는 제기된 문제를 해결하는 계기를 형성한다.

기적이야기의 의미는 **다층적 해방의 행위**로 정리될 수 있다. 다시 말해 육체와 영혼을 포함하는 총체적 차원에서 이루어지는 절망의 상태로부터의 벗어남이다. 악령의 추방과 질병의 치유기적은 이 사실을 증거한다. 나병과 혈루증에서 치유된 자는 과거의 억압에서 벗어나 다시금 정상적인 사회생활로 복귀한다. 소생의 기적은 육체적, 영적 해방의 정점이다. 이 기적의 유형은 죽음에서 생명으로의 전환을 지시한다. 나사로의 소생은 새로운 생명의 획득이다. 이 고귀한 원리는 확신의 믿음을 가진 모든 자에게 해당된다.

"억눌린 자의 해방"은 예수님의 최초의 설교에 제시된 메시아의 활동의 주된 내용이다. 누가는 인상적인 나사렛 연설의 소개에서 육체적, 영적 "해방"을 강조하고 있다. 이사야 61장 1-2절에 근거하는 두 절의 설교에는 특이하게도 "눈먼 자를 다시 보게 하는" 일이 추가되어 있다 (4,18).

눈먼 자에게 다시 보게 함을 전파하며

이와 같은 구원사역은 예수님이 거듭하여 수행한 개안기적에 의해 실현된다. 시각기능 장애의 회복과 함께 영혼의 깨우침을 지시하는 예언적 기적은 네 복음가에 의해 공통적으로 다루어진다. 세 복음서에 나오는 바디매오의 치유기적과 요한의 태생의 맹인의 치유기적은 대표적 실례이다.

다층적 해방은 앞날을 향한 "희망의 돛대"로 풀이될 수 있다. 그것은 좌절과 무기력의 상태에 새로운 활력을 부여하는 원천이다. 소망의 주제는 믿음과 사랑과 함께 진정한 은혜의 3원성을 형성한다(고린도전서 13.13). 이 명제는 기적의 수행과 경험에서 현실적 거점을 발견한다. 기적은 하나님의 새로운 현실과 삶의 충만을 반사하는 불빛이다. 사도바울을 비롯한 사도들의 행적과 고백은 이 사실을 증거한다. 여기에는 종말적 구원을 향한 기대가 포함되어 있다. **만일 기적이 없다면 하나님의 나라와 새로운 낙원과 같은 영원한 생명의 세계는 존재하지 않을 것이다.** 우리의 주변에서 끊임없이 논란의 대상이 되는 기적의 정체성은 여기에 있다.

제2장 이론적 관점

기적의 연구사에는 기적해석학이 매우 중요하게 다루어진다. 기적해석학은 기적과 기적이야기의 해석을 다룬다. 여기에는 해석의 이론과 실천이 포함된다. 이론과 실천의 상호성은 해석의 정체성을 보증하는 기본요건이다. 적용된 이론의 타당성은 실제의 결과에서 증명된다. 해석학의 사고는 해석의 행위를 인도하는 전제의 조건에서 출발한다. 성서의 텍스트는 우리와 다른 삶의 세계에서 생성된 산물이다. 따라서 생소한 대상에 접근할 수 있는 방법의 통로를 요구한다. 성서의 전통의 역사적 근원에 관한 비판적 재구성은 과거와 현재 사이의 거대한 시간적 거리를 의식하게 한다. 그 결과 성서의 복음을 변화된 오늘의 상황으로 전이하여 관찰할 필요성이 제기된다. 성서해석학은 성서의 진술을 현재의 시점에서 이해할 수 있는 방법적 성찰과 실제의 수행을 포괄한다. 이 기본과제의 해결에는 전통사와 함께 영향사의 관점이 중요한 역할을 한다.

이제까지의 기적해석 연구를 조망해보면 이미 언급한 초자연주의와 합리주의 이외에 신화적 해석, 실존주의, 성서신학, 사회사, 페미니즘, 심층심리학, 문화인류학, 교육학, 영향사의 해석, 상징적 해석, 소외의 해석 등 다양한 이론적 방법이 제시된다. 이 모든 방법적 착상은 대부분 특정한 학문이론에서 발전된 것이다. 그밖에 역사화, 종말론, 케리그마(kerygma)의 해석, 형식사, 편집사, 인간학, 윤리학, 발달심리학 등 보다 좁은 범위의 방법도 고려된다. 역사화와 은유화의 중간에 위치한 제3의 방법도 중재의 가능성으로 추천된다. 여기에서는 성서의 기적 이야기가 "부드러운 사실"로서 현실성의 기초에서 이해된다.

실존주의 기적해석학은 기적을 단순한 실존의 이해를 넘어 새로운 존재의 가능성을 해명하는 믿음의 복음의 중재자로 관찰한다. 탈신화의 과정을 통해 기적에 의해 수행된 케리그마가 자유롭게 개진된다. 성서신학은 두 언약문서를 포괄하여 조망하는 구상을 설계하는 목적을 추구한다. 예수님의 기적은 구약과 유대의 전통의 배경에서 관찰되고 광범한 구원사의 맥락으로 편입된다. 신화적 해석은 메시아의 존재를 증명하기 위해 기적이야기를 구약의 기적서술에 연관하여 관찰한다. 신약의 기적이야기는 원시기독교의 메시아 신앙의 반사로 명료화되고 그 종교적 내용이 해명된다. 사회적, 경제적, 문화적 문제의 통합으로 규정되는 사회사의 분석은 기적이야기의 배후에 놓여있는 삶의 현실을 해명한다. 기적이야기는 역사적 장소를 넘어 고뇌의 극복을 추구하는 작은 사람들의 소망의 이야기이다.

실존적 해석은 특히 기적의 결과를 서술하는 종결의 부분에 적용된다. 기적의 수혜자를 비롯한 주위의 목격자들은 놀라운 사건의 현장에서 새로운 삶을 위한 획기적 결단을 감행하게 된다. 이야기의 화자는 청중과 독자의 실존적 변화를 겨냥하고 있다. 영의 세계를 볼 수 있는 눈이 열린 바디매오는 즉시 예수님의 고난의 길에 동참한다. 장엄한 나사로의 소생을 경험한 증인들 역시 말할 수 없는 충격과 감동에 사로잡혀 동일한 조처를 취한다. 이어지는 이야기에서 감행된 마리아의 향유부음은 오빠의 소생을 옆에서 지켜본 여동생의 존경과 감사의 표시이다. 이 뜻밖의 사건은 예수님에 의해 장례의 행사를 준비하는 "기억"의 대상으로 칭송된다(요한 12.7).

성서의 신학은 구약과 신약을 포괄하는 신학을 설계하는 목적을 추구한다. 근대의 성서학에서 제기된 이론적 착상은 복음의 계시의 요구에서 열려져있다. 예수님의 기적은 구약의 구원사의 거대한 연관에 소속된다. 즉 하나님과 백성을 중재하는 역사의 연속으로 이해된다. 신약의 입장에서 보면 구원의 예언의 실현으로서의 메시아의 자기증거이다. 적지 않은 기적이야기가 이와 같은 기본관점에서 설명된다. 예를 들어 폭풍평정의 기적, 거라사인의 치유, 등이 굽은 여인의 치유, 열 명의 나병환자 치유는 구약의 시편과의 연결을 보여준다. 이와 같은 사례에는 유대의 경건의 보화로 통용되는 시편의 상과 모티브가 거듭하여 수용된다.

사회사의 해석은 여러 기적이야기에 도입된다. 기적이야기의 주인공이나 기적의 대상과 내용이 사회적 상황을 반영하기 때문이다. 안식일에 일어난 손이 마른 자의 치유기적은 사회적 윤리의 관점에서 해명될 수 있다. 여기에서 치유 받은 대상은 한 개인의 운명이다. 이야기의 중심을 형성하는 안식일의 선행의 문제는 악행과의 대조에서 올바르게 평가된다(마가 3.4). 안식일이라고 해서 병자의 치유를 포기하는 것은 생명을 죽이는 것이다. 인간의 생명을 살리는 행동의 결정은 사회적 윤리의 차원에서 정당화된다. 선행하는 안식일 논쟁의 결론은 옛 율법을 역전시키는 혁신적 명제이다(마가 2.28). "이러므로 인자는 안식일에도 주인이니라." 하나님의 아들은 안식일의 계명을 주관할 수 있는 권능을 소유한다. 안식일의 행위에서 중요한 것은 형식적 조문의 준수가 아니라 타인을 향한 사랑의 실천이다.

치유기적의 대상이 되는 악령이나 질병은 유대의 전통의 배경 아래 있는 시대적 현상이다. 따라서 당시의 사회상항과 연관되어 있다. 신체의 마비, 귀머거리, 벙어리, 간질병, 나병 등은 불결한 악령의 작용과 관계가 있는 것으로 여겨진다. 특히 나병은 불결한 질병으로 간주된다. 피부는 내면과 외부의 경계에 있는 신체의 기관이다. 마성과 질병, 불결과 청결의 관계는 시대에 따라 변화한다. 나병환자의 치유기적 이야기에는 "깨끗함"에 관한 어휘가 계속하여 등장한다. 청결은 나병의 치유를 뜻한다. 당시의 종교적 관례에 의하면 나병환자와의 접촉은 금지되어 있다. 그러나 예수님은 나병환자를 손으로 만져 치유한다. 이것은 기존의 사회적 규범의 폐기이다.

전체줄거리의 진행에서 주목해야할 부분은 마지막 경고의 말씀이다. 기적의 수행자는 여기에서 침묵의 명령과 함께 중요한 지시를 내린다. 즉 제사장에게 가서 치유의 증거를 제시하도록 권유한다(1.44). "네 몸을 제사장에게 보이고 … 그들에게 입증하라." 모세의 율법에 따르면 나병의 치유는 제사장의 인증과 제식의 정결이 없이는 완전하지 못하다. 예수님은 유대의 전통에 충실하면서도 거리를 두고 있다. 즉 정상적인 사회생활의 참여를 중시한다. 깨끗해진 "몸의 입증"은 단순한 치유결과의 인증이 아니다. 그것은 예수님 자신의 구원사역에 대한 증거이다.

심층심리의 해석은 앞에 언급한 심리적 해석에 연결된다. 이 방법은 성서이야기의 표면 아래로 내려가 근저에 감추어진 심리적 갈등의 상황을 드러내고 이를 해소하는 희망의 상을 제시한다. 인간의 원초의 공포, 내면의 분열, 영혼의 질병으로부터 해방되는 길을 열어준다. 어두운 삶을 극복하고 안정된 조화 속에서 살아가는 인물을 보여줌으로써 복음이 행사는 구원의 작용을 정당화한다. 악령의 추방이나 병치유의 기적에서 야기되는 구원의 복음은 상실된 영혼의 회복에서 설명된다.

거라사 광인의 악령퇴치는 심층심리 해석의 필요성을 보여주는 대표적 예이다(마가 5.1-20). 이교도의 지역을 배경으로 하는 기적이야기에 등장하는 광인은 마성의 작용에 의해 분열된 인간이다. 그는 자기증오의 성벽에 사로잡힌 악마의 집단에 속한다. 그가 거주하는 무덤은 어두운 자기파멸의 비유상이다. 예수님을 만난 그의 최초의 발언에는 추적의 공포가 담겨있다. "나를 괴롭히지 말라"는 타인에 의한 쫓김의 망상을 나타내는 강박관념의 발로이다(마가 5.7). 돼지 떼로의 도피는 내면적으로 파괴된 자의 공허의 삶으로의 진입이다. 극적인 이야기의 줄거리는 정체성을 상실한 불행한 인간을 진정한 자아의 발견으로 안내한다. 권능자에 의한 악령의 퇴치는 영적 인간의 회복이다.

페미니즘 해석은 기존의 권위적 해석에 대한 비판적 대립으로 이해된다. 이런 점에서 여성이 구원의 대상으로 나타나는 전통의 사례에 관심을 갖는다. 여기에서는 여성에 대한 예수님의 근접, 치유 받은 여인의 기능과 역할, 해방적 관점에서의 여인의 신체회복이 중요하게 평가된다. 성(性)의 입장에서 바라본 기적의 관찰은 사회적으로 규정된 성의 차별의 문제로 향한다. 문화인류학은 고대의 기적이야기를 근대적 현실이해에서 평가하는 것을 방법의 오류로 간주한다. 신약성서의 기적이야기는 현대의 서구적 경험지평에서 측정되어서는 안 된다. 오히려 이미 추월된 세계상의 대리자로 관찰되어야 한다.

페미니즘의 해석은 그 명칭처럼 주로 여성의 이야기에 관심을 갖는다. 신약성서의 기적이야기에는 여성에 관계된 사례가 다수 발견된다. 혈루증 여인, 야이로의 딸, 페니키아 여인의 딸의 치유이야기를 예로 들 수 있다. 서로 접합된 두 여인의 기적은 페미니즘의 관점에서 적합하게 조명된다. 나인성 과부의 아들의 소생기적 이야기에는 치유의 중재자가 여성이다. 그녀가 처한 절망의 상황은 기적적인 치유의 행위를 위한 계기를 마련한다. 그녀의 진실한 고백은 연민을 불러일으킨다. 과부는 누가의 문맥에서 하나님과 특별한 관계를 형성한다. 이와 같은 인물의 상은 소생기적의 이야기에도 통용된다. 예수님은 관 속에 있는 아들을 살린 후에 어머니에게 돌려준다(누가 7.15). 여기에는 과부의 여인에 대한 특별한 관심이 나타나 있다.

페니키아 여인의 딸의 치유는 한 이방여인의 자세와 행동에 초점이 맞추어져 있다(마가 7.24-30). 그녀의 행동은 다른 이야기와 달리 주권적이고 능동적으로 수행된다. 예수님이 두로의 지역에서 만난 여인은 지중해의 해안에 거주하는 "그리스 여인"(Hellenis)이다. 다시 말해 예수님에게 가까이 다가가기 어려운 비유대의 인물이다. 그녀가 여성과 외국인이라는 이중의 장애를 극복한 사실은 종결의 장면에서 확인된다. 외부자에 속하는 익명의 여인을 특징짓는 것은 지혜의 성품과 영리한 논증이다. 이와 같은 인물의 부각은 페미니즘의 관점에서 설명된다. 마태의 병행단락에는 가나안 여인이 지닌 "큰 믿음"이 지적된다(15.28). 그것은 가버나움의 백부장의 믿음에 비견된다. 여인의 신앙은 치유의 소원을 성취하는 동인이다.

상징과 기호의 해석은 서사적 이야기에 내포된 은폐적 속성을 풀어내는 유용한 범주이다. 여기에는 역사적 의미론, 은유와 상징의 해명, 담론분석, 화용론이 포함된다. 화용론은 앞에 지적한 것처럼 서사와 언어의 분석에서 일차적으로 다루어진다. 은유와 상징의 해명은 시대를 넘어서는 영속적 의미를 획득하게 한다는 데 의의가 있다. 예를 들어 디베랴 호수의 고기잡이 기적에 등장하는 153마리의 물고기는 미래의 교구의 선교의 충만을 지시하는 징표적 기호이다.

영향사의 주석은 해석의 수행에서 시간을 가로질러 지각하게 하여 자신의 해석에 유용하도록 만든다. 신약의 기적이야기에는 이와 같은 응용의 방법이 알레고리의 개념에 연결된다. 예를 들어 마태의 두 맹인의 치유이야기는 일찍부터 오리기네스(Origines, 서기 3세기)에 의해 알레고리 이론의 범주에서 해석된다(20,29-34). 다른 두 복음서에서 맹인 바디매오의 치유로 서술된 사건은 개안의 기적의 모형이다. 마태의 이야기에서 치유의 수혜자를 따름의 길로 인도한 시력의 회복은 영적 깨우침의 은유이며 알레고리로 설명된다. 알레고리와 함께 윤리와 도덕의 측면도 다원적 기적이야기의 해석에서 중요한 자리를 차지한다. 선물의 기적인 빵의 급식에 관한 기적이 이와 같은 관점에서 해석된다.

소외의 해석은 학문적 이론에 속한다기보다 기적의 활성적 해석을 위한 방법의 범주이다. 이 진보된 관점에는 텍스트와 독자 사이의 지각의 도식이 와해되고 이야기의 역사적 상황과 독자의 현재 사이의 깊은 간극이 제거된다. 문학적, 시각적 소외화는 이미 수용된 기적의 전승에 새로운 활력을 부여한다. 성서적 전통의 소외된 재생을 통해 놀라움과 호기심을 일깨우며 자신의 입장에 관한 반성을 야기한다. Wiemer의 시 〈바디매오〉는 십자가의 죽음과 고난의 따름 사이의 긴장에 관해 깊이 성찰하도록 자극한다.

바디매오

나는 그가 보게 만든
사람이다.

내가 무엇을 보았는가?
십자가에 못 박힌 그를

나보다 무기력한 그를
괴로움에 몸부림치는 그를, 구원자를

나는 묻는다. 내가
그것을 보기 위해
나의 실명을 잃었는가?

네연으로 된 단순한 시는 "나"와 "그"의 관계에 의해 인도된다. 이 상호의 도식은 마지막 연에 이르러 와해된다. 수사적 어법의 의문문은 자아를 깊은 반성의 세계로 인도한다. 앞의 세 연에는 자신의 눈을 열어준 구원자가 십자가에 못 박힌 처절한 장면을 바라보는 "나"의 내면의 심경이 묘사되어 있다. 두 개의 부가어 "무기력한"과 "괴로움에 몸부림

치는"은 화자의 정감적 지각의 표명이다. 마지막 연은 "봄"으로의 변화를 역설의 형식으로 표현한다. 과거의 "실명"을 향한 향수는 참을 수 없는 현실의 참극에 기인한다.

교육학의 입장에서 기적이야기를 다루는 작업은 오랫동안 독립된 영역으로 인정되어 왔다. 종교교육적인 주제의 설정에 관해서는 인정할 만한 이론적 근거가 제시된다. 물론 여기에는 신학적 오류를 제거할 수 있는 장치가 마련되어야 한다. 이야기된 것의 현실에 관한 학생의 질문은 다차원의 사고와 연관하여 다루어져야 한다. 신약의 기적이야기는 사실의 보고가 아니라 믿음과 희망의 이야기이다. 따라서 그 특성에 맞게 관찰되고 교육되어야 한다. 이것이 기적교육학의 방법적 기초이다. 희망의 이야기는 성서의 전통에 대한 실존적 접근의 통로를 마련한다. 성서의 기적이야기는 희망의 상을 제시함으로써 어린 아이들이 체념과 절망에 빠지지 않도록 보호할 수 있다. 그리고 스스로 일어나 자신의 삶을 운영할 수 있는 능력을 배양하도록 인도한다.

이제까지 서술한 다양한 이론적 방법은 대부분 관련학문의 특성에 근거한다. 따라서 기적이야기의 해석적 수행에는 선정된 대상에 맞도록 재편성될 필요가 있다. 이것은 해석자에게 주어진 실천적 과제이다. 중요한 기적해석학의 방법을 기본관심에 따라 요약하면 다음과 같다.

초자연주의: 자연질서에 맞서는 하나님의 권능

합리주의: 기적의 역사성을 증명하는 합리적 설명

역사화: 이야기의 사실성, 이야기의 진리와 역사적 사실의 혼돈

역사화와 은유화의 중재: 현실성에 입각한 해석의 보완, 서사의 진리의 해명

신화적 해석: 원시기독교의 메시아 신앙의 산물

케리그마의 해석: 믿음의 복음의 중재자, 하나님의 현실

성서신학: 포괄적 하나님의 역사

종말론: 종말적 하나님의 나라의 관철, 악령추방의 행위에 연결

실존적 해석: 새로운 존재의 가능성

사회사: 삶의 현실, 시간과 문맥의 연관

심층심리: 인간의 공포와 내면의 분열의 해방

페미니즘: 예수님의 운동에서의 여성의 해방

형식사: 언어의 형상, 장르의 특징

편집사: 현실화의 양상, 변화된 문맥과 소통의 조건

상징과 기호: 시대를 넘어서는 영속적 의미

문화인류학: 현대문화의 경험지평에 의한 측정의 배제

영향사 해석: 독자에 의한 기적의 전통의 구성, 실천으로의 응용

소외의 해석: 소외의 재생에 의한 호기심의 일깨움, 텍스트의 반성

교육학: 믿음과 희망의 이야기의 중재, 성서의 전통으로의 실존적 접근

제3장 방법의 상호연관

앞장에 서술한 다양한 이론적 방법은 기적이야기의 실천적 해석에 의미 있게 적용된다. 여기에서 우선적으로 고려해야 할 점은 **상이한 방법의 착상이 서로 용해되고 통합된다는 사실이다.** 이것은 방법적 내용의 중첩과 접합에 연유한다. 예를 들어 실존주의는 케리그마의 해석, 사회비판은 페미니즘, 심층심리학은 구원론과 연결된다. 이와 같은 상호연관의 관찰은 기적이야기를 보다 넓은 조망에서 해석하게 한다. 그 결과는 해석의 풍요와 충만으로 이어진다. 해석자의 마지막 과제는 개방된 해석의 수행에서 전체를 총괄하는 보편적 의미를 획득하는 것이다.

심층심리의 해석은 악령추방이나 치유의 기적에 응용된다. 여기에서 중요한 것은 단순한 육체적 회복을 넘어서는 영적 치유의 차원이다.

세 복음서에 공통적으로 다루어진 중풍병자의 기적은 이 사실을 잘 보여준다(마가 2,1-12). 갈릴리의 초기기적에 속하는 치유의 기적은 다른 사례와 차이를 보인다. 이중적으로 구성된 복합적 이야기에는 질병치유의 원인이 죄의 사면에 있음이 밝혀진다. 신체의 마비는 영혼의 경직을 뜻한다. 여기에는 육체의 질병이 정신의 결함에 연유한다는 신화적 관념이 자리하고 있다. 이것은 심층심리의 관점과 통한다. 육체와 영혼의 마비는 미래의 죄에 대한 불안과 과거의 실수로 인한 체념에 기인한다. 이와 같은 정신적 고통에서 벗어나기 위해서는 내면의 갈등이 해소되어야 한다. 그것은 하나님의 사랑과 권능에 의한 죄사함의 은혜로 이루어진다. 죄의 사면은 영혼의 해방으로 귀결된다. 자신의 죄를 용서받은 자는 평안의 상태에서 예수님의 길을 걷게 된다.

사회비판과 페미니즘의 연계는 혈루증 여인의 치유이야기에서 확인된다. 여기에서는 특이한 여성의 질병이 문제가 된다. 임신과 생리에 관계된 혈루증은 유대사회에서 전통적으로 수치의 병에 속한다. 이와 같은 질병의 고통을 치유한 것은 개인적, 사회적 해방의 의미를 지닌다. 다시 말해 종족의 규범을 분쇄하는 것이다. 치유 받은 여인은 평안한 마음으로 공동의 사회생활에 참여하게 된다. 페미니즘 사고의 실천은 단순히 여성해방의 운동에 머무르지 않는다. 여기에는 기존의 사회적 제도와 관습에 대한 저항의 의지가 담겨있다. 이런 점에서 사회비판의 이념에 연결된다.

개별방법의 상호연관은 특히 다원적 성격의 이야기에서 타당한 것으로 증명된다. 여러 다른 상황과 양상에 관련된 이야기는 어느 하나의 관점에서 완전하게 해명되지 않기 때문이다. 다양한 접근방법의 연계적 관찰에서 종합적 결론이 유도된다. 자연의 기적에 속하는 폭풍평정의 기적이야기는 상이한 모티브의 공존으로 엇갈린 방향의 해석을 야기한다(마가 4,35-41). 거대한 호수 위의 비유연설에 이어진 에피소드의 독서에는 예수님의 인물, 배의 상징, 제자들의 자세의 세 요소가 고려된다. 여기에 부응하는 해석의 관점은 기독교론, 교회론, 실존주의 해석이다.

기독교적 해석은 구원자로서의 예수님의 존재에 초점을 맞춘다. 자연의 마성적 위력을 단숨에 제압하는 예수님의 현존은 하나님의 함께함을 증거한다. 믿기 어려운 초자연의 기적사건은 전능한 하나님의 현현의 표식이다. 이야기를 마감하는 결구에서 "사람들"에 의해 제기된 물음은 화용적 관점에서 관심을 끈다(4,41). 그 내용은 "바람과 바다"를 단숨에 제어한 전능의 주인공에 대한 정체성에 관한 것이다.

세 복음서의 병행단락에 공통으로 등장하는 종결의 질문에는 두 가지 사항이 포함되어 있다. 이제 예수님과 제자들 사이의 내밀의 대화는 공적인 대화로 넘어간다. 그리고 이에 대한 답변의 방향은 청중의 인식과 판단에 좌우된다. 이야기의 피날레에서 독자는 예수님을 따르는 제자들이 왜 좌절하였으며 파선에 대한 공포에 사로잡혔는가를 생각하게 된다. 마태에 의해 지적된 "작은 믿음"은 이 문제를 풀어주는 실마리를 제공한다(8,26). 확고한 믿음의 결여는 죽음의 공포를 가져오는 원인이다.

교회론의 해석은 배의(ploion) 모티브에 집중한다. 예수님과 제자들을 실은 배는 기독교 교회의 상징이다. 이것은 부활절 이후의 교구의 자기 이해이다. "교회의 배"의 상은 기적이야기의 영향사에서 의미 있는 '토포스'로 정착된다. 강한 역풍에 맞서는 모험의 항해는 교회가 걸어가는 험난한 길에 비유된다. 거센 폭풍과 풍랑은 교구가 처한 어려운 환경과 상황을 지시한다. 배의 안으로 밀려드는 사나운 물결은 교회를 향한 외부의 공격이며 위협이다. 침몰하는 배를 구조한 예수님의 위로의 말씀은 위기에 직면한 교회를 보호한다. 폭풍이 멎은 상태의 순조로운 항해는 맞은편 지역으로의 안착을 약속한다. 후세의 교구에는 폭풍진정의 기적이 구성원의 믿음을 고취하기 위한 사건으로 이해된다. "믿음의 부재"에 관한 예수님의 질책은 교구의 신앙을 독려하기 위한 교훈적 지침으로 받아들여진다(마가 4.40).

어찌하여 이렇게 무서워하느냐 너희가 어찌 믿음이 없느냐.

실존론의 관점은 제자들이 처한 위기의 상황에 포커스를 맞춘다. 거센 풍랑으로 배의 난파에 직면한 그들을 엄습하는 "두려움"은 죽음의 공포(delos)이다. 유한한 인간이 최후의 순간에 갖게 되는 숙명적 감정이다. 예수님을 향한 시선은 이와 같은 극단의 곤궁에서 벗어나게 하는 동력이다. 제자들의 외침으로 잠에서 깨어난 예수님은 즉시 권능의 말씀으로 폭풍을 가라앉힌다. 그 결과는 "완전한 고요"로 표현된다(4.39). 언어의 수행의 능력으로 이루어진 획기적 사건은 새로이 조성된 현실의 세계이다. 이제 제자들은 안정된 마음으로 예정된 야간의 항해를 계속한다. 실존주의 해석은 믿음의 획득을 통한 삶의 변화를 겨냥한다. 이와 같은 해석방법은 다른 기적이야기에도 근본적으로 통용된다.

교회론의 해석은 폭풍진정의 기적을 시각적으로 형상화한 "Hitda" 코덱스의 세밀화 〈바다 위의 폭풍〉(1020)에도 반영된다.(그림1) 다름슈타트(Darmstadt) 대학 및 주립도서관에 소장된 중세의 유화에는 호두껍질 모양의 작은 배가 십자가 모양의 돛대에 의해 위로 움직인다. 이것은 화가

의 종교적 영감의 산물이다. 교회를 상징하는 배의 돛대는 희망과 약속의 징표이다. 배 안에 있는 열두 명의 제자들은 거친 폭풍 가운데에서도 좌절하지 않고 목적지를 향한 험난한 항해를 계속한다. 천상을 향해 솟아오르는 십자가의 형상은 주어진 난관과 장애를 극복해야 하는 지상의 교회의 구원을 계시하는 조형적 매체이다.

거라사인의 악령추방 이야기 역시 복합적 서사구도와 장면의 연속으로 인해 다원적 해석적 조망을 열어준다(마가 5,1-20). 첫째, 심층심리학의 모델이다. 이 현대적 방법은 성서의 기적이야기의 저변에 인간의 기본경험에 의해 규정된 심층의 구조가 감추어져 있다는 사실에서 출발한다. "불결한 영의 인간"의 치유기적에는 특정한 상황에 놓여있는 개성이 문제가 된다. 그에게 보여지는 강력한 에너지의 발산은 의식의 변화에 의해 무효화된다. 이와 같은 정신적 치유는 예수님과의 만남에 기인한다. 예수님의 치유능력은 훈련된 행위가 아니라 병든 자의 인식세계를 전환시키는 총체적 인물의 방사이다.

이야기의 서두를 장식하는 광인의 소개에 보여진 심한 자기학대의 현상은 내면의 세계가 훼손된 인간의 특징이다. 심층적 심리치료의 수행은 **분열된 개성의 통합**을 목표로 한다. 자아의 정체성을 발견한 치유의 수혜자는 새로운 삶을 시작하게 된다. 이것은 완전히 변화된 그의 태도에서 알 수 있다. 도시의 사람들은 악령의 대부가 의복을 갖추고 안정된 자세와 맑은 정신으로 앉아있는 것을 보고 크게 두려워한다(5.15).

> 그 귀신 들렸던 자 곧 군대귀신 지폈던 자가 옷을 입고 정신이 온전하여 앉은 것을 보고 두려워하더라.

위에 서술된 내용은 마성의 제거에 의한 의식의 조종기능 회복을 지시한다. 여기에서 "군대귀신"은 이미 언급된 악령의 군단을 가리킨다. 그러나 악령에 사로잡힌 자의 정신적 전환은 치유의 전체과정에서 중간단계에 해당한다. 이어지는 돼지 떼의 추락은 파손된 개성이 무의식의 심연으로 떨어짐을 나타내는 압축된 상징이다. 점진적으로 진행되는 의식화의 과정에서 거라사의 광인은 분열된 자아가 통합됨을 경험하게 된다. 이것은 이야기의 표면 아래 은폐된 위기극복의 보물을 찾아내는 해석이다. 텍스트의 심층의 차원은 개성의 심층의 체험과 결합된다. 여기에서 자아의 동질성 발견을 향한 충동이 일어난다.

둘째, 종말적 해석이다. 막강한 악령의 집단인 돼지 떼의 추락에는 묵시의 신학이 암시되어 있다. 그것은 하나님과 악마 사이의 천상의 전투에 비견된다. 이 종국적 대결에서 예수님은 최후의 승리자로 나타난다. 그리고 예수님에게 대적하려던 사탄의 세력은 어두운 지상의 나락으로 추락한다. 전승의 비유상인 돼지 떼의 최후의 파멸은 "현재적 종말론"으로 해석된다. 이 기괴의 모티브는 사회적 상황에 연관된다. 다시 말해 절대권력을 행사한 로마제국의 몰락을 암시한다. 종말의 구원은 악령추방의 기적이야기에서 현재의 시점으로 전이된다.

셋째, 사회사의 분석이다. 실재의 역사에 기초한 이 방법은 거라사의 기적이야기에서 종말적 해석에 연결되어 있다. 거대한 악령집단의 패망은 로마제국 권력의 쇠퇴와 동일화된다. 황제숭배의 제식을 강요하는 로마의 오도된 정신문화는 이방신을 섬기는 이교도지역의 표상인 돼지 떼의 속성에 비견된다. 돼지 떼의 추락의 에피소드는 부정한 권력의 와해의 캐리커처이며 기존의 질서에 대한 저항의 프로파간다이다. 저자는 악령추방의 기적에 이어진 후속의 사건을 사회적 상징의 이야기로 서술하고 있다.

오천 명 급식기적의 이야기는 역사적으로 다양한 관점에서 해석이 이 이루어진다(마가 6.35-44, 요한 6.1-15). 그 근저에는 인간의 동경과 희망의 실현이라는 기본주제가 놓여있다. 이와 같은 전제에서 구원론, 종말론, 성찬의 해석, 사회적 윤리, 심층심리학 등이 제시된다. 이들은 모두 공관적 선물기적의 종합적 해석에 도움을 준다. 전통적 해석의 지침인 구원론과 종말론은 서로 연결된다. 예수님을 따라온 모든 무리가 참여한 축제의 식사는 선택받은 자를 위한 종말적 구원의 향연이다. 기독교의 구원론은 종말의 차원에서 보다 깊은 의미를 얻는다. 이 기본명제는 이미 최초의 기적유형인 악령추방의 기적에 제시된다.

성찬의 해석은 공동의 식사의 주최자에 의한 성찬의 예식과 이에 따른 분배의 행위와 과정에 주목한다. 마지막 만찬의 예비적 징표인 이 대목에서 장엄한 식사의 이야기는 영적 식량을 충만하게 제공하는 살아있는 교구의 신앙고백에서 조명된다. 심층심리학은 기적의 수행자인 예수님을 인간의 깊은 영혼에 구원의 원상을 각인하고 진정한 삶의 동경을 실현하게 하는 영적 호출의 주체로 바라본다. 이와 같은 해석은 일반적인 빵의 기적의 차원을 넘어선다. 요한의 기적서술에 이어진 "생명의 양식"의 복합담화는 여기에 부응한다.

최근의 연구동향에는 사회적 윤리의 측면을 강조하는 진보된 해석이 활발한 반응을 얻는다. 기적이야기의 윤리적, 도덕적 측면을 뒷받침하는 해석의 관점은 "나눔의 이야기"에 시선을 돌린다. 먹을 것이 없는 광야에서 굶주림에 처한 민중을 위한 사랑의 급식은 세계의 빈곤과 기아의 현상에 대한 저항으로 받아들여진다. 구체적으로 지역과 민족의 경계를 벗어나는 범세계적 구제나 봉사의 촉구로 나타난다. 국제적 봉사나 평화의 사업은 대량급식 기적의 사회사적 해석에서 성서적 근거를 찾을 수 있다. 구원사의 실현을 현실의 세계로 이전시키는 실천적 해석의 방향은 설교학이나 종교교육에 접목된다. 가난한 자와 소외된 자를 위한 사랑의 급식은 오병이어 기적의 메시지의 실천이다.

제3부
기적이야기의 실천적 해석

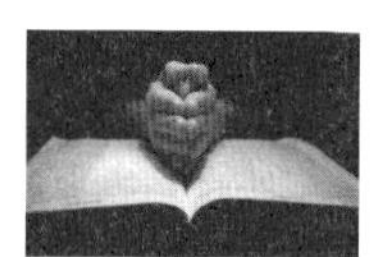

제1장 해석의 모델의 설계

제3부에는 우리의 본래의 영역인 기적이야기의 실천적 사례분석이 시도된다. 이를 위해서는 관찰대상에 적합한 체계적 방법의 설정이 전제가 된다. 제2부에 서술된 다양한 이론적 착상은 그 기초가 된다. 여기에서는 최근에 이르러 큰 진척을 보인 기적연구의 상황에서 고안된 하나의 모형을 추천하려 한다. 이와 같은 모형은 다양한 방향으로 해석되기 쉬운 기적이야기를 일정한 원칙에 따라 관찰하고 논의할 수 있는 토양을 제공한다. 다만 개별이야기의 실제의 해석에는 고유의 서사적 특성과 기능이 고려되어야 한다. 이것은 때로 주어진 틀의 범위를 넘어서는 창조적 요소의 도입을 요구한다. 따라서 기존의 범례는 더욱 발전되

고 새로이 보완되어야 한다.

아래에 소개될 해석의 모형은 거대한 규모로 구상된 공동 프로젝트의 수행을 위해 설계된 것이다. 2013년 Zimmermann 교수의 주관으로 간행된 《초기기독교의 기적이야기의 개요》의 제1권에는 이에 관한 자세한 설명이 제시되어 있다. 전체의 제목에 선정된 단어 "개요"는 총체적 집합의 의미를 갖는다. "예수님의 기적"이라는 표제의 방대한 보고서에는 많은 분량의 기적사례가 소재의 편성에 따라 정밀하게 분석되고 해석된다. 그 구체적 내용은 "Q 전거-마가-마태-누가-요한-외경의 복음"의 형태로 기술된다. 여러 겹의 전승사에 기인하는 이와 같은 다원적 구성의 순서는 문서의 연대에 의거한다.

두꺼운 책자의 서두에는 치밀하게 고안된 방법의 도식이 독자를 위한 안내의 항목으로 제시된다. 비교적 상세하게 설명된 공통의 지침은 방대한 협동연구에 참여한 65명의 집필자 모두에게 해당된다. 그것은"관점의 다양성" 이론에 근거한 통일된 해석의 모델이다. 여기에 사용된 "관점"(Sehe-Punkt)이라는 용어는 18세기의 문헌해석학의 길을 열어준 클라데니우스(Chladenius)의 이론에서 차용한 것이다. 라틴어 명사 "scopus"의 독일어 역어에 해당하는 복합명사는 저자의 의도를 넘어서는 해석자의 입장, 특히 역사적 위치를 가리킨다. 이 의미 있는 개념에서 단순한 역사를 넘어서는 "역사성"의 범주가 발전된다. 이해의 주체에 관계된 "역사성의 원"은 현대의 해석학 사고를 인도하는 기본지침이다. "관점의 다양성"은 다원적 해석의 틀을 형성하는 기초이다.

체계적으로 고안된 다층의 모델은 "망판"(Raster)의 도형으로 설명된다. 사각형 격자의 형태에서 전체의 윤곽을 형성하는 교차적 괘선(罫線)은 단계적 연속이라기보다 수평적 조망의 개념에서 이해된다. 상호연계의 구조를 지닌 "망판"의 중심을 형성하는 것은 세 개의 영역이다. 이들은 언어와 서사의 분석, 사회사와 실제의 역사, 해석의 지평이다. 앞의 두 요소가 텍스트에 기초한 분석적 작업이라면, 나중의 요소는 의미를 정초하는 해석으로 이어지는 종합적 기능의 차원이다. 이 마지막 영역이 해석의 모델의 핵심이다.

이상 언급한 세 개의 기본범주에 네 개의 다른 범주가 추가된다. 즉 표제, 고유의 번역, 전통사와 종교사, 병행의 전승과 영향사이다. 앞의 두 요소는 간략하고 개괄적으로 설명되는 반면, 뒤의 두 요소는 상대적으로 상세하게 다루어진다. 표제와 번역문은 해석의 모델의 출발점이다. 특히 언어와 서사의 분석에 필요한 대상이다. 사회사와 전통사는 서사의 분석을 보완하는 역할을 한다. 정밀한 서사의 분석은 해석의 지평을 위한 기초를 제공한다. 폭넓은 해석의 지평의 유희에서 기적이야기의 본래의 해석이 이루어진다.

병행의 전승과 영향사는 해석의 지평에 이어진 후속의 부분이다. 상이한 전거의 사용에 연유하는 병행의 전승은 기적이야기를 종합적으로 해명하는 데 기여한다. 마지막 항목에 해당하는 영향사는 단순한 수용과 영향의 역사를 넘어 해석자의 상황의 의식에 연관된다. 영향사의 차원은 현실화된 시대적 의미를 개진한다는 점에서 매혹의 대상이 된다. 우리의 실천해석에는 이와 같은 응용의 관점이 중요하게 다루어진다. 해석의 모델을 형성하는 일곱 개의 개별영역은 서로 연계되어 전체적 체계를 형성한다. 여기에서 가장 긴밀하게 접합되는 부분은 서사의 분석과 해석의 지평이다. 서사의 구조 및 방식과 문체의 사용에 관한 상세한 관찰은 유용한 해석의 지평을 설정하는 토대가 된다. 아래에 체계적 "망판"의 구체적 양상을 도표로 표시하면 다음과 같다.

a) 표제의 형성
b) 고유의 번역
c) 언어와 서사의 분석
d) 사회사와 실제의 역사
e) 전통사와 종교사
f) 해석의 지평
g) 병행의 전승과 영향사

위에 제시된 기본도형은 "개요"의 작업에 선정된 기적이야기의 해석을 위한 척도가 된다. 이제 일곱 개의 항목을 보다 상세하게 설명하기로 한다.

1) 표제의 형성은 창조적 표제, 고전적 표제, 관련구절의 제시의 세 부분으로 이루어진다. 창조적 표제는 독자를 해석의 지침으로 안내한다. 이것은 이미 해석의 수행의 일환이다. 고전적 표제는 역사적으로 정착된 일반적 보화의 반영이다. "오천 명의 급식", "가버나움의 백부장", "야이로의 딸의 소생" 등이 이에 해당한다. 주로 단락에 해당하는 관련구절의 제시는 위에 언급한 전승사의 순서를 따른다.

복합적 표제를 형성하는 세 요소 가운데 주목할 만한 부분은 창조적 표제이다. 독서의 매혹을 자아내는 제1의 표제는 사천 명 급식기적에서 다음과 같이 주어진다.

사람은 빵으로만 사는 것이 아니다. 그 사이에 물고기가 있어야 한다.

흥미로운 은유의 문장은 특별한 뉘앙스를 발휘한다. 그것은 빵의 식사에 이어진 생선의 식사로의 주의의 환기이다. 칭송의 기도(eulogeo)에 이어진 소량의 "작은 물고기"의 분배는 독자적 사건이다(마가 8,7). 이것은 유사한 기적인 오천 명 급식기적과 차이를 보여주는 대목이다. 이방의 빈들에서 거행된 풍요로운 생선의 식사는 공관복음에서 부활 이후의 현현의 이야기에 두 차례에 걸쳐 재연된다. 즉 누가의 엠마오 기사의 저녁식사와 요한의 디베랴 호수 이야기의 아침식사이다. 두 경우 모두 은혜로운 생선의 식사는 부활자의 현존을 확인하는 명백한 증거로 통용된다. 사천 명 급식기적의 공동식사는 현현의 이야기에 암시된 종말의 만찬을 위한 예비적 징표이다.

2) 고유의 번역은 텍스트의 토대와 원래의 언어의 해명에 관계된다. 오래된 텍스트의 문안은 신약연구의 합의에 의거하여 분석되고 번역된다. 번역은 단순한 문자적, 사전적 이전이 아니라 문학적 해석의 작업에 속한다. 따라서 저자의 번역은 이미 자신의 해석을 포함한다. Q 텍스트의 경우에는 "국제 Q 프로젝트"의 비평적 재구성에 의거한다. 재구성된 문안은 최근 간행된 자료의 모음집에 수록되어 있다. 외경의 문서의 경우에는 번역문안의 처음이나 말미에 근거가 제시된다.

여기에서 도표의 활용에 관해 언급할 필요가 있다. 도표의 형식은 복잡다기한 서술의 대상과 내용을 요약하여 파악하게 하는 기능을 갖는다. 따라서 독자에 의해 유익하게 활용된다. 책자의 말미에는 완전한 기적이야기의 목록이 전거의 영역에 따라 도표로 제시된다. 여기에는 문서의 실마리(해당단락), 표제, 병행구절이 표기된다. 이를 통해 전승된 개별문서에 수록된 기적사례의 양상을 한눈에 조망할 수 있다. 나아가 기적의 총화, 모티브, 주제에 관한 정보도 얻을 수 있다.

3) 언어와 서사의 분석은 이야기의 해석을 위한 기초가 된다. 이 부분

은 문맥의 연결, 내러티브의 특성, 화용적 기능으로 구성된다. 서로 연결된 세 영역에는 이야기의 독서를 위한 원초적 문제가 다루어진다.

문맥의 연결: 이야기의 구성, 행동의 주체, 상황과 장면, 담화의 연관
내러티브의 특성: 시간과 공간의 구조, 인물의 설정, 행동의 진행, 서사의 조망
화용적 기능: 독자의 기대, 텍스트의 공허부분, 상상과 감정, 언어의 구사, 통찰과 호소

위의 세 항목에서 특별한 관찰을 필요로 하는 부분은 마지막의 화용적 기능이다. 독자와 수신자의 반응을 겨냥하는 이 요소는 서사적 이야기의 해석에 중요하게 작용한다. 기대의 지평은 과거와 다른 미적 경험의 조망을, 공허부분은 독자에 의해 채워질 빈 공간을 말한다. 상상과 감정은 정서의 지각에 연관된다. 통찰과 호소의 요구는 화자가 이야기에서 의도하는 목표점이다.

4) 사회사의 문맥은 기적이야기의 상황, 행동, 모티브를 분석하는 전제가 된다. 익숙된 텍스트의 세계에 관한 지각, 예를 들어 일반적인 치료의 방식은 서사적으로 처리된 질서의 분쇄를 보다 명료하게 설명하게 한다. 나병환자의 치유에 지시된 "제사장에 의한 인증"은 사회적, 종교적 제도의 반영이다. 혈루증 여인의 건강회복은 사회생활의 참여를 의미한다. 오병이어의 급식기적은 식량과 빈곤의 해소라는 총체적 사회윤리의 문제에 연결된다.

5) 전통사와 종교사의 관찰은 기적이야기의 서술과 영향을 이해하는데 도움을 준다. 전통사에는 특정한 현상에 대한 해석의 전통이, 종교

사에는 당시의 종교적 상황과의 관계가 고려된다. 신약의 기적이야기는 이스라엘의 역사에 등장하는 다양한 기적의 서술에 이어져있다. 거대한 자연기적에 구현된 자연의 위력의 제어는 구약적 기적의 현상이다. 초기기독교의 기적이야기는 모티브의 선정과 서술의 방식에서 고대 그리스의 기적이야기와 유사한 면모를 보인다. 따라서 두 이야기의 형태는 서로 비교하여 관찰될 수 있다. 여기에서 중요한 점은 주제의 개진과 계시의미의 해명이다.

6) 실천적 해석모델의 중심은 해석의 지평이다. 이 종합적 범주에는 다수의 개별방법이 포괄된다. 이들은 대부분 앞에 설명한 기적해석학의 이론적 방법과 중첩된다. 그 내용을 구체적으로 열거하면 역사화, 합리주의, 형식사, 종교사, 전승사, 편집사, 사회사, 페미니즘, 케리그마신학, 심층심리, 상징과 기호의 해석이다. 해석의 지평의 유희는 주어진 방법의 기계적 적용이 아니라 과정적이고 생산적인 독서의 수행이다. 여기에는 사례의 성격에 따라 이미 정해진 틀을 넘어서는 창조적 해석이 요구된다. 이 경우 기존의 도식은 새로이 보완되어야 한다. 해석의 지평의 설정은 변화의 가능성을 내포하고 있다.

해석의 지평은 독자를 활성적 해석의 행위로 초대하는 기능을 갖는다. 즉 살아있는 텍스트의 의미를 정립하는 작업으로 안내한다. 단순히 상이한 이해의 잠재성을 개진하는 것이 아니라 해석학적 추구의 운동으로 진입하도록 유도한다. 여기에는 해석자의 관심과 재능이 중요한 역할을 한다. 그는 다양한 방법의 대결을 통해 그 어떤 종합적 결론에 도달하도록 노력한다. 이렇게 해서 얻어진 결과는 후세의 해석자에 의해 다시금 토론의 대상이 된다. 해석의 지평의 유희는 영속적 발전의 특성을 갖는다.

7) 다차원의 해석의 지평은 영향사로 이어진다. 영향사의 관찰은 서사의 분석과 해석의 지평에서 드러나지 않는 해석의 양상을 개진한다는데 의의가 있다. 다채로운 영향사의 서술은 이 사실을 증거한다. 과거의 이야기가 계시하는 현재의 의미는 영향사의 문맥에서 유도된다. 포괄적인 해석의 지평은 영향사의 서술에서 완성에 이른다. 병행의 전승은 후세의 편집과정에서 이루어진 보완의 작업을 말한다. 그 결과는 개별문서에서 병행의 구문으로 나타난다. 병행의 전승은 원래의 이야기의 최초의 영향사에 속한다. 수많은 병행구문의 상호적 관찰은 앞에 서술한 공관적 비교의 작업과 중첩된다. 다만 병행의 전승의 해명은 생성사의 추적에 연관된다는 점에서 공시적 분석과 구분된다.

영향사는 이미 초기기독교의 시기에 이루어진다. 따라서 병행의 전승이 함께 고려된다. 해석의 미완결성이라는 측면에서 보면 영향사는 독자를 자신의 해석으로 인도하는 역할을 한다. 병행의 전승은 여기에서 의미 있는 역할을 한다. 영향사의 해석은 텍스트의 시대적 수용에서 활성화되는 살아있는 의미를 도출하게 한다. 이런 점에서 현대적 성서이해에 활발하게 도입된다. 문학, 미술, 음악, 기타 문화적 인공작품을 통한 역사적 수용은 독자에게 텍스트 해석의 유희공간을 확대한다.

제2장 고기잡이 기적의 해석
– 상호텍스트의 독서

아래에서는 실천적 개별해석에서 제기되는 방법적 문제를 하나의 사례를 통해 살펴보려고 한다. 그 대상은 기적의 연구사에서 활발하게 논의되지 않은 고기잡이의 기적이다. 유대의 전승에 연결된 특수한 유형의 기적은 공관복음에서 누가와 요한에 의해 두 차례 다루어진다. 이들은 누가의 게네사렛 호수와 요한의 디베랴 호수의 고기잡이 기적이야기이다. 서로 다른 문맥에 위치한 두 저자의 이야기는 주제의 전개에서 긴밀하게 연계되어 있다. 따라서 실천해석의 기본방향은 두 에피소드의 상호관계에 집중된다.

공관복음의 처음과 나중에 등장하는 두 에피소드는 모티브의 선정과 서사의 골격에서 일치한다. 호수의 고기잡이, 그물의 던짐, 예상하지 못한 어획, 시몬 베드로의 부각, 선교의 사명의 위임은 이들의 공통분모이다. 베드로의 후계자 임명은 부활 이전과 부활 이후의 이야기에서 진전의 상황을 보여준다. 그것은 따름의 분부에서 헌신과 순교로의 이행이다. 이와 같은 이전의 과정을 통해 기본주제의 개진은 완전에 이른다. 독자는 두 기적이야기의 상호조명을 통해 이상적인 결론에 도달할 수 있다. 여기에 사용된 방법적 범주는 병행단락의 해명에 기초하는 공관적 비교와 구분된다. 그 차이는 해석의 수행의 마지막 단계에서 밝혀진다.

누가의 이야기에서 줄거리의 진전은 생활필수품의 조달, 성자의 만남, 풍성한 어획, 삶의 위협, 저항과 거리두기, 위로의 말씀과 사명의 위임, 어부들의 결단의 행동의 순서로 이루어진다. 이와 같은 장면의 연속은 서사적 이야기의 본질을 보여준다. 기적의 주제는 영향력 있는 말씀으로 개진된다. 저항과 놀라움을 야기한 풍성한 어획은 미래의 선포가 가져올 훌륭한 성과에 대한 예시이다. 이 사실은 요한의 현현의 이야기에서 완성된다.

마지막 복음가 요한은 누가의 고기잡이 이야기를 부활의 현현에 관한 자신의 계시의 이야기에 훌륭하게 용해시키고 있다(21.1-14). 이로 인해 선행하는 기적이야기의 의미가 새로운 차원으로 들어선다. 역사적, 사회적 소재를 다룬 두 이야기의 연관적 관찰은 풍성한 상징의 해석으로 귀결된다. 고기잡이의 모티브는 미래의 선교사역을 지시하는 의미 있는 표상으로 정착된다. 풍성한 어획의 결과를 지시하는 숫자 153은 전세계의 복음화를 예시하는 의미 있는 기호적 지표이다. 한마디로 성공적인 선교의 상징이다.

게네사렛 호수의 기적이야기는 누가에 의해 소명의 이야기로 편입된다(5.1-11). 의미 깊은 안내의 기적은 마가와 마태에 의해서도 다루어진다. 복음서의 전개를 알리는 두 병행단락은 전체의 구조와 내용이 거의 일치한다(마가 1.16-20, 마태 4.18-22). 짤막한 이야기의 중심은 예수님의 부름에 의한 베드로와 세배대의 두 아들의 따름이다. 이에 비해 누가의 상세한 이야기는 베드로의 행동과 예수님의 말씀에 집중되어 있다. 저자는 최초의 제자의 부름이라는 사건을 한 폭의 완전한 에피소드로 작성하고 있다. 서사적 작가로서의 그의 진면목을 보여주는 대목이다.

우리의 해석은 서사의 분석에서 출발한다. 기적적인 고기잡이의 이야기는 그 스스로의 완결성을 보여준다. 이 단락의 첫 절은 장소의 제시와 함께 새로운 시작을 알리며 다음 단락의 첫 절은 장소의 교체로 또 다른 장면으로 넘어간다.

5.1: 예수는 게네사렛 호수에 서서...
5.12: 예수께서 한 동네에 계실 때에...

열한 절의 단락은 이질적인 두 부분으로 나누어진다. 앞의 부분은 예수님에 의한 말씀의 선포이며(5.1-3), 뒤의 부분은 풍성한 고기의 어획, 그리고 이에 따른 베드로의 반응과 예수님의 말씀이다(5.4-11). 이야기의 서두는 주제의 제시에서 앞 단락의 마지막에 보고된 갈릴리 회당의 가르침에 연결되어 있다(4.44). "갈릴리 여러 회당에서 전도하시더라." 호수의 배 위에서 수행된 말씀은 앞으로 등장할 거대한 호수 위의 비유연설을 예시한다. 세 절의 전반부에 이어진 후반의 내용은 이야기의 중심이다. 여기에서는 놀라운 기적의 발생과 베드로의 행위가 서술된다. 두 절에 걸친 종결의 장면은 전체의 클라이맥스이다. 그 내용은 약속의 말씀에 의한 따름의 결단이다.

언어의 형식에서 볼 때 상대적으로 짧은 분량의 제1부는 과거형의 서술문으로 되어있는 반면, 보다 긴 제2부는 대화의 형식에 의해 인도된다. 두 주인공 사이의 긴밀한 대화는 사건의 행동을 규정한다. 그러나 상이한 문체의 두 부분은 기본주제의 전개에서 하나로 통합된다. 이것은 전체이야기를 이해하는 지침이 된다. 그것은 가르침과 함께 언급된 말씀(rhema)의 능력이다. 말씀이란 명사는 복합단락의 전반에 세 차례나 반복된다.

A: 무리가 몰려와서 하나님의 말씀을 들을새 (5.1)

B: 말씀을 마치시고 시몬에게 이르시되 (5.4)

C: 말씀에 의지하여 내가 그물을 내리리이다. (5.5)

각기의 문맥에서 보면 앞의 두 경우는 예수님 자신의 말씀을 지칭하며, 세 번째 경우는 시몬이 지적한 예수님의 말씀이다. 시몬이 예수님의 뜻밖의 지시에 응한 것은 이미 들은 "하나님의 말씀" 때문이다. 말씀의 권능은 기적을 태동하는 원동력이다.

줄거리 전체의 진행에서 볼 때 서두의 세 절은 이어지는 본래의 사건을 준비하는 전제이다. 저자는 두 개별이야기의 기술적 접합을 통해 자신의 구상을 훌륭하게 개진하고 있다. 그것은 "말씀의 신학"의 명료화이다. 이 기본주제의 의미는 줄거리의 운동 자체에서 증명된다. 한마디로 "**이야기되어진 말씀의 신학**"이다. "말씀의 신학"은 서사의 구도와 기법에 의해 현실의 세계로 용해된다. 이야기의 전반에 강조된 신적 말씀은 종결부에서 예수님의 부름의 말씀으로 이전된다(5.10). 여기에는 위로와 약속이 내포되어 있다.

첫째 장면에 선포된 "하나님의 말씀"은 둘째 장면의 행동을 인도한다. 예수님을 만난 시몬은 "깊은 곳"에 그물을 던지라는 뜻밖의 지시에 의구심을 품는다. 게네사렛 호수에는 가장 좋은 고기가 밤중에 "깊은 곳"에서 잡히고, 낮에는 주로 얕은 곳에서 고기를 잡는다. 이와 같은 사실에도 불구하고 그는 권위 있는 "말씀에 의지하여" 분부대로 행동한다(5.5). 그 결과 상상할 수 없이 풍성한 어획을 경험한다. 성공적인 고기잡이의 결과는 "그물의 찢어짐"과 "배의 가라앉음"으로 나타난다. 이것은 긴박한 삶의 위협을 지시한다. 병행하는 두 서술부는 현재진행의 상태를 나타내는 특별한 어법으로 표현된다.

놀라운 기적의 현상은 시몬에게 거부와 경외의 이중의 감정을 유발한다. 이와 같은 양면적 현상은 신비로운 신성의 현현(Theophanie)의 사건에 기인한다. 기적의 경험자는 기적의 수행자 앞에 "엎드려" 자신이 "죄인"임을 실토한다(5.8).

주여 나를 떠나소서 나는 죄인이로소이다.

이 장면에서 시몬은 "시몬 베드로"로 표기된다. 고백자의 변화된 자세는 "선생님"(epistata)에서 "주님"(kyrios)으로의 호칭의 이행에서 명료하게 드러난다. "주님"은 그리스어 성서에서 하나님의 이름이다. "죄인"의 자각에 근거한 베드로의 낮은 자세의 고백은 실제적인 죄의 행위가 아니라 현현의 기적이 가져온 두려움(thambos)에 기인한다. "죄인"의 고백에 선행하는 "떠남"의 요청은 그 증거이다. 신적인 존재의 지상적 현현은 요한의 디베랴 호수의 고기잡이 기적이야기에서 부활자의 현현으로 귀결된다.

야고보와 요한을 비롯한 모든 동료들 역시 베드로처럼 엄습하는 무서움에 휩싸인다. 놀라움과 두려움이 공존하는 양가의 감정은 인간의 죄성과 부족함의 인식에서 나오는 심리적 현상이다. 다가오는 삶의 위협과 함께 조성된 긴장의 원은 예수님의 위로의 말씀에 의해 해소된다(5.10).

> 무서워하지 말라. 이제 후로는 네가 사람을 취하리라.

위의 선언은 이야기의 정점이다. 두 부분으로 된 문장에서 두려움의 제거는 새로운 소명의 부여로 이어진다. 후반의 문장의 중심은 "사람을 취하다"라는 서술부이다. 이 미래의 구문은 예레미야 16장 16절에 연원한다.

> 보라 내가 많은 어부들을 불러다가 그들을 낚게 하며

여호와 하나님은 어부와 사냥꾼을 이스라엘 백성에게 보내어 악과 죄를 갚게 한다. 위의 문장에서 동사 "낚다"는 실제적인 고기잡이의 행동을 지시한다. 누가의 구절에서는 전도를 수행할 제자의 권능을 나타낸다. 마가와 마태의 병행구문에는 "사람을 낚는 어부"라고 구체적으로 표기된다(마가 1.17, 마태 4.19). 이 용어는 사람을 하나님의 나라로 인도할 중재자를 말한다. 한마디로 선교의 사명을 이행할 후계자를 지시하는 대명사이다. 복합비유어 "인간의 어부"는 갈릴리의 어부 베드로의 가슴에 다가오는 탁월한 표현이다.

이제 베드로는 예수님으로부터 고귀한 사도의 직분을 부여받는다. 열두 사도의 실제적 선택은 곧이어 산상의 기도 이후 이루어진다. 여기에 지적된 "베드로라는 이름의 시몬"은 5장 8절에 명명된 "시몬 베드로"에 연결된다(6.14). 역사적인 베드로의 임명은 근본적으로 다른 동료에게도 해당된다. 이들의 즉각적 반응은 다음과 같이 서술된다(5.11).

그들이 배들을 육지에 대고 모든 것을 버려두고 예수를 따르니라.

위의 문장은 침묵의 형식으로 표현된다. 저항할 수 없는 부름의 말씀에 대한 어부들의 대답은 필요 없다. 오로지 그들이 취한 행동만이 객관적으로 진술된다. 여기에 지적된 "모든 것"(panta)은 그물, 배, 잡은 물고기뿐만 아니라 집과 가족 전체를 가리킨다(이 부정대명사는 누가의 문안에만 나온다). 즉 과거의 삶 전체를 청산하는 완전히 "새로운 출발"이다. **실존의 변화는 총체적 변화를 의미한다**. 어부의 획기적 행동을 지시하는 "따름"은 이후 제자의 사명을 대언하는 표어로 거듭하여 사용된다.

기적적인 고기잡이의 이야기는 사회사와 전통사의 문맥에 닿아있다. 물고기는 고대의 지중해 지역에서 중요한 식량의 수단으로 취급된다. 랍비의 전통에서도 식량으로 통한다. 가난한 서민에게 저렴한 가격으로 제공되지만 희귀한 물고기는 부유한 사람에게 사치의 물품으로 거래된다. 고급의 생선은 포도주와 함께 왕의 식탁에 오른다. 호수에서 잡힌 물고기는 보통 소금에 절여 보존된다. 특히 생선의 식사에 사용되는 소스는 인기 있는 양념에 속한다. 물고기의 산업은 당시에 본질적인 경제적 수단이다. 갈릴리의 경제활동에는 고기잡이, 어류의 가공, 어류의 거래가 중요한 위치를 차지한다. 사회사의 측면에서 볼 때 고기잡이의 모티브는 호숫가에 사는 사람들의 생활상태를 보여준다.

고기잡이는 육지에서 낚시 바늘, 창, 끌어다니는 그물, 던지는 그물을 비롯한 여러 종류의 그물에 의해 수행된다. 게네사렛 호수에서 사용되는 배에는 보통 돛대와 네 개의 노가 장착된 것으로 알려져 있다. 1925년에 제작된 게네사렛 호수의 풍경화를 보면 두 척의 배에서 두 명의 어부가 그물을 잡고 있는 장면이 그려져 있다. 다른 두 명의 어부는 각기 노를 젓고 있다. 호수의 배경은 매우 전원적으로 묘사되어 있다. 멀리 낮은 산이 보이는 평온한 전경의 잔잔한 수면에는 거센 폭풍의 흔적은 전혀 감지할 수 없다.

전통사와 종교사에서 볼 때 고기잡이 행위는 초기유대와 세속의 문서에서 직접적인 병행이 발견된다. 사람과 물고기의 관계, "사람의 어부", 사람의 "낚음"의 말씀은 이미 각인된 모티브의 특성으로 되돌아간다. 어부와 사냥꾼의 파송에 관한 예레미야의 예언은 전통사의 모형이다. 이들을 받아들인 이스라엘 백성은 망명의 길에서 인도된다. 사자, 물고기, 사냥꾼은 적군의 세력으로 나타나기도 한다.

이제 주어진 이야기의 주석은 해석의 지평으로 넘어가야 한다. 다른 기적이야기에서처럼 여기에서도 다양한 방법이 상정될 수 있다. 이미 언급한 사회사의 분석 이외에 케리그마와 실존주의 해석을 예로 들 수 있다. 케리그마의 해석은 "말씀의 신학"의 주제에서 개진된다. 고기잡이의 기적은 말씀에 의한 기적이다. 예수님의 말씀은 복음의 선포의 근원이다. 말씀과 기적의 연관은 이야기 전체를 인도하는 지침이다. 실존주의 해석은 특히 종결의 장면에 해당된다. 여기에 제시된 따름의 결단은 제자들을 향한 촉구인 동시에 독자를 향한 호출이다.

베드로의 행위와 임명에 관한 일련의 장면은 역사화의 해석을 활성화한다. 게네사렛 호수의 고기잡이 기적은 열두 제자의 지도자인 베드로의 전기의 범위에서 이해된다. "시몬 베드로"라는 명예로운 이름의 부여는 이 사실을 뒷받침한다. "인간의 어부"의 위임은 "시몬 베드로"에게 주어진다. 태생의 어부인 그는 영원한 어부가 된다. 전승의 모티브인 어부는 베드로에 이르러 선구적 선교자의 상으로 상징화된다.

그러나 우리는 여기에서 이제까지 별로 거론되지 않은 또 다른 방법적 범주에 시선을 돌리려한다. 그것은 20세기 후반의 문학비평의 전면에 대두된 상호텍스트의 착상이다. 소통의 대화이론에 근거하는 이 전문용어에는 선행하는 텍스트와 후속 텍스트의 상호작용이 문제가 된다. 다시 말해 서로 연계된 두 텍스트의 "사이"가 관찰의 대상이 된다. 텍스트 자체의 내부에 대조되는 "사이"의 개념은 상호적 관찰의 중심이다. 상호텍스트의 독서에는 두 텍스트의 중간지점에서 중재의 의미가 발생한다. 그 내용을 추출하는 것이 해석자의 과제이다.

기호적, 비판적 기적해석에는 "우주적 담론"이라는 용어가 사용된다. 여기에는 이해의 명료화라는 방법적 요구에서 보다 넓은 문맥이 시야에 들어온다. 그 대상은 크게 두 가지로 나누어진다. 하나는 주어진 텍스트의 새로운 해명을 가능하게 하는 다른 텍스트이다. 다른 하나는 정치, 경제, 사회, 법률, 의학, 종교의 차원을 해명하는 다른 기호이다. 앞의 경우는 상호텍스트, 뒤의 경우는 상호매체로 규정된다. 상호매체는 텍스트 내부의 관계를 벗어나 외부의 매체를 지시한다. 미디어로서의 매체의 개념은 그 영역이 확대될 수 있다. 서로 인접된 두 관찰방식은 기적이야기 해석의 보편성을 획득하는 데 크게 기여한다.

고기잡이의 모티브를 다루는 기적이야기는 상호텍스트의 관점에서 적절하게 해명된다. 이 진보된 관찰방식은 특히 서로 다른 시기에 생성된 연계적 텍스트의 상호성을 해명하는 데 유용한 것으로 증명된다. 신약성서의 해석에는 Q 텍스트와 공관복음, 세 편의 공관복음과 제4 공관복음의 기적이야기의 관계가 상호텍스트의 방법에 의해 규명될 수 있다. 구체적으로는 두 텍스트 사이의 연속과 변별이 분석의 대상이 된다. 상호텍스트의 독서는 단일문서의 관찰에서 드러나지 않는 텍스트의 외부적 관련성을 개진한다는 데 의미가 있다. 동일한 저자에 의한 상이한 텍스트의 경우에는 저자의 집필구상에 따른 언어적 형상화의 발전과정을 추출할 수 있다. 이런 점에서 외형적으로 난해한 문서의 독해에 의미 있게 활용된다.

갈릴리의 사역을 인도한 누가의 소명의 이야기는 요한의 계시이야기와의 상호연관에서 그 의미가 명료하게 드러난다. 두 이야기의 일치에서 보여진 현현의 요소는 선행의 기사를 지상에서의 부활자의 나타남으로 해석하게 한다. 여기에서 해석의 지평은 서사의 분석에 지적된 말씀의 힘에 집중된다. "이야기되어진 말씀의 신학"은 게네사렛 고기잡이 이야기의 본질적 요소이다. 줄거리의 운동을 진전시키는 역동적 대화는 말씀의 힘으로 귀결된다. 기적발생의 목격자들은 기적수행자의 절대적 명령에 그대로 순종한다.

예수님의 말씀의 핵심인 "사람의 어부"는 상호해명의 지평에서 부활 이후의 시간적 차원으로 넘어간다. 누가와 요한이 제시한 어부의 소명과 "목자의 위임"은 일관된 맥락에 놓여있다. 독자는 서로 다른 두 모티브의 연결을 보다 높은 중재의 차원에서 해석하게 된다. 그것은 따름과 헌신의 종합으로 요약될 수 있다. 상호텍스트의 독서는 두 텍스트의 만남과 대결에서 제3의 의미를 발굴하게 한다. 이런 점에서 보편적 해석학의 요구에 부응한다.

제3장 일곱 개의 사례분석

우리의 실천해석에는 모두 일곱 개의 사례가 선정된다. 관찰의 순서에 따라 열거해보면 거라사 광인의 치유, 야이로의 딸의 소생과 혈루증 여인의 치유, 오천 명의 급식, 간질병 소년의 치유, 맹인 바디매오의 개안, 나사로의 소생, 디베랴 호수의 고기잡이 이야기이다. 이들은 네 복음서에서 중요한 위치를 차지한다. 여기에는 악령추방, 병치유, 선물의 기적, 소생기적, 부활의 현현에 해당하는 대표적 유형이 포괄되어 있다. 빈 무덤의 부활사건에 이어진 예수님의 현현의 기적은 공관복음의 기적서술을 마감하는 대단원이다.

일곱 개의 기적사례는 그 자체로서 개별적으로 해석된다. 여기에는 특별한 전제나 조건이 없다. 앞의 제2부에 서술된 이론적 방법은 실제의 해석을 위한 기초가 된다. 우리의 해석은 기적이야기의 서사적 분석에서 출발한다. 이 기본작업에서 얻어진 내용은 해석의 지평의 차원으로 넘어간다. 여기에서 텍스트가 지향하는 의미가 추구되고 개진된다. 그 과정은 다양한 방법적 범주의 연계와 용해로 이루어진다. 상이한 개별방법의 상호중재는 전체의 종합으로 이어진다. 다원적으로 해석될 수 있는 서사적 이야기의 보편적 의미를 획득하는 것은 해석자에게 주어진 최종의 과제이다.

1. 거라사인의 악령추방
– 구원받은 자의 복음의 전파

마가 5.1-20

마태 8.28-34

누가 8.26-39

독립된 성격을 지니는 거라사인의 악령추방 이야기는 마가에 의해 갈릴리의 기적시리즈에 편입된다(5.1-20). 이 기적의 원은 거대한 호수 위의 비유연설에 이어진 폭풍평정의 기적에서 시작하여 총체적 요약으로 마감된다(6.53-56). 네 절의 보고는 첫 번째 총화인 3장 7-12절의 단락에 병행된다. 낯선 이방구역인 거라사에서 일어난 특별한 사건은 폭풍의 발생으로 인한 미지의 항해의 산물이다. 사나운 폭풍이 평정된 이후 예수님 일행은 배를 타고 "맞은편" 호숫가에 상륙한다. 그러나 그곳이 구체적으로 어디인지는 밝혀져 있지 않다. 따라서 서로 다른 추정이 가능해진다.

마가와 누가에 의해 지목된 거라사(Gerasa)는 게네사렛 호수에서 동남쪽으로 50km 정도 떨어져있다. 따라서 배가 정박한 곳에서 상당한 시간이 지나야 도달할 수 있다. 이와 같은 이유로 유사한 이름의 다른 지역이 거론되기도 한다. 마태가 자신의 이야기에 표기한 가다라(Gadara)는 호수에서 남쪽으로 10km 정도 떨어진 곳에 있다(8.28). 따라서 주어진 내용에 근접한다. 그러나 호수에서 가장 가까이 위치한 게르게사(Gergesa) 지역의 추정이 설득력이 있다. 가파른 경사의 "산비탈"이 있는 이곳은 본문에 제시된 지형과 일치한다(5.13). 후일 이곳에 세워진 비잔틴 양식의 수도원은 최초의 선교를 기념하기 위한 것으로 보인다.

실제적 장소의 애매함에도 불구하고 한 가지 확실한 것은 악령의 대부가 구원받은 장소가 요단강 동쪽의 이방인 지역이라는 사실이다. 헤롯의 유대통치에서 벗어나는 이곳은 로마황제의 관할 아래 있는 점령지로 다문화의 분위기가 배여 있다. 이색적이고 원시적인 광인의 존재는 이를 반영한다. 거라사의 기적은 기독교 선교사에서 매우 중요한 의미를 지닌다. 거대한 폭풍의 방해로 인한 잘못된 항해는 이방선교의 길을 열어주는 획기적 계기가 된다. 이 사실은 이야기의 마지막에서 의미있게 지적된다(5.20).

두 번째 악령추방의 기적에는 첫 번째 경우와 달리 영향사의 측면이 중요하게 취급된다. 물론 가버나움의 제1일에 일어난 악령추방의 사건에도 "소문의 전파"라는 결과적 반응이 지적된다(1.28). 그러나 거라사의 기적은 이방의 신들이 지배하는 마성의 고장에서 일어난 사건이라는 점에서 충격의 효과가 상대적으로 크다. 거대한 악령의 세력에서 치유된 자의 체험의 증거는 그만큼 강한 효력을 발휘한다. 기적적인 사건의 전말을 직접 들은 사람들을 사로잡은 엄청난 "놀라움"의 표명은 서사적

이야기의 결구이다.

거라사인의 악령추방 이야기는 공관적 전통에 속한다. 즉 세 복음가에 의해 공통으로 다루어진다. 이미 전승의 가공 이전에 존재한 선행의 이야기가 폭풍의 구조에 연결된 것으로 보인다. 마태의 문안은 마가에 비해 간결하다(8,28-34). 저자는 강령적인 산상수훈에 이어 열 개의 치유 이야기를 제시하고 있다. 이 기적의 원의 가운데 놓인 것이 두 명의 악령에 사로잡힌 자의 치유이다. 치유기적의 현장은 호수의 건너편에 면한 가다라 지역이다. 거라사를 대체하는 지명의 제시는 서사의 내용에 기인한다. 경사진 산의 언덕에서 일어난 돼지 떼의 몰사는 이야기의 장소가 호수에 인접한 곳임을 전제한다. 가다라는 거라사보다 호수에서 가까운 곳에 위치해있다. 또한 귀신들린 자가 한 명이 아니라 두 명으로 표기된다. 이것은 첫 번째 악령추방의 기적과 연관하여 설명된다. 아마도 두 기적이야기 사이의 구조적 연관이 저자로 하여금 앞의 경우를 생략하고 나중의 사례의 대상을 두 명으로 상정하여 전체적으로 서술하도록 유도하였을 가능성이 높다.

일곱 절의 단락에는 귀신들림의 상황에 관한 설명과 예수님과 악령 사이의 대화도 생략된다. 그 대신에 두 명의 귀신들린 자가 너무 위험하여 누구도 그들을 통과하는 길을 사용하지 않는다는 사실만 지적된다(8,28). 도시주민의 반응은 짧은 형태로 축소된다. 치유자와 치유된 자 사이의 대화는 완전히 사라진다. 이와 같은 환원의 조처로 인해 마성적 재앙의 힘이 예수님에 의해 완전히 압도당한다는 사실이 전면에 부각된다. 저자는 예수님의 강력한 치유의 능력이 이야기의 중심을 형성하도록 서술하고 있다.

누가의 문안은 마태에 비해 훨씬 자세하다(8,26-39). 원래의 이야기의 줄거리는 마가와 모형과 거의 일치한다. 그러나 다른 부분에는 약간의 변수가 발견된다. 가장 큰 오차는 치유 받은 자가 복음을 전파한 장소의 범위가 주변의 거대한 지역이 아니라 도시의 "성의 내부"이다(8.39). 이것은 치유자의 명령과 부합한다. 드넓은 이방지역으로의 전도의 성과는 마가에 의해 특별하게 지적된다. 돼지 떼의 추락에 관한 중간의 에피소드는 세 복음서에 공통으로 취급된다. 은유의 성격을 지닌 이색적 소재는 공통의 전거에 유래하는 것으로 보인다.

마가는 거라사의 기적이야기를 서사의 소품으로 구성하고 있다. 특히 치유기적의 결과, 즉 악령에서 해방된 거라사인의 담대한 증언에 무게가 주어진다. 이것은 문서를 전개하는 그의 구상과 일치한다. 이방전도의 개척은 마가복음 제2부의 중요한 관심사이다. 이어지는 기적사례인 페니키아 여인의 딸의 치유와 귀머거리 벙어리의 치유는 모두 유대인의 거주지가 아닌 외부의 지역에서 발생한다. 거라사인의 지역적 복음전파는 미래의 이방선교의 길을 열어준 획기적 사건이다.

서사적 이야기에는 고유의 어휘가 자주 눈에 띈다. 〈사도의 문서〉에 사용된 군단의 의미는 여기에서 보다 구체적으로 개진된다. 라틴어 명사 "legio"(혹은 "legion")는 오천 명으로 편성된 로마의 군대조직을 뜻한다. 오천 명의 인원은 480명의 단위로 된 10개 중대의 총계이다. 이것은 대규모의 부대의 단위를 가리킨다. 군사용어 군단은 당시의 사회정치적 상황을 지시하는 은유어이다. 그밖에 "영접하다"(hypantan, 5.2), "경배하다"(proskynese, 5.6), "내보내다"(apostellein, 5.10), "들여보내다"(5.12), "(비탈로) 내리달리다"(horman, 5.13) 등의 동사도 로마제국의 통치하에 있는 유대민족의 현실을 반영하거나 군사작전에 사용되는 단어이다.

20절에 달하는 기적이야기는 네 개의 단락으로 구성된다. 첫째 단락은 상황의 제시와 인물의 소개이다(5.1-5). 둘째 단락은 예수님과 광인 사이의 대화이다(5.6-10). 여기에서 이미 악령추방의 기적이 일어난다. 셋째 단락의 내용은 거대한 돼지 떼의 몰사와 목격자의 전언, 그리고 도시주민의 "두려움"의 반응이다(5.11-15). 넷째 단락에는 두 개의 종결장면이 병행한다(5.16-20). 제1의 장면은 돼지를 치는 자의 증언과 주민의 청원을, 제2의 장면은 예수님의 지시와 거라사인의 담대한 선포를 다룬다. 선포의 대상인 주변지역 사람들의 "놀라움"은 앞에 지적된 도시주민의 "두려움"에 대응한다.

전체의 줄거리를 마감하는 두 장면은 구체적 진술의 상치에도 불구하고 본질적인 면에서 일치한다. 그것은 사건을 전하는 이야기가 발휘하는 막강한 영향력이다. 두 개의 장면을 규정하는 공통의 도식은 이 사실을 명료하게 보여준다. 언어의 사용에서 볼 때 5장 16절과 19절에는 동일하게 "알리다"라는 동사가 사용된다. 다시 말해 그 내용이 이야기라는 사실을 지시한다.

> 5.16: 이에 귀신들렸던 자가 당한 것과 돼지의 일을 본 자들이 그들에게 알리매

> 5.19: 그에게 이르시되 집으로 돌아가 주께서 네게 어떻게 큰일을 행하사 너를 불쌍히 여기신 것을 네 가족에게 알리라.

첫째 장면에서 거라사 도시의 주민에게 커다란 경악을 일으킨 것은 사건의 목격자, 즉 돼지의 목자가 전한 이야기에 기인한다. 그들은 포악한 광인이 있는 곳으로 몰려와 그가 정상인으로 변화된 사실을 직접

확인한다. 둘째 장면에서 주변의 도시인을 개종하게 만든 전도의 성과 역시 치유의 은혜를 입은 거라사인의 고백적 이야기가 동인이 된다. 이야기의 메시지는 듣는 사람의 마음을 움직이는 효력을 발휘한다. 여기에서 두 이야기의 화자는 돼지의 목자와 거라사인이며, 청중은 같은 도시의 주민과 넓은 이방지역의 사람들이다. 상이한 집단의 수신자는 이야기의 청취에서 같은 반응을 보인다. 병행적으로 기술된 두 이야기는 서사의 기능에서 동일한 위치에 있다.

이제 전체의 윤곽을 살펴보기로 한다. 처음의 두 절에는 다루어질 사건이 예수님에게 해당된다는 사실이 지적된다. 풍랑을 만난 배가 "맞은편" 호숫가에 정박하자 제자들은 배에 그대로 남고 예수님만 내린다. 그러자 한 사람의 광인이 예수님을 맞이한다. 그는 "더러운 영에 붙들린 자"이다. 여기에서 불결은 생명의 위험, 죽음의 근접을 의미한다. 이런 점에서 마성적 속성의 첨예화라 할 수 있다. 예수님은 불결을 제거한 승리자, 다시 말해 생명의 증여자이다.

이어지는 세 절은 불안정한 광인의 삶의 상태를 묘사한다. 그는 무덤 속의 동굴에 거주하며 주변의 산과 들판을 배회한다. 무덤은 불결의 거처이다. "돌멩이로 긁다"라는 자극적 표현은 극심한 정서불안을 대언한다. 사나운 짐승처럼 행동하는 그의 마성적 위력을 제압할 사람은 아무도 없다. 여기에 서술된 장소의 배경은 이사야 65장 1-7절에 유추된다. 하나님에게 등을 돌린 패역한 백성의 모습을 서술하는 단락에는 무덤, 산, 돼지고기 등의 모티브가 등장한다.

둘째 단락의 내용은 예수님과 광인 사이의 상호작용이다. 악령의 대부인 광인은 배에서 내린 예수님을 멀리서 보자 달려와 그의 앞에 엎드린다. 이것은 막강한 왕권에 대한 경배의 표시이다(5.6). 그러고 나서 자신을 괴롭히지 말라고 소리친다. 예수님이 "하나님의 아들"임을 이미 알고 있는 것이다. 이와 같은 발언은 정신적으로 안정되지 못한 자의 자기방어의 표명이다. 예수님은 "나오라"라는 한마디 말로 악령의 존재를 내쫓는다. 아무리 강한 악령의 세력이라도 예수님의 단호한 명령에 굴복할 수밖에 없다. 하나님의 무한한 권능이 아들에게 작용하기 때문이다. 단 한마디의 명령으로 강한 적을 제압하는 예수님의 모습은 야전군 사령관의 위용을 방불하게 한다.

이어서 예수님은 "네 이름이 무엇이냐"고 묻는다. 이것은 상대방의 제압과 인정이라는 두 가지 의미를 지닌다. 질문을 받은 자는 뜻밖에도 군단이라고 대답한다. 이것은 자신이 엄청나게 강한 힘을 소유하고 있음을 간접적, 은유적으로 표명한 것이다. 서기 1세기의 지중해 지역에는 "legio X Fretensis"라고 불리는 로마 주둔군의 명칭이 잘 알려져 있었다. 악령의 군단은 막강한 점령군의 세력에 의해 분열되고 훼손된 이방민족의 상황을 지시한다. 이런 점에서 "군단의 악령"의 제거는 "식민주의 악령추방"으로 설명된다. 당시의 시대의 팔레스티나의 정치적 상황에 연관된 특별한 용어는 예수님의 악령추방에 관한 새로운 해석의 길을 열어준다. 식민통치의 정치적 억압에 연유하는 피지배자의 집단적 분열은 통일적 해소의 치유를 필요하게 만든다. "식민주의적" 분석의 방향은 정신병리학의 진단에 연결된다.

셋째 단락은 새로운 장면으로 이전된다. 그것은 주변의 "산비탈"에서 풀을 뜯는 돼지 떼의 풍경이다. 이교도의 지역에서 흔히 볼 수 있는 방축의 돼지는 불결하고 부정한 짐승이다(레위기 11,7). 여기에는 부정한 권력에 의해 조종당하는 로마제국의 병사가 암시된다. 그리스어 명사 "떼"(무리)에 해당하는 "agele"에는 "집단의 부대"라는 의미가 들어있다.

방패에 새겨진 로마군대의 상징은 수퇘지이다. 막강한 악령의 군단은 예수님에게 돼지 떼가 있는 곳으로 피신할 수 있도록 요청한다. 잠시나마 또 다른 안식처로 도피하려고 계획한 것이다. 예수님은 관용을 베풀어 이를 허락한다.

이어지는 장면은 스펙터클한 기적의 사건이다. 무려 이천 마리에 달하는 돼지의 무리가 한꺼번에 아래로 굴러 떨어져 호수에 빠져 몰사한다. 이것은 다른 곳에서 발견하기 힘든 그로테스크의 광경이다. 독자의 눈앞에 연출된 폭풍적인 추락의 운동은 매우 역동적이고 격정적으로 묘사된다(5,13).

> 거의 이천 마리 되는 떼가 바다를 향하여 비탈로 내리달아 바다에서 몰사하거늘.

위의 문장은 원래의 본문에서 다음과 같이 서술된다. “거대한 부대는 동일한 보조로 경사의 아래를 향해 폭풍처럼 굴러 떨어졌다. 거의 이천 마리가 바다 속으로, 그리고 그들은 몰사하였다.” 이중으로 기술된 문장의 전반에 삽입된 부사구 “동일한 보조로”는 번역문에서 잘 드러나지 않는다. 언뜻 어울리지 않는 상황의 묘사는 로마군대의 행진의 모습을 연상시킨다. 바다의 심연은 예부터 지옥의 장소인 “스올”로 여겨진다. 육의 세력은 아무리 수가 많아도 영의 힘을 당할 수 없다. 거대한 악령의 집단은 예수님 한 사람의 권능 아래 굴복한다. 불결한 돼지 떼의 완전한 멸망은 막강한 악령의 지배를 받는 이방지역의 철저한 청결화이다.

넷째 단락은 기적의 발생에 관한 주변의 반응을 서술하는 종결부이다. 거라사의 광인이 악령의 세력에서 해방된 놀라운 사건은 목격자의 입을 통해 시내의 사람들에게 알려진다. 그들은 모두 전해들은 사실을 확인하기 위하여 집 밖으로 나온다. 현장에 도착하여 악령의 괴수가 완전한 정상인의 모습으로 예수님과 함께 앉아있는 것을 보자 극도의 두려움에 휩싸인다. 그리하여 예수님에게 도시 밖으로 떠나달라고 간청한다. 미신의 관습에 젖어있는 이방의 족속에게 토속의 광인을 제어한 미지의 인물은 형언할 수 없는 공포의 대상이다.

예수님이 배에 오르려 하자 악령에서 벗어난 광인이 동행의 의사를 표시한다. 예수님은 이를 거부하고 그로 하여금 시내에 들어가 "주님이 행한 큰일"을 전하도록 당부한다(5.19). 이 발언은 이제까지의 침묵명령과 다른 형태의 것이다. 요단강 동부의 지역에는 기적의 사건을 그 어떤 정치적 목적으로 활용할 수 있는 가능성이 희박하다. 따라서 치유받은 자의 침묵의 유지는 큰 의미가 없다. 오히려 일어난 사건의 솔직한 증언이 이방전도에 도움이 된다. 치유자의 기적행위는 그 동기가 군사적 대결에서 처럼 무력의 요소가 아니라 연민의 감정에 있다. "불쌍히 여기는" 마음인 연민은 사랑과 관심의 속성이다.

마지막 절은 치유의 수혜자의 과감한 행동을 소개한다. 엄청난 구원의 은혜를 받은 그는 지시받은 대로 이행하지 않는다. 오히려 자기가 살고 있는 지역의 밖으로 나아가 광활한 "열 도시"를 두루 돌아다니며 스스로 경험한 사실을 선포한다(keryssein). **이것은 예수님의 복음전파 사명을 충실하게 이행하는 것이다.** 예수님의 권위에 대적하려던 사악한 악령계의 두목은 예수님의 자비와 은총을 증언하는 전도의 사신으로 거듭난다. 거라사 증인의 간증을 들은 "열 도시"의 주민의 반응은 매우 짤막하게 서술된다(5.20).

모든 사람이 놀랍게 여기더라.

위의 진술문에 사용된 동사 "놀라다"(thaumazo)는 비범한 기적의 발생을 직접 지시한다. 번역문의 서술부 "놀랍게 여기더라"는 "놀라움에 사로잡히다"의 뜻이다. 다시 말해 거대한 청중의 마음을 움직인 "놀라움"의 상태를 강조한다.

마가가 특별히 언급한 "열 도시"는 게네사렛 호수의 동남쪽에 위치한 요단동부의 중심지 데가폴리스(Dekapolis)를 말한다. 이곳에는 그리스 계통에 속하는 열 개의 도시가 셈족에 맞서 하나의 동맹을 형성하고 있다. 펠라, 거라사, 가다라 등이 그 대상이다. 데가폴리스에는 곧이어 귀머거리 벙어리의 치유가 수행된다(7,31-37). 여기에는 이방의 기적치유에 어울리는 민속적 방식이 사용된다. 두 차례에 걸쳐 이루어진 이방지역의 기적은 앞으로의 전도가 광대한 미지의 영역을 향해 펼쳐질 것임을 강하게 시사한다. 실제로 데가폴리스는 이미 서기 1세기를 지나면서 초기기독교 선교의 거점으로 정착된다.

"선교의 전설"로 불리는 데가폴리스의 전도에 관한 해석은 보다 진전될 필요가 있다. 이야기의 종결부의 서사적 구성은 독자에게 다음과 같은 질문을 던진다. 그것은 양자택일의 갈림길에서 어떠한 방향을 선택하는가 하는 결정에 관련된다. 하나는 변화된 거라사인처럼 예수님의 시대적 비전을 선포하는 일이다. 다른 하나는 주어진 사회질서 속에서 시대를 지배하는 거대한 정치권력의 대언자로 남는 것이다. 나중의 경우는 돼지 떼의 상황을 전하는 이방의 목동의 위치에 속한다. 두 개의 가능성 가운데에서 어느 것을 선택해야 하는가는 자명하다. 은유적으로 서술된 이방의 악령추방 이야기는 수신자를 향한 경고의 차원에서 의미 있게 해명된다.

2. 야이로의 딸과 혈루증 여인
– 기적적인 치유능력의 충만

마가 5,21-43

마태 9,18-26

누가 8,40-56

야이로 딸의 소생과 혈루증 여인의 치유에 관한 이야기는 기적이야기의 목록에서 보통 하나의 단위로 표기된다. 이것은 상이한 유형의 두 기적이야기가 형식과 내용에서 서로 접합되어 있기 때문이다. 즉 하나의 이야기가 다른 이야기에 의해 둘러싸여 있다. 흔히 샌드위치 기법으로 불리는 이와 같은 틀의 구조는 특히 마가에 의해 선호된다. 그가 구사한 서사적 구성법은 독자를 유용한 해석적 지침으로 안내한다. 그것은 교차적으로 전개되는 두 에피소드를 긴밀하게 연관하여 읽는 것이다. 서사의 중심에서 보면 혈루증 여인의 치유에서 야이로 딸의 소생을 이해하게 된다. 난해한 소생의 기적은 치유의 기적에서 적절하게 해명된다.

이를 위한 척도는 믿음의 확신에 대한 촉구이다. 혈루증 여인에게 기적의 치유를 가져온 동인은 과감한 행동으로 이어지는 그녀의 강력한 믿음이다. 초월적인 믿음의 힘의 작용을 옆에서 지켜본 야이로는 죽음의 상태에 놓인 딸의 구원을 포기하지 않는다. 그 결과 소녀는 병상에서 일어나 자유로운 활동을 하게 된다. 믿음과 구원의 불가분의 관계는 두 에피소드를 묶어주는 고리이다. 독자는 복합적 이야기의 독서에서 기적의 본질적 의미에 도달하게 된다.

복합적인 기적이야기는 공통적으로 "딸"(thygater)의 구원을 다룬다. 예수님은 두 여인에게 동일하게 "딸아"라는 호칭을 사용한다. 이것은 그들이 치유자의 애호와 사랑의 대상임을 말한다. 죽은 소녀는 고유의 방식으로 고통의 여인의 운명을 상징한다. 혈루증 여인이 극심한 질병의 고통에서 회복된 열두 번째 해는 야이로의 딸이 죽음에서 살아난 열두 살의 나이와 일치한다. 상징의 숫자 12는 구원의 시점을 나타내는 의미 있는 기호이다. 열두 살은 유대의 관습에서 성년의 출발에 해당한다. 새로운 삶을 찾은 소녀는 감사와 헌신의 생활을 시작하게 된다. 이것은 혈루증 여인의 경우도 마찬가지이다. 그녀는 과거의 고립에서 벗어나 자유로이 사회의 제도에 참여하게 된다. 열두 제자를 가리키는 12는 성서에서 구원을 상징하는 신성한 숫자이다. 여기에서 이미 하나님의 권능의 역사가 암시된다.

두 여인의 구원에 관한 이야기는 세 공관복음에서 구성과 줄거리가 거의 비슷하다. 마태의 문안은 마가의 모형의 요약이다. 따라서 세부적인 장면의 서술이 유보된다. 제1의 이야기에는 회당장이 "한 관리"로 표기된다(9.18). 이로써 기적의 중재자의 역할은 약화된다. 치유의 대상자인 소녀의 위치도 마찬가지이다. 서사적 이야기의 중점은 치유의 주체가 지닌 기적의 능력의 행사에 주어진다. 제2의 이야기의 마지막에는 다른 두 복음서와 달리 소생의 사건에 관한 소문이 널리 전파되었음이 지적된다(9.31).

누가의 문안은 마가의 경우와 전체의 내용이 거의 일치한다. 그러나 개별부분에서 오차가 발견된다. 제2의 이야기에는 치유의 행위가 즉각적으로 이루어진다. 그리고 치유대상자의 공적인 증언이 이어진다(8.47). 소생기적의 중요한 매체인 "달리다굼"의 외침은 생략된다. 토속적 아람어의 사용과 이에 대한 그리스어 번역은 마가 고유의 조처이다. 가장 큰 변수는 소녀의 살아남을 지시하는 "영의 돌아옴"이다(8.55). 이미 거듭하여 지적된 성령의 요소에 연결된 구체적 표현은 실제적인 소생의 결과를 강조한다.

마가복음 5장 21-43절의 복합단락은 문서전체의 구성에서 제1부에 해당하는 예수님의 갈릴리 사역을 마감하는 종결의 부분이다. 제시된 장소와 시간의 구조로 보아 통일된 서사의 이야기로 규정된다. 긴 분량의 단락을 시작하는 첫 절은 앞에 일어난 거라사 광인의 치유기적과의 거리를 보여준다. 시간의 접속사 "그리고"에 의해 인도된 부문장은 동작의 동사와 함께 연대기적 장소의 교체를 지시한다. 예수님은 게네사렛 호수의 육지에서 배를 타고 "다시금" 서쪽 호숫가로 귀환한다. 한 절의 이행구문은 모여든 군중의 언급을 통해 다음 장면을 준비한다.

이어지는 두 이야기는 밀접하게 연계되어 있다. 제2의 이야기는 제1의 이야기에서 장소의 이동이 이루어지는 시점에 시작된다. 즉 서부의 호반에서 야이로의 집으로 가는 도중에 일어난 사건을 기술한다. 예수님을 동반하는 많은 무리는 제2의 이야기에 계속하여 등장한다. 동시에 제2의 이야기는 메시지의 전달에서 제1의 이야기로 되돌아간다. 전체줄거리의 전개에서 시간의 정체는 앞에 주어진 곤궁의 상황을 강화한다. 병든 야이로의 딸은 제2의 사건이 진행되는 동안 죽음에 이르게 된다.

두 이야기는 각기 네 개의 항목으로 구성된 서사적 도식에 의해 전개된다. 이들은 결핍의 상황, 준비성, 주된 행동, 반응이다. 결핍의 상황은 곤궁의 상태에 처해진 주체의 상황이다. 준비성은 상황의 결핍을 해소할 수 있는 주체의 자세이다. 주된 행동에는 능력을 갖춘 주체가 행위를 통해 결핍의 상황을 극복하려고 시도한다. 마지막 항목에는 주체가 주된 행동의 결과에 반응한다. 네 단계의 분석방식은 서사적 중심무게의 도출과 함께 화자의 의도와 관심에 대한 중요한 지침을 제공한다.

전체의 단락은 세 부분으로 나누어진다. 제1부는 예수님과 야이로의 만남과 야이로의 청원(5,21-24), 제2부는 혈루증 여인의 치유(5,25-34), 제3부는 야이로의 딸의 소생이다(5,35-43). 첫 번째 이야기는 두 번째 이야기에 의해 중단된 이후 다시 계속된다. 중간에 편입된 또 다른 이야기는 이어지는 이야기의 진행을 예시한다. 신체적, 정신적 괴로움의 해소는 죽음에서 삶으로의 이행으로 넘어간다. 두 기적이야기는 생명회복을 통한 구원의 실현이라는 주제에서 같은 차원위에 놓여진다. 신뢰의 믿음은 구원의 기적을 태동하는 원천이며 동력이다.

전체이야기의 3원적 구성을 개별단락의 첫 문장에 의거하여 표시해 보면 아래와 같다.

A(5,22): 회당장 중의 하나인 야이로라는 이가 와서

B(5,25): 열두 해를 혈루증으로 앓아온 한 여자가 있어

A1(5,35): 아직 예수께서 말씀하실 때에

위의 도식에서 보면 제1의 이야기(A)는 회당장 야이로의 출현으로 시작한다. 이 도입부는 이미 치유기적의 발생을 예시한다. 예수님의 방문자는 죽어가는 어린 딸의 구원을 중재할 중요한 인물이다. 그의 간절한 청원에 이어 제2의 이야기(B)가 등장한다. 새로운 주인공의 소개로 출발

한 이야기는 열두 해를 혈루증으로 "앓아온" 고통의 여인의 치유를 다룬다. 그 내용은 비교적 상세하게 기술된다. 종결의 장면에서 치유의 행위자가 여인의 건강회복을 선언하는 시점에 회당장의 사신이 멀리서 찾아온다. 여기에서 중단된 제1의 이야기가 다시 계속된다(A1). 회당장에 의해 청원된 딸의 치유는 죽음에서 살아남으로 귀결된다. 놀라운 소생의 기적은 앞에 이루어진 혈루증 여인의 구원에서 이해된다. 해석의 조망에서 서로 밀착된 두 이야기는 생명의 회복이라는 기본주제의 개진에서 일치한다.

이제 전체의 줄거리를 단계적으로 살펴보기로 한다. 이행구문에 해당하는 첫 절은 사건의 장소와 상황을 제시한다. "예수께서 배를 타고 다시 맞은편으로 건너가시니..." 예수님은 항해의 여정에서 목적지에 도착한 이후 일단의 군중에 의해 영접을 받는다. 제1부의 서두에는 예기하지 못한 인물인 가버나움의 회당장 야이로가 나타난다. 그의 출현을 지시하는 복합동사 "이리로 오다"는 현재형("역사적 현재")으로 표기됨으로써 동작의 의미가 활성화된다(5,22). 히브리어에 유래하는 이름 야이로(Jairus)는 '하나님이 비추다'(일깨우다)를 뜻한다. 여기에서 이미 기적의 모티브가 암시된다.

야이로의 직분을 가리키는 회당장(archisynagogos)은 성전의 관리를 책임지는 수장으로 장로의 계급에서 선정된다. 상류층 인사에 속하는 그는 스스로를 낮추고 예수님의 발아래 엎드린다. 그리고 죽어가는 딸의 병을 고치기 위해 자신의 집으로 내방할 것을 애원한다. 그는 예수님이 병자의 몸에 "손만 얹어도" 병이 나을 것을 믿고 있다. 안수의 매체인 손은 영의 능력을 전달하는 신체기관이다. 종교적 권위를 가진 회당장이 군중이 보는 가운데에서 예수님 앞에 무릎을 꿇은 것은 보기 드문 일이다. 이와 같은 겸손한 청원(parakaleo)이 예수님의 마음을 움직인다. 예수님은 아무런 답변을 하지 않은 채 야이로의 집을 향해 발걸음을 옮긴다.

제2부에서 독자의 시선은 새로운 인물로 옮겨진다. 단락을 시작하는 긴 복합문은 행동의 주체인 고통의 여인의 설명에 바쳐져있다. 회당장과 대조되는 그녀가 앓는 질병은 특이한 형태에 속한다. 피의 원천이 마르지 않는 여성의 출혈증(rhysis tou haimatos)은 종교적, 사회적으로 불결하게 취급되는 치욕의 병이다. 의학적으로 생리의 불순에 관한 질병으로 설명되기도 한다. 12년 동안이나 계속된 만성의 질병은 거듭된 의사의 치료에도 불구하고 효과를 보지 못한다. 오히려 고통의 상태를 더욱 악화시킨다. 의사의 무용성은 문장의 말미에 별도로 서술됨으로써 그 의미가 일반화된다. 이것은 당시의 사회적 상황의 반영이다.

장기간의 치료로 가산을 탕진한 여인은 가난한 신세로 전락한다. 그러나 신체의 회복에 대한 희망은 버리지 않는다. 그러던 차에 예수님이 수행한 사건에 관한 소식에 접하고 혼자 찾아가기로 결심한다. 그녀가 취한 행동은 매우 극적이고 사실적으로 기술된다. 많은 무리를 헤치고 결사적으로 예수님의 뒤로 가서 겉옷의 옷깃(kraspedon)을 만진다. 이처럼 과감한 행위는 수치스러운 병자의 몸으로 실행하기 어려운 것이다. 그녀의 훌륭한 믿음의 자세는 일인칭대명사 주어의 발언으로 직접 표현됨으로써 강한 설득력을 지닌다(5,28).

이는 내가 그의 옷에만 손을 대어도 구원을 받으리라 생각함일러라.

화자는 여인의 발언에서 병의 치유를 구원이라는 단어로 대체하고 있다. 신체의 치료를 넘어 영혼의 치유를 지시하는 확신의 기대는 이야기의 마지막에서 치유자에 의해 응답된다(5.34). 여기에서 중요한 것은 곤궁의 상황을 해소하는 준비의 자세이다. 화자의 의도를 뚜렷하게 보여주는 중요한 서사의 모티브는 제1의 이야기의 후속단락에도 동일하게 강조된다. 여기에서 죽은 자의 소생은 행동하는 주체의 준비단계를 거쳐 이루어진다. 이어지는 장면은 이제까지의 서술에서 가장 역동적인 대목이다(5.29).

이에 그의 혈루 근원이 곧 마르매 병이 나은 줄을 몸에 깨달으니라.

위의 진술문은 두 부분으로 되어있다. 전반은 피의 흐름이 "근원"에서 멈추었다는 내용이고, 후반은 병의 회복을 신체적으로 "느꼈다"는 사실이다. 여인의 질병을 지시하는 용어 "혈루의 근원"은 레위기 12장 7절에 유래한다. 여기에서 산모는 불결의 시간이 자난 이후 속죄의 제물을 제사장에게 바치도록 규정된다. 이로써 제사장은 산모를 속죄하고 "산혈"을 깨끗하게 한다. 유출병에 관해서는 레위기 15장 32-33절에 정상적인 생리의 여인과 구분하여 언급된다. 구약과 고대유대의 전승에 의하면 혈루증과 같은 질병의 여인은 계명을 위반한 죄의 혐의를 받게 된다. 따라서 주위 사람들과의 접촉이 제한된다. 이것은 전염에 대한 공포뿐만 아니라 하나님의 분노에 대한 우려 때문이다. 단락의 첫 절에 지적된 여인의 고통은 사회적 고립에 연결된다.

치유의 시점을 규정하는 시간부사 "즉시로"(euthys)는 저자 고유의 어휘이다. 동일한 단어가 야이로의 딸의 소생장면에도 사용된다(5.42). 즉각적인 건강의 회복은 12년 동안의 질병의 지속에 명료하게 대조된다. 복합문장의 후반을 규정하는 특별한 서술부 "몸에 깨닫다"는 주체의 자각의 상태를 말한다. 자신의 생각을 행동으로 옮긴 여인은 이미 기대의 실현을 확신한다. 놀라운 치유의 수행은 자발적이고 독립적으로 이루어진다.

여인의 치유에 관한 짤막한 서술에는 한 가지 주목할 만한 사실이 감지된다. 그것은 치유자 자신의 주체적 행위나 신체의 접촉이 아니더라도 기적의 발생은 가능하다는 것이다. 하나의 무기물에 불과한 의복의 "만짐"(hapto)에도 하나님의 아들이 지닌 생명의 힘이 작용하면 기적은 일어난다. 예수님의 몸으로부터 "밖으로 나간" 특별한 힘은 기적의 능력(dynamis)을 말한다(9.30). 예수님 스스로 의식한 신적 권능은 일반적 능력과 다르다. 그것은 일방적 행위가 아니라 상호의 작용에 근거한다. 다시 말해 두 사람 사이의 상호지각에 기인한다. 주위의 다른 사람들은 이와 같은 내밀의 지각에서 제외된다. 상상하기 어려운 기적의 실현은 치유자와 치유대상자의 일체의 협연이 이루어낸 값진 결과이다.

혈루증 여인의 치유에는 다른 기적에서 볼 수 없는 별도의 후속장면이 붙어있다. 5장 32-34절의 세 절은 치유와 구원의 모든 과정이 실제의 신앙고백을 거쳐 마무리됨을 보여준다. 예수님은 치유된 자가 누구인지 알아보기 위해 뒤를 돌아본다. 그리고 "누가 내 옷을 만졌는가"라고 물어본다. 치유의 수행에 관한 예수님의 지각은 일인칭 대명사 "나"에 의해 강조된다. 치유 받은 여인은 두려움에 가득 차서 그 앞에 엎드려 자신이 저지른 일을 그대로 전한다. 현재분사 구문 "몸을 떨며"는 불결한 병자의 손으로 예수님의 의복을 몰래 만진 행위에 대한 부끄러움과 자책의 표시이다. 여인의 솔직한 고백을 들은 예수님은 "딸아"라고 부른다. 아버지의 은유를 지시하는 애호의 호칭은 이어지는 믿음의 칭송에 부응한다(5.34).

딸아 네 믿음이 너를 구원하였으니...

위의 문장에서 과거형 동사 "구원하였다"(sesoken)는 구원의 행위가 완전히 이루어졌음을 말한다. 이 결정적 선언은 "너"로 불린 여인의 강한 신뢰와 과감한 행동에 대한 보상의 응답이다. 구원(sozo)은 믿음의 결과이다. 두 요소는 기적의 발생에서 분리될 수 없다.

예수님의 종결의 말씀은 "평안히 가라"라는 고별의 축원으로 끝난다. 여기에서 "평안"에 해당하는 그리스어 명사 "eirene"는 히브리어 "shalom"에서 유래한다. 초대교회에서 인사말로 통용된 이 단어는 총체적 평안과 구원을 나타낸다. 이어지는 위로의 당부 "네 병에서 놓여 건강할지어다"는 신체적 회복과 함께 사회적 재통합을 의미한다. 여기에는 하나님과의 관계의 재생이 전제된다.

제3부는 중단된 첫 번째 이야기의 연속이다. 구원받은 여인에 대한 축사가 채 끝나기도 전에 회당장의 심부름꾼이 주인을 찾아와 그의 딸이 이미 죽었다고 보고한다. 그리고 "선생님"이 더 이상 관여할 필요가 없다고 말한다. 이 말을 들은 예수님은 태연히 다음과 같이 대답한다(5.36).

두려워하지 말고 믿기만 하라.

현재형 명령동사 "믿기만 하라"는 믿음의 행동이 계속해서 진행됨을 말한다. 죽음에 대한 두려움은 믿음의 부재에 기인한다. 확고한 믿음은 죽음의 공포를 이기고 새로운 영의 삶으로 들어가게 한다. 여기에 강조된 믿음의 촉구는 앞에 지적된 믿음의 보상에 연결된다(5.34). 믿음은 두 이야기를 하나로 접속하는 매체이다.

회당장이 극도의 절망에 빠졌음은 말할 필요도 없다. 그러나 그는 기대를 버리지 않고 예수님을 자신의 집으로 안내한다. 이미 혈루증여인의 치유현장을 목격한 그는 예수님의 절대권능을 신뢰하는 신실한 증인이 된 것이다. 예수님은 베드로, 야고보, 요한만을 데리고 야이로의 집으로 들어간다. 이들은 얼마 후 예수님이 산상에서 변화될 때에도 동행한다(9.2). 그리고 사람들이 "심하게 울며 통곡하는" 것을 보고 이를 제지한다. 남자들이 피리를 불고 여자들이 곡을 하는 것은 유대의 장례식장 풍경이다. 그들은 야이로의 딸이 이미 죽은 것으로 알고 있다. 그러나 예수님은 "그 아이는 자고 있다"라고 말하며 태연하게 응수한다(5.39). 이것은 곧 일어날 소생에 대한 선행적 지시이다. 예수님의 은유적 발언을 이해하지 못한 주위의 사람들은 상황에 맞지 않는 발언을 비웃는다. 예수님은 이들을 모두 밖으로 내보내고 소녀의 부모와 제자들만 데리고 침상으로 간다. 이것은 치유의 수행자의 주권과 권위의 표시이다.

이어지는 소생의 장면은 두 절에 걸쳐 서술된다. 예수님은 누워있는 아이의 손을 잡으며 "달리다 굼", 즉 "소녀여 일어나라!"고 명령한다(5.41). 갈릴리의 아람어 "talitha"는 '작은 양'의 뜻이다. '작은 양'과 통하는 축소형명사 "소녀"(pais)에는 앞 단락에 사용된 명사 "딸"처럼 애호와 관심의 의미가 들어있다. 두 단어로 된 특별한 음향의 문장은 수수께끼 같은 마술의 언어가 아니다. 그것은 예수님의 출신지역의 활동을 지시하는 토속의 어법이다. 그러자 소녀는 즉시 "일어나" 주위로 "걸어

다닌다." 소생의 동작을 뜻하는 동사 "일어나다"는 앞에 등장한 "붙잡다"(krateo)와 짝을 이룬다. 다음의 동사 "걸어다니다"는 평소처럼 생활한다는 뜻이다. 열두 살이라는 나이의 지적은 충분한 보행의 동작을 뒷받침한다.

믿기 어려운 소생기적의 결과는 세 가지 반응으로 나타난다. 첫째, 소녀의 소생을 목격한 사람들이 크게 놀란다. 이 놀라움의 충격은 "엑스타시"의 상태로 표현된다. 둘째, 초기의 기적치유에서 부터 반복된 침묵의 명령이다. 이 종결의 도식은 "메시아의 비밀"이 아직도 유효함을 보여준다. 셋째, 치유결과의 확인이다. "먹을 것을 주라"는 마지막 지시는 완전히 생명을 찾았음을 고지하는 동시에 육체와 영혼을 돌보는 예수님의 자세를 나타낸다(5.43). 앞에 주어진 동사 "걸어다니다"에 연결된 구체적 선언은 소생의 현존을 뒷받침한다.

누가는 병행기사의 마지막에서 죽음에서 깨어난 사실을 "영이 돌아오다"라고 표현한다(8.55). "그 영이 돌아와 아이가 일어나거늘." 여기에서 "영"은 성령에 해당하는 "pneuma"이다. 이것은 소생의 의미를 지시하는 매우 의미 있는 지적이다. "영이 돌아오는 것"은 육체의 치유를 포함한 영적 생명의 회복이다. 반대로 영이 사라지는 것은 철저한 죽음이다. 유사한 구문이 십자가의 처형장면에도 등장한다. 마태는 예수님이 온갖 고초를 겪다가 십자가 위에서 운명하는 모습을 "영혼이 떠나다"라고 적고 있다(27.50). 영혼의 돌아옴은 소생의 기적이 지향하는 귀결점이다.

정교하게 합성된 두 이야기의 종합적 관찰에는 두 개의 중심모티브가 도출된다. 이들은 스스로 작용하는 기적의 힘과 위기의 상황에 대한 공식적 부정이다. 제2의 이야기의 주제를 형성하는 자동적 기적의 능력은 제1의 이야기의 후속단락에서 소생기적의 주체적 요소로 나타난다. 곤궁의 상황에 근거하는 일반적 체념과 포기는 기적의 수행자에 의해 반박된다. 죽음이 아닌 "잠"의 지적은 이 사실을 증거한다. 전체줄거리의 전개에는 확신의 믿음이 구원과 생명회복의 전제로 규정된다. 이제 기적의 계시에 관한 공통의 진리는 다음과 같이 정리된다. **믿음은 예수님의 기적의 능력을 치유의 행위에서 넘치게 만든다.** 독자는 두 여인에 관한 치유기적 이야기의 독서에서 치유의 능력의 풍성한 충만을 실감하게 된다.

3. 오천명의 급식

– 영적 공동식사의 거행

마가 6,35-44

마태 14,13-21

누가 9,10-17

요한 6,1-25

흔히 오병이어의 기적으로 불리는 오천 명의 급식기적은 예수님이 수행한 기적 가운데 가장 널리 알려진 대상이다. 이 장대한 규모의 기적은 후세의 교구에 강한 영향력을 행사한다. 그리고 많은 해석의 가능성을 야기한다. 이와 같은 영향사의 결과는 대량급식의 기적에 내재된 풍성한 계시의 의미 때문이다. 무한한 빵의 증대라는 초자연의 현상은 전능한 하나님과의 만남이다. 구약에는 이에 관한 모형이 예시되어 있다. 하나님은 메마른 광야에서 방황하는 이스라엘 민족에게 만나와 메추라기를 내려 보내 기아의 상태에서 벗어나게 한다(출애굽기 16장). "하나님의 사람" 엘리사는 보리떡 20개와 한 자루의 채소로 100명의 무리를 충분히 먹이고 남긴다(열왕기하 4.42-44). 예수님 역시 미지의 벌판에서 날이 저물자 먹을 것이 떨어진 제자와 군중에게 필요한 식량을 충분히 공급한다.

엘리사의 기적은 예수님의 기적과 흡사하다. 기적발생의 원천인 보리떡 20개는 보리떡 5개와, 한 자루의 채소는 두 마리의 물고기에 비견된다. 그리고 기적의 수혜자인 백 명의 무리는 오천 명의 군중에 유추된다. 오천 명의 급식기적은 엘리사의 기적의 후속편이라 할 수 있다. 그러나 예수님의 권능은 엘리사의 능력을 훨씬 능가한다. 20:100과 5:5,000의 비례는 서로 비교가 되지 않는다. 하나님과의 만남의 구현은 신약의 기적에서 새로운 의미를 얻는다. 굶주린 백성에 대한 식량의 제공은 하나님의 아들 예수 그리스도의 현존에서 이루어진다. 새로운 메시아는 물질의 결핍을 해소하는 구원의 기적의 중재자이며 주체이다. 가나의 잔치에서 일어난 포도주의 기적도 같은 위치에 있다.

복음서에는 모두 여섯 개의 선물의 기적이 나온다. 이들은 네 개의 오천 명 급식기적과 두 개의 사천 명 급식기적이다. 사천 명 급식의 기적은 마태와 마가에 의해 다루어진다(15.32-39, 8.1-10). 두 번째의 대량 급식기적은 앞에 나온 기적의 연속이며 보완이다. 그러나 영향사의 차원에서 보면 현격한 거리가 있다. 마가는 지형상으로 구분되는 두 개의 빵의 기적을 감추어진 선교의 역사에 대한 두 변수로 서술하고 있다. 갈릴리의 기적은 이스라엘, 데가볼리의 기적은 이방의 선교에 관계된다. 유사한 두 개의 급식기적에는 미래의 세계선교의 번영이 암시되어 있다. 이것은 여분의 수량을 지시하는 열두 바구니(kóphiros)와 일곱 광주리(spyris)에서 보다 분명하게 드러난다(마가 8.19-21). 두 숫자 12와 7은 완전과 충만을 나타내는 상징이다. 또한 12는 성서에서 이스라엘의 지파를, 5,000은 이스라엘의 전쟁의 사건이나 거대한 군대의 단위를 가리킨다. 열두 바구니의 잉여는 이스라엘 전역의 전도를 예시한다.

사천 명 급식기적에 연결된 빵의 기적의 해석은 식량의 부족에 대한 근심이 믿음을 방해한다는 사실을 지적한다. 나아가 예수님의 구원의 선물이 이방인에게 넘치게 주어질 것임을 강하게 시사한다(마가 8.14-21). 제자들의 무이해에 관한 질책은 그들이 이해와 통찰로 가는 길목에 있음을 암시한다. 여기에서 중요한 역할을 하는 것은 예수님의 말씀과 행위에 대한 "기억"이다(8.18). 특히 기적의 사건에 대한 "기억"의 요구는 부활절 이후의 교구의 구성원에게 큰 의미를 지닌다. 즉 하나님의 아들에 관한 완전한 이해를 가능하게 하는 동시에 이방인을 위한 구원의 행적을 위한 지침이 된다.

공통의 전거에 유래하는 오천 명 급식기적은 네 복음서에서 전체의 줄거리가 거의 비슷하다. 그러나 개별적 서술과 강세의 부여에는 상당한 차이가 있다. 마태의 문안은 먼저 나온 마가의 문안의 요약이다. 출애굽의 연관, 목자 없는 군중, 물고기의 분배는 생략되어 있다. 잘 짜여진 전체의 내용은 몇 가지 서사적 특징을 보여준다. 다원적 장면의 서술은 병행적 구조의 도식에 의거한다. 개별구절의 첫 문장은 현재분사형 동사와 과거 혹은 현재의 동사에 의해 인도된다. 현재분사형 동사는 "들으며", "내리며", "명령하며"(14.13, 14, 19)이며, 술부의 동사는 "왔다"(14.15), "말하였다"(14.16, 18), "말하다"(14.17), "먹었다"(14.20), "이었다"(14.21)이다.

복합단락 전체를 관류하는 동사의 사용을 보면 동작, 지각, 발언의 세

유형으로 분류된다. 동작의 동사에는 따르다, 치유하다, 오다, 앉다, 떼다, 주다, 먹다, 지각의 동사에는 듣다, 보다, 쳐다보다, 발언의 동사에는 말하다, 명령하다, 축복하다 등이 소속된다. 줄거리의 운동을 규정한 결핍과 충만의 대조는 다섯 개의 빵과 두 마리의 물고기와 열두 바구니의 잉여에서 정점에 이른다.

이야기의 전환점을 형성하는 전이의 징표는 군중을 보내기를 원하는 제자들의 요구에 대한 예수님의 답변이다. 그 내용은 "큰 무리"가 먹을 것을 구하러 떠나갈 필요가 없다는 사실이다(14,16).

갈 것 없다. 너희가 먹을 것을 주라.

여기에서 독자는 원래의 기적이 일어나기 전에 군중이 외형의 가상과는 달리 결핍의 상태에 놓여있지 않음을 알게 된다. 그들은 굶주림과 물질의 곤궁 때문에 여러 도시에서 따라 나온 것이 아니다. 그보다는 예수님과의 접촉과 치유의 구원을 갈망하고 있다.

누가는 전체적으로 마가의 서술을 받아들이고 있다. 그는 대량급식의 기적을 9장 전체의 문맥의 중간에 배치하고 있다. 고전적으로 구성된 연쇄장면은 제자의 파송, 오천 명 급식기적, 베드로의 고백, 산상의 변용이다. 그 사이에 세례요한의 죽음에 관한 이야기가 막간극으로 등장한다. 주제의 전개에서 보면 제자의 권위, 제자와 예수님의 권위의 보증, 베드로의 메시아 고백, 변용의 사건을 통한 고백의 증거의 순서로 전개된다. 이와 같은 문맥의 설정은 마가와 구분된다.

기적이야기를 서술하는 누가의 관점은 예수님과 제자라는 커다란 틀에 연결되어 있다. 이와 같은 사실은 "따름"의 주제의 지시에서 드러난다. 서사적 이야기에서 기적의 수혜자로 등장하는 거대한 군중은 예수님을 멀리까지 "따라온" 무리이다(누가 9.11, 요한 6.2). 제자들의 헌신의 자세를 대언하는 따름(akoloutheo)의 지침은 9장의 마지막 단락에 주어진다(9.57-62). 급식기적 줄거리의 종반에서 굶주린 오천 명의 민중을 위해 빵의 증대의 기적을 일으킨 직접적 주체는 열두 명의 제자이다(9.16). 이것은 예수님으로부터 받은 영적 능력의 행사이다. 이야기의 결말은 제자의 선교라는 전체의 문맥으로 용해된다.

요한의 문안에는 마태와 누가의 "소수의 일치"에 대한 몇 가지 병행이 감지된다. 많은 군중의 따름(6.2)은 6장의 문맥에만 열두 제자와 대조되어 지적된다. "남음"의 모티브에(6.12) 관한 병행은 이야기의 구두의 전승사를 지시한다. 마지막 복음가인 저자는 제2의 구두의 전거에서 공관적 자료를 활용한 것으로 보인다. 그러나 세부적 데이터에는 상당한 오차가 발견된다. 이들은 유월절의 데이터(6.4), 빌립과 안드레의 등장(6.5-9), 그리고 종결장면에 제시된 주변의 반응이다. 세 가지 요소는 요한복음 자체의 문맥에 부응한다.

이야기의 시간구조를 지시하는 유월절은 요한의 문서에 3회에 걸쳐 제시된다. 첫째는 성전청결의 행사(2.13), 세 번째는 예루살렘 입성의 장면이다(11.55). 복합단락의 서두에 언급된 유월절의 "다가옴"은 3년의 연대기에 대한 진행단계의 표시이다. 저자는 다루어질 사건을 "유월절의 구성도식"을 통해 자신의 문맥으로 용해시키고 있다. 수신자는 주어진 틀의 범위에서 이야기의 시간과 장소에 관한 정보를 얻게 된다.

장소의 배경의 제시는 누가의 경우와 유사하다. 다시 말해 벳새다 지역이 여과 없이 받아들여진다(9.10). 첫 절에 언급된 "호수의 건너편"은 벳새다를 가리킨다. 두 명의 등장인물인 빌립과 안드레는 제자의 부름의 장면에 소개된 것처럼 벳새다 고장의 태생이다(1.44). 갈릴리호수의 북동쪽에 면한 이 지명은 "어부의 마을"로 통한다. 이 별칭은 고기잡이로 얻어지는 물고기의 모티브에 연결된다. 보통 함께 언급되는 빌립과 안드레는 그리스인의 예수님 방문의 기사에서 동반자로 행동한다(12.22). 여기에는 발생할 기적의 매개자로 등장한다. 두 제자의 이름의 거명은 제자의 부름에 이어진 포도주의 기적을 상기시킨다(1.43-2.12). 시몬 베드로의 형제 안드레는 요한복음의 작성에 도움을 준 인물로 거명되기도 한다.

인물과 장소의 구체적 지적은 기적이야기의 사실성을 뒷받침한다. 이야기의 중반에 등장하는 "한 소년"과 그가 가진 보리빵(artos krithinos)은 요한의 복음에만 나온다(6.9). 익명으로 표기된 조연의 인물은 사회의 빈곤층에 속한다. 다섯 개의 보리빵과 이를 위한 반찬에 해당하는 두 마리의 작은 물고기는 가난한 자의 식량이다. 유대인의 일상식품을 지시하는 두 모티브에는 기근과 굶주림이라는 당시의 갈릴리의 사회상이 반영되어 있다. 이와 같은 사실은 최근에 활성화된 사회윤리적 해석의 토대가 된다.

오천 명 급식기적의 이야기를 전체로 조망하기 위해서는 마가와 요한의 기사를 함께 읽는 것이 도움이 된다. 동일한 제목의 이야기는 두 저자의 문서에서 서로 다른 문맥에 위치하고 있다. 마가의 문안에는 열두 사도의 파송에 이어져있다(6.30-34). 이야기의 서두에는 제자들의 귀환의 보고가 제시된다. 여기에 예수님의 휴식의 권고가 따른다. 이것은 기적의 수행이 제자들의 앞으로의 전도활동을 위한 영적 생명의 보충을 위한 것이라는 사실을 지시한다. 기적이야기의 최초의 서술자로서의 저자의 관점은 제자들의 무이해에 결부되어있다. 빵의 기적의 의미에 관한 그들의 잘못된 인식은 그 후 예수님에 의해 "깨닫지 못함"의 경고로 거듭하여 강조된다(6.52, 8.21).

요한의 복합단락은 제시(6.1-4), 문제의 서술(6.5-9), 원래의 기적(6.10-11), 정돈의 작업(6.12-13), 군중과 예수님의 종결의 반응(6.14-15)의 다섯 부분으로 구성된다. 마지막의 두 부분은 마가의 문안과의 차이를 보여준다. 여기에서 저자의 고유의 의도가 개진된다. 요한은 표적의 의미를 전달하는 종반의 장면에 무게를 두고 있다. 이와 같은 구상은 다른 기적이야기의 경우와 같다. 첫 절의 시간부사 "그 후에"(meta tauta)에 의해 6장의 내용은 상대적 연대기의 의미에서 앞장에 연결된다. 지리적 관점에서 보면 예루살렘에서(5.1) 게네사렛의 호수의 동쪽 해안으로의 장소의 교체가 이루어진다. 서로 다른 두 지역사이의 통로는 분명하지 않다. 이런 이유로 주석가들은 5장과 6장의 문학비평적 변형을 지적한다.

요한의 기적이야기에는 표적의 성격이 부각된다. 이 단어는 이야기의 처음과 나중에 두 차례 등장한다. 표적이 주는 계시의 의미는 이어지는 "생명의 떡" 복합설교에서 분명하게 드러난다(6.22-59). 빵의 은유는 여기에서 "하늘의 빵"으로 이전된다. 비유적 용어 "생명의 떡"은 예수님의 자기증거로 표현된다. 예수님은 스스로 영생을 부여하는 주체이다. 빵의 기적의 이해에서 중요한 것은 육체적 기아의 해결이 아니라 영적 생명의 획득이다. 6장 51절에는 "생명의 떡"이 "내 살"과 동격화된다. "살"(sarx)로 번역된 몸(육체)은 바울에서 처럼 도덕적 의미로 사용된 것이 아니다. 그것은 다른 사람을 위해 내어주는 예수님 자신의 인간적 생명이다. 복합어 "살과 피"는 성찬예식의 중심인 "몸과 피"에 유추된다.

서사적 이야기의 전체적 구성에서 가장 눈에 띄는 부분은 마지막 두 절이다. 이 대목은 다른 복음서에 없는 저자 고유의 서술이다. 여기에는 기적을 경험한 생생한 목격자의 증언이 두 가지로 나타난다. 이들은 서로 연계되어 있다. 첫째, "선지자의 출현"에 관한 진실한 고백이다(6.14).

> 이는 참으로 세상에 오실 그 선지자라.

위의 문장에서 "세상에 오게 될 선지자"는 유대의 전승에 이미 약속된 내용이다. 모세5경의 마지막 책인 신명기에는 다음과 같이 기록되어 있다(18.15).

> 네 하나님 여호와께서 ... 너를 위하여 나와 같은 선지자 하나를 일으키시리니 너희는 그의 말을 들을지니라.

여기에서 모세는 여호와 하나님에 의한 "선지자의 일으킴"을 천명하고 있다. 미래의 선지자는 이스라엘 백성이 순종해야 할 하나님의 대리자이다. 이제 위대한 기적의 수행자는 새시대의 예언자(hoprophetes)로 칭송된다. 이 고귀한 호칭에는 종말의 예언자에 관한 기대가 반영되어 있다. 예수님은 기적의 행위를 통해 하나님의 약속을 실현할 "위임된 선지자"이다.

둘째, 표적을 대하는 일반군중의 오해이다. 그들은 배고픈 민중에게 삶의 식량을 제공한 주체를 강제로 "빵의 왕"으로 추대하려 한다(6.15).

> 그들이 와서 자기를 억지로 붙들어 임금으로 삼으려는 줄 아시고...

여기에서 명사 "임금"은 유대에 전승된 "왕의 메시아"의 관념에 유래한다. 예수님은 이와 같은 지상의 왕의 역할을 단호히 거절한다. 그리하여 다시금 산으로 되돌아간다. 새로운 시대의 메시아는 하나님의 백성에게 영적 생명의 양식을 충만하게 제공하는 우주적 구원자이다. 요한이 종결부에서 특별히 지적한 예언과 경고는 빵의 기적이 전하는 계시의미를 파악하는 유용한 척도가 된다.

헬레니즘과 유대의 문학에서 예언자와 왕은 모세에 연결된 두 개의 상이다. 특히 예언자로서의 모세는 전통사에서 중요한 의미를 지닌다. 요한에 의한 예언자의 고양은 모세의 인물에 유추하여 이루어진다. 모세와 같은 예언자의 기대는 요한의 기독교론에서 중요한 역할을 한다. 여기에는 모세와 예수님의 상호관계가 중요한 역할을 한다. 모세는 아브라함과 이사야와 더불어 구약에 예언된 하나님의 증인이다. 그러나 자세히 살펴보면 중요한 차이가 있다. 모세는 하나님의 율법과 말씀을 중재하고 하나님의 구원사역을 실행하는 도구로 나타난다. 반면 예수님은 하나님의 선포자이며 유일의 방식으로 하나님에게 소속된다. 그는 예언자와 왕의 신분을 넘어서는 하나님의 독생자이다(1.14). 요한의 기적이야기는 기적수행의 주체로서의 예수 그리스도의 정체성 확립으로 귀결된다.

이제 기적이야기의 구체적 관찰로 들어가기로 한다. 마가의 문안은 계획적으로 형상화된 통일의 구성을 보여준다(6.30-44). 전체의 줄거리는 일관된 구상에 따라 전개된다. 이와 같은 서술방식은 저자의 서사적 능력을 보여준다. 문체의 사용에는 과거의 시제가 개별부분에서 "역사적 현재"에 의해 교체된다. 이로 인해 사실적 구상성이 부각된다. "역사적 현재"는 주로 대화를 시작하는 동사 "말하다"("이르시되")에 적용된다. 6장

31절, 37절, 38절이 여기에 해당한다. 개별문장의 진술에는 현재분사의 구문이 자주 눈에 띈다. 마태의 어법은 이 사실을 보다 명료하게 보여준다.

전체의 구성은 세 부분으로 나누어진다. 제1부는 상황의 제시(6.30-34), 제2부는 기적으로의 이행(6.35-38), 제3부는 원래의 기적이야기이다.(6.39-44) 제1부는 비교적 긴 분량의 도입부이다. 이 부분은 선행하는 제자의 파송의 담화에 이어져있다(6.6-13). 예수님은 최초의 전도여행을 무사히 마치고 돌아온 제자들이 식사를 할 수 있도록 조용한 곳에서 잠시 쉬도록 분부한다. 그러나 "큰 무리"가 멀리 떨어진 곳까지 찾아온다. 여기에서 다수의 군중(ochlos)은 하나님의 백성을 지시한다. 예수님은 그들을 "불쌍히 여겨" 가르침과 병고침의 사역을 수행한다. 이것은 예수님의 두 가지 기본사역이다. "목자 없는 양" 같다는 구절은 민수기의 인용이다(27.17). 이야기의 서두에서 예수님은 양떼를 인도하는 목자로 나타난다(6.34).

6장 39절에서 민중의 공동식사 장소로 지목된 "푸른 풀밭"은 양떼의 먹이가 준비된 곳이다. "빈들"과 대조되는 휴식의 장소는 시편 23편 2절의 수용이다. "그가 나를 푸른 풀밭에 누이시며." 이 전원적 모티브는 앞으로 형성될 공동체의 모습을 예시한다. 교구의 선교의 주제는 이미 이야기의 도입부에 제시되어 있다. 누가는 병행단락의 서두에서 예수님 설교의 주된 내용이 "하나님나라의 일"이라고 지적한다(9.11). 이것은 풀밭 위의 단체식사가 비유하는 종말의 향연을 암시한다. 종말의 관점은 구원사의 실현으로 나타나는 급식기적을 관찰하는 중요한 방법이다.

제2부는 식량의 주선에 관한 예수님과 제자 사이의 대화이다(6.35-38).

이 연쇄대화는 다섯 부분으로 구성된다. 첫째 단계에는 사건의 시점과 장소가 제시된다. 즉 저녁 무렵의 "빈들"이다. 명사 "빈들"은 출애굽기 16장에 나오는 광야의 식량기적을 상기시킨다. 날이 어두워지자 제자들은 무리로 하여금 마을로 가서 무엇을 사먹고 오도록 예수님에게 청한다. 그들 자신이 몹시 배고프기 때문이다. 그러나 예수님은 "너희가 먹을 것을 주라"고 대답한다. 그리스어 원문에는 이인칭복수 대명사 "너희"가 강조되어 있다. 다른 사람들을 수고하게 하지 말고 제자들이 스스로 문제를 해결하라는 것이다. 이것은 이해하기 어려운 무리한 요구이다. 그리하여 제자들은 다음과 같이 반문한다(6.37).

> 우리가 가서 이백 데나리온의 떡을 사다 먹이리이까.

위의 의문문에는 복수일인칭 대명사 "우리"가 주어로 사용된다. 이것은 앞에 지적된 "너희"에 대한 대응이다. 스승의 의외의 지시를 이해할 수 없는 제자들의 발언에는 상당히 서운한 감정이 배여 있다. 제자의 무이해라는 전체의 문맥과 일치하는 대목이다.

여기에 언급된 금액 "이백 데나리온"은 현실적 근거를 갖는다. 한 데나리온(denar)은 당시에 노동자 일일분의 임금이다. 오천 명의 식사를 위한 비용으로 이백 데나리온이 필요하다는 것은 비교적 정확한 계산이라고 한다. 요한복음에는 이 발언이 빌립의 것으로 되어있다(6.7). 그는 "이백 데나리온의 떡이 부족하다"고 정확하게 지적한다. 안드레와 함께 벳새다 출신인 그는 누구보다 이 지역의 사정에 관해 잘 알고 있다. 요한의 서술은 다른 복음서에 비해 이야기의 사실적 관련이 보다 강하다.

예수님은 다시금 "너희에게 떡이 몇 개나 있는지 가서 보라"고 묻는다(6.38). 이미 기적의 수행을 예상한 지시이다. 제자들은 "떡 다섯 개와 물고기 두 마리가 있더이다"라고 대답한다. 여기에서 다섯 개의 빵은 요한에 의하면 보리로 만든 빵이며, 두 마리의 물고기는 연기에 굽거나 소금에 절인 생선이다. 이것은 고대의 팔레스타인 지방에 보급된 일상의 식품이다. 그는 다른 저자들과 달리 두 마리의 물고기를 "dyo opsaria"로 표기하고 있다. 그리스어 명사 "opsarion"은 오늘날에도 게네사렛 호수에서 고기잡이의 대상으로 선호되는 정어리의 종류이다. 요한은 말린 생선을 빵의 식사를 위한 부식으로 표기하고 있다.

제자들의 대답은 줄거리의 운동에서 긴장의 원을 촉진한다. 빵 다섯 개와 두 마리의 생선으로 거대한 군중의 배고픔을 해소하는 것은 불가능한 일이다. 그러나 놀랍게도 가난한 사람의 비상식량에 해당하는 작은 양의 식품이 오천 명 이상의 군중이 먹을 수 있는 막대한 분량으로 확대된다. 이것은 그 누구도 생각할 수 없는 엄청난 변화이다. 네 절의 대화에는 스승의 존재를 이해하지 못한 제자들의 자세가 드러나 있다. 그들이 처한 심한 굶주림에 상태에서 하나님의 아들의 권능에 의존하기는 현실적으로 어려운 일이다. 상상할 수 없는 대규모의 급식기적은 이와 같은 절박한 상황에서 발생한다.

제3부는 제자들을 향한 예수님의 준비의 분부로 시작된다. 거대한 군중은 공동의 식탁에 참여하기 위해 "푸른 풀밭" 위에 그룹별로 나누어 자리를 잡는다(6.39).

그 모든 사람으로 떼를 지어 푸른 잔디 위에 앉게 하시니.

백 명 혹은 오십 명씩 줄을 맞추어 앉아있는 모습은 출애굽의 광야시기에 보여진 야외숙소의 장면을 상기시킨다. 전원의 풍경에서 보면 가지런히 정돈된 정원의 화단(prasiai)의 형태이다. 이처럼 질서정연한 모습은 고린도전서에 강조된 "품위와 질서"의 구현이다(14:40). 다채로운 꽃의 색깔을 배경으로 하는 "풀밭 위의 식사"는 구원받은 자의 공동의 만찬(symposia), 다시 말해 하나님의 나라의 향연에 대한 예취이다. 종말의 식사는 요한계시록 19장 9절에서 "혼인잔치의 초대"를 통해 비유적으로 표현된다.

실제적인 기적의 수행은 예수님의 주체적 행위로 이루어진다. 축복과 분배의 행위는 유대의 전통적 식사예식에 의거한다. 군중의 식사를 인도하는 자는 가정의 아버지이다. 하늘을 향한 시선은 식사의 칭송이 기도의 성격을 지님을 지시한다(6:41). "하늘을 우러러 축사하시고." 여기에서 자동사 "우러러보다"는 적극적 동작의 의미를 지닌다. 이어지는 동사 "축사하다"에 해당하는 그리스어 "eucharisteo"는 최후의 만찬에 사용된 어휘이다(막 14:22). 숭고한 감사의 기도는 아버지 하나님의 권능에 절대적으로 의존하는 아들의 자세를 보여준다. 빵의 "떼어줌"은 유대의 식사를 시작하는 예식의 내용이다. 최후만찬의 거행에서 빵을 "쪼개어" 나누어주는 것은 자신의 몸을 내어주는 것이다. 이와 같은 헌신적 분배의 과정에서 놀라운 현상이 일어난다. 무려 오천 명의 민중이 충분히 식사를 하고 남은 것이다.

마지막 세 절은 놀라운 기적의 결과에 대한 간략한 진술이다(6:42-44). 독립된 서술부 "배불리 먹었다"는 일어난 사건의 결과에 대한 확인이다. 오천 명의 군중이 실컷 먹고 남은 빵조각(klasma)과 물고기는 무려 열두 바구니에 달한다. 12는 빵과 물고기를 직접 나누어준 제자들의 수자이다. 열두 바구니의 잉여는 이스라엘 전역으로의 풍성한 전도의 결실을 예시한다. 이 사실은 이어지는 사천 명 급식기적에 의해 확인된다. 마태의 보고에 의하면 사천 명 군중의 계산에서 여자와 어린이는 제외된다(14.21, 15.38). 저자의 의도적 지적은 미래의 세계교구가 크게 번성할 것임을 암시한다. 다수의 군중의 규모와 여분의 식량에 대한 정확한 숫자의 제시는 장대한 기적의 성격을 다시 한 번 고양시킨다.

빵의 확장이라는 현상은 물질의 무한한 변화라는 가상의 원리에 기초한다. 이것은 과학적 논리로 설명되지 않는다. 오로지 예수 그리스도가 소유한 재창조의 능력에서 올바로 해명될 수 있다. 그 근원에는 창조주 하나님의 사랑과 권능이 자리한다. 천지를 창조한 하나님의 절대의 권능은 거대한 민중을 기아의 곤궁에서 해방한다. 복음서의 저자들은 급식기적의 사건을 유대의 전승에 연결된 구원사의 실현으로 서술하고 있다. 이상적인 식사의 공동체를 구현하는 기적이야기는 새로운 세계를 향한 희망의 기대에 뿌리를 두고 있다. 예수님은 하나님의 나라를 숭고한 축제식사의 색채로 현실화한다.

이야기의 서사적 기능에서 볼 때 예수님의 기적수행은 상징적 기호행위로 이해된다. 그것은 하나님의 권능과 사랑을 구현하는 의미 있는 징표이다. 즉 공허한 가상의 산물이 아니라 현실의 생활과 상황에 근거하는 역사적 문맥에 관계된다. 이와 같은 사실은 육체와 영혼의 연관에서 설명된다. 육체의 식사와 하나님의 말씀의 받아들임 사이에는 명확한 구분이 없다. 눈에 보이는 식사는 전체의 부분, 빙산의 일각에 불과하다. 가시적 현상은 근원과 목표 사이의 편린이다. 눈에 보이지 않는 즐거움과 충만의 식사가 최후의 시점에 주어질 식사이다. 예수님은 하나님의 나라에서 실현될 공동의 만찬의 모습을 민중을 위한 급식기적을 통해 예시하고 있다.

교회의 해석사에는 숫자의 제시에서 출발하는 알레고리와 구원사의 해석이 주류를 이룬다. 두 방법적 범주는 서로 연결된다. 다섯 개의 빵은 모세의 5경, 열두 광주리는 열두 사도, 두 마리의 물고기는 영적 식사로 변화되는 찬미가와 예언자로 해석된다. 이야기의 중심모티브인 물고기에 관한 알레고리는 다원적 영향사에서 활성화된다. 이와 같은 현상은 문학과 미술의 영역에서 여러 형태로 발전한다. 이미 초기기독교의 시기에 의미 있는 물고기의 형상이 기호적 상징과 은유적 알레고리로 표현된다.

서기 4세기에는 기적발생의 장소를 동일화하여 그곳에 기념교회를 세우려는 시도가 일어난다. 그런 가운데 가버나움 근처의 "타브하"가(Tabgha)(일곱 샘)가 적당한 장소로 추정된다. 이것은 공관복음의 내용과는 거리가 있다. 20세기 전반의 고고학 발굴에는 서기 5세기에 세워진 비잔틴 성당의 잔해가 발견된다. 성당건물의 화려한 바닥의 모자이크는 성서의 역사에 대한 중요한 상징이 된다. 간소한 디자인의 그림에는 빵이 들어있는 바구니 주위에 두 마리의 물고기가 대칭형으로 새겨져있다. 네 개의 빵에는 십자가의 형상이 들어있다. 교회와 제자를 상징하는 바구니는 빵과 물고기를 보완하는 제3의 요소이다.

"타브하"의 빵의 기적 교회에도 유사한 모자이크가 발견된다. 간소한 형태의 복합적 형상은 오천 명 급식기적의 대명사가 된다. 후세의 독자에게 지워지지 않는 인상을 남긴 기적이야기를 예술적으로 재구성하려는 노력은 수없이 이루어진다. 식사의 기적의 시각적 형상화는 목가의 분위기와 희망의 상을 심미적으로 중재한다. 성서의 이야기와 사회적 현실사이의 예리한 대조는 비판적 질문을 제기하는 계기를 제공한다. 그럼에도 불구하고 예수님의 증언은 살아있는 메시지로 작품을 관찰하는 자의 내면을 움직인다.

4. 간질병 소년의 치유
– 믿음과 능력의 도식

마가 9.14-29

마태 17.14-20

누가 9.37-43

간질병 소년의 치유이야기는 세 복음서에서 전체의 내용이 거의 비슷하다. 마태의 문안은 기본양상이나 문맥의 설정에서 마가의 이야기에 근거하고 있다. 그러나 그는 주어진 모형의 내용을 상당부분 개정하고 있다. 마가의 경우에는 소년의 질병이 귀신 들림과 동일화된다. 기적이야기의 유형은 악령의 추방에 소속된다. 마태는 이와 같은 전제를 받아들이면서도 질병의 증상에 무게를 둔다. 그는 소년의 병적 증세를 아버지의 담화에 묶어서 언급한다. 악령추방의 행위는 악령의 상투적 부르짖음이 없이 진행된다. “믿음이 없는 세대”에 관한 예수님의 탄식은 강조적으로 표현된다. 믿음의 부재에 관한 아버지의 “도움의 요청”은 삭제된다. 서사적 전개의 주된 방향은 제자들의 불신앙에 놓여진다. 독자의 시선은 도움을 필요로 하는 사람들의 믿음에서 교구원의 믿음으로 옮겨진다.

누가는 마태와 거의 동일한 방식의 수정을 가하고 있다(9.37-43). 마태가 삭제한 구절은 대부분 발견되지 않는다. 그러나 기적의 성격에는 다른 의미가 부여된다. 그것은 예수님의 말씀에 의한 치유이다. 아버지의 믿음에 관한 마가의 서술은 두 저자의 문안에서 제외된다. 이것은 독립된 편집의 작업에 기인하는 것으로 보인다. 누가의 문안의 서두에는 마태와 달리 악령의 존재가 전제된다. 그러나 말을 못하는 것이 아니라 소리를 지르도록 유도된다. 가장 현저한 특징은 고전적 요소인 종결의 합창이다. 여기에서는 예수님의 "위엄"에 대한 증인들의 놀라움이 지적된다(9.43). 누가의 주된 관심은 제자들의 무능과 예수님의 능력의 대조에 있다. 반면에 마태의 중점은 거대한 믿음의 힘에 주어진다.

간질병 소년의 치유기적은 마가의 문서에서 독특한 위치에 있다. 최초의 사역장소인 가버나움에서 시작된 일련의 악령추방 기적은 여기에서 종점에 이른다. 제자들의 악령추방 시도의 실패라는 특별한 상황에서 발생한 우발적 치유사건은 이제까지의 경우와 다른 면모를 보인다. 악령추방의 기적은 악령의 세력에 대한 추방자의 우위의 힘에 근거한다. 바알세불 논쟁은 이 사실을 잘 보여준다. 여기에서 예수님은 자신의 적대자를 향해 성령의 힘이 악령의 세계로 들어가 그 세력을 단숨에 제거하였음을 지적하고 있다(마가 3.27).

일반적으로 악령추방의 수행에는 추방자의 권능이 작용하고 이어서 목격자의 반응이 따른다. 이와 같은 서사의 도식은 간질병 소년의 기적 이야기에서 사라진다. 그 대신에 독자를 향한 믿음의 요구가 전면에 부상한다. 기적과 믿음의 관계는 이야기의 본질을 규정한다. 위대한 믿음과 기적의 능력은 화자가 의도하는 두 개의 중심축이다. 기적의 본질을 규정하는 이 기본주제의 개진은 "제자됨의 도리"라는 전체의 문맥에 부응한다. 이어지는 복합단락에는 "지상적 신분의 포기"라는 예수님의 도전적 요청이 거듭하여 제시된다(9.34-10.45).

마가복음 제2부의 후반을 인도하는 중요한 지침인 제자의 교육은 선행하는 하산의 대화의 장면에서 이미 예고된다. 산상변용의 사건에 이어진 후속단락의 서두에는 앞에 일어난 사건에 관한 침묵의 명령으로 시작된다(9.9).

> 인자가 죽은 자 가운데서 살아날 때까지는 본 것을 아무에게도 이르지 말라.

위의 발언은 이제까지 거듭하여 이루어진 침묵의 명령의 마지막 단계이다. 부활의 사건에 연관된 예언적 지시는 이어지는 단락에서 유사한 형식으로 반복된다(9.30). 서로 병행되는 두 구절은 중간에 놓인 악령추방의 기적에 특별한 의미를 부여한다. 그것은 진정한 메시아의 존재에 관한 인식의 필요성이다. 산상의 변용에서 선포된 하나님의 아들은 다수의 악령에 사로잡힌 불치병의 소년을 치유함으로써 자신의 권능을 증거한다. 다음 단락에는 두 번째로 자신의 죽음과 부활을 선언한다. 하산 이후의 지상에서 이루어진 간질병자의 치유기적은 아직도 확신의 믿음이 형성되지 못한 제자들을 향한 예언적 경고의 성격을 띠고 있다.

비교적 긴 분량의 이야기에는 여러 집단의 인물이 등장한다. 즉 큰 무리, 제자, 율법학자, 병자소년, 병자의 아버지, 그리고 예수님이다. 치유의 대상자는 수동적 위치에 있다. 이에 비해 그의 아버지는 전반부의 진행에서 중요한 역할을 한다. 기적의 중재자로서의 아버지의 발언과 행동은 기적을 일으키는 동인으로 작용한다. 치유의 청원에 응하지 못한 제자들은 줄거리의 배경을 형성한다. 단락의 마지막에 이르면 악령을 추방하지 못한 그들의 무능이 믿음의 부족에 있음이 지적된다. 마태는 이것을 "작은 믿음"이라고 표현하고 있다(마태 17.20). 저자가 의도하는 요점은 여기에 있다. 다원적 인물설정의 포커스는 이야기 전체를 관류하는 예수님 자신이다. 예수님은 기적의 수행자일 뿐만 아니라 기적의 의미를 교시하는 주체이다.

서사적 이야기는 복잡한 소통의 관계와 구조를 보이고 있다. 여러 형태의 인물은 장면의 연속에서 서로 연계되고 교체된다. 일부의 개별장면에는 행동의 주체가 불분명한 경우도 있다. 예를 들어 실제적인 악령의 퇴치에는 병자와 악령이 혼합되어 기술된다. 남성의 3인칭 대명사는 양자를 포괄한다. 소외화의 소통구조는 독자로 하여금 서사의 실마리를 주의 깊게 추적하도록 요구한다. 놀라움을 일으키는 충격의 효과는 독자를 혼란스럽게 만들 수 있다. 줄거리의 운동은 하나의 목표를 향해 움직인다. 그것은 신앙과 불신앙의 첨예한 대조이다. 이와 같은 극도의 긴장은 권능을 지닌 치유자의 강력한 중재로 해소된다. 전체적 서술의 방향은 신뢰의 믿음과 기적의 능력의 관계에 관한 탁월한 증거로 귀결된다.

치유의 대상자는 이야기의 서두에서 "귀신들린 아이"로 표기된다(9.17, 18). 이것은 악령에 사로잡힌 자를 말한다. 그러나 구체적인 고통의 묘사는 간질병의 증세에 해당된다. 마가의 문안에는 질병의 명칭에 관한 구체적 언급이 없다. 귀신들림의 원인은 불결한 영이며, 치유의 행위는 악령의 추방이다. 그러나 고대의 의학문헌에 나오는 간질병의 내용을 보면 여기에 제시된 다양한 증상과 많은 부분이 일치한다. 9장 18절에 사용된 그리스어 "xerainesthai"에 해당하는 "메마름"은 간질병의 "굳어짐"에 가깝다. 마가가 서술한 질병은 자연적으로 형성된 만성병으로 몽유병과 연관하여 설명된다. 마태의 병행단락 서두에 제시된 고통의 증상은 여기에 해당된다(17.15).

> 그가 간질로 심히 고생하여 자주 불에도 넘어지며 물에도 넘어지는지라.

위의 진술문에서 "간질"로 번역된 그리스어 명사 "selenniazomai"는 간질의 발작이 야간의 달빛에 의해 조종된다고 보는 몽유병에 해당된다. 두 질병의 명칭은 서로 혼용된다. "불과 물에 넘어지는" 행위는 마가의 질병서술에도 등장한다(9.22). "불과 물에 자주 던졌나이다." 마태는 소년의 질병의 증세에서 마성의 활동보다 의학적 진단에 무게를 두고 있다. 따라서 기적의 발생은 순수한 병치유의 성격을 지닌다. 여기에서 의학적 독서의 방식이 설정된다.

그러나 마가는 간질병을 마성의 작용과 연관하여 기술하고 있다. 어린 시절부터 앓아온 고질병의 주된 증세는 경련과 발작으로 규정된다(9.20). 몸을 이리저리 뒤트는 경련은 악령이 퇴치될 때에도 일어난다. 이와 같은 현상은 최초의 악령추방 기적의 경우와 동일하다(1.26). 그밖에도 병자의 신체적 고통의 행위가 뒹굴기, 거품 흘리기, 이를 갈기, 굳어지기, 창백해짐, 소리 지르기, 죽은 사람처럼 드러눕기 등으로 나타난다. 이처럼 상세한 사실적 묘사는 극심한 고통의 양상을 잘 보여준다. 예수님의 기적적인 치유행위는 절대의 도움을 필요로 하는 환자의 간절한 기대에 부응하는 구원의 사역이다.

전체이야기의 구성은 서론(9.14-18), 제시(9.19-24), 중심부(9.25-27), 결론(9.28-29)의 네 부분으로 되어 있다. 이와 같은 다원적 전개를 통해 치유기적의 계시의미가 점진적으로 드러난다. 이야기의 서론에는 장소와 인물의 교체가 이루어진다. 기적이 발생한 장소는 변용의 사건이 일어난 산의 아래에 있는 지상의 영역이다. 예수님이 산에서 내려와 보니 아홉 명의 제자가 큰 무리에 둘러싸인 채 율법학자들과 열심히 토론하고 있다. 모여든 군중은 예수님을 보자 놀라워하며 문안인사를 한다. 이것은 평소와 다른 모습이다. 오랫동안 간질병을 앓는 자식을 아버지가 데려와 제자들에게 고쳐주기를 청원하나 실패한다. 이 아이는 귀머거리와 벙어리의 장애도 함께 가지고 있는 복합적 질병의 환자이다. 제자들은 사태를 지켜본 율법학자의 비난과 야유에 맞서 자신들을 변명하기에 여념이 없다.

상대적으로 긴 분량의 제시의 장면은 아버지의 청원에 대한 예수님의 답변으로 시작된다. 전체의 내용은 두 사람 사이의 대화로 되어 있다. 일어난 일의 전말을 들은 예수님은 "믿음이 없는 세대여"라고 깊이 탄식한다. 이것은 매우 과격한 발언으로 들린다. 두 공관복음에는 "패역한 세대여"라는 구문이 덧붙여 있다(마태 17,17, 누가 9,41). 이 명사구는 가치가 전도된 혼돈의 세대라는 뜻이다. 여기에서 "세대"는 이 시대의 사람들을 가리킨다. 상대방이 불분명한 예수님의 개탄은 "해석학적 도약"의 범주에서 이해된다. "믿음이 없는"이라는 부정의 형용사는 이어지는 구절과의 관계로 보아 모여든 무리라기보다 제자들을 지칭하는 것으로 보인다. 즉 후세의 교구의 구성원을 향한 일깨움의 부름이 암시되어 있다. 강한 음조로 표현된 불신앙의 지적은 메시아를 올바로 인식하지 못하는 제자들의 자세에 연관된다. 이와 같은 사실은 다음 단락에서 명료해진다. 이제까지 은폐된 메시아의 비밀은 예수님의 죽음과 부활에 관한 두 번째 예언으로 해소된다.

그러나 예수님은 곧이어 인내와 연민으로 어려운 현실에 대처한다.

문제가 되는 병자소년을 데려오도록 지시하자 그의 아버지가 앞에 나타나 "불쌍히 여겨" 도와달라고 청한다. 가정적 발언 "무엇을 하실 수 있거든"은 치유자의 권위와 능력을 신뢰하지 못하는 의구심의 발로이다. 예수님은 이와 같은 내면의 불신을 제거함으로써 구원의 길을 연다(9,23).

믿는 자에게는 능히 하지 못할 일이 없느니라.

간결한 격언적 문장은 하나님의 권능에 의한 "믿는 자"의 힘을 강조한다. 이 동명사는 앞 절과의 관계에서 볼 때 우선적으로 예수님 자신에 연관된다. 믿음은 근본적으로 예수님 안에 뿌리를 두고 있다. 그러나 가능성의 차원에서 제자들을 포함한 독자 전체로 일반화된다. 예수님을 향한 절대의 믿음 아래에서 불가능이란 없다. "하지 못할 일이 없다"는 모든 것이 가능하다는 뜻이다. 믿음은 가능성의 실현으로 표현된다. 치유의 중재자를 향한 예수님의 귀한 선언은 초대교구에서 최고의 신앙원리로 받아들여진다. 마태의 병행단락에는 동일한 내용이 비유의 형식을 통해 보다 강화된다(17,20).

만일 너희에게 믿음이 겨자씨 한 알 만큼만 있어도 이 산을 명하여 여기서 저기로 옮겨지라 하면 옮겨질 것이요

이것은 "믿음의 황금률"이라 불린다. 공관복음에 이미 다루어진 겨자씨의 비유에 연결된 복합문장의 의미는 겨자씨의 크기에 기초하고 있다. 아무리 미소한 믿음의 씨앗이라도 말씀의 능력을 발휘하면 거대한

장애물인 산을 움직일 수 있다. 이 말씀은 이야기의 문맥에서 단 한 번도 악령을 추방하지 못하는 제자들의 부족한 믿음과 대조를 이룬다. 그러나 과장된 어법의 발언의 중점은 무능의 강조가 아니라 가능성의 실현에 있다. 다시 말해 강력한 영향력을 지닌 믿음이 존재한다는 기대의 지적이다.

마태의 문안과 유사한 비유의 문장이 누가의 복음에도 다른 문맥에서 발견된다. 여기에는 작은 믿음의 힘에 의한 이동의 대상이 산에서 뽕나무로 교체된다(17.6). 즉 뽕나무의 뿌리가 통째로 뽑혀 바다에 던져진다. 화자에 의해 의도된 의미는 마태와 마찬가지이다. 겨자씨만한 믿음은 후세의 영향사에서 여러 방향으로 받아들여진다. 여기에는 겨자씨의 또 다른 특성이 작용한다. 그러나 겨자씨의 은유를 규정하는 기본원칙은 가장 작은 것에서 큰 영향력이 행사된다는 절대적 역설의 논리이다.

"산을 움직이는 신앙"은 무화과나무의 소멸에 관한 기적의 이야기에 보다 구체적이고 사실적으로 표현된다(11.23). "누구든지 이 산더러 들리어 바다에 던져지라 하며 그 말하는 것이 이루어질 줄 믿고 마음에 의심하지 아니하면 그대로 되리라." 객관적으로 서술된 구절에서 산이 바다에 던져지는 것은 위에 언급한 누가의 비유에서 뽕나무가 바다에 던져지는 것에 유추된다. 산과 바다의 모티브에 의거한 역동적 비유의 문장은 유대의 지형에 연유한다. "들림"과 "던져짐"의 두 운동은 서로 대조된다. "마음에 의심하지 아니하는" 확신은 산이 바다로 떨어지는 우주적 자연의 기적을 낳는다. 비록 인간의 힘으로 불가능하다 하더라도 확신의 믿음으로 말하고 행하면 "그대로" 이루어진다. 믿음의 실천에서 가장 중요한 것은 불신의 의혹을 제거하는 일이다. 의심은 믿음을 방해하는 원천적 요소이다. 병자의 아버지는 예수님에 의해 의심의 질곡에서 벗어남으로써 자신과 아들을 구원에 이르게 한다. 예수님의 확답을 들은 아버지는 즉시 다음과 같이 외친다(9,24).

> 내가 믿나이다. 나의 믿음 없는 것을 도와주소서.

두 문장의 복합문에서 믿음의 고백을 이어받는 후반의 청원문은 앞의 진술문에 대한 보완이다. 특별한 어법의 문장은 "믿음을 주십시오", 혹은 "불신에서 벗어나도록 해주십시오"로 읽을 수 있다. 믿음의 생성에 도움이 필요하다는 문자적 해석은 오해를 자아낼 수 있다. 이제 무기력한 아버지의 믿음은 적극적 의존과 신뢰의 행위로 바뀐다. 서로 이어진 두 문장에는 신앙과 불신앙 사이의 거대한 괴리가 나타나 있다.

기적의 중재자의 고백은 이방족인 페니키아 여인의 경우를 연상시킨다(7,28). 겸손한 그녀의 낮은 자세가 더러운 귀신에 사로잡힌 딸의 병을 낫게 한 것처럼 아버지의 진솔한 믿음은 아들의 난치병을 고치는데 결정적 역할을 한다. 제3의 중재가 치유의 기적을 일으킨다는 사실은 이미 야이로 딸의 소생에서 증명되어 있다. 회당장인 아버지는 딸의 병을 고치기 위해 예수님을 찾아와 무릎을 꿇고 간구한다(5,22-23). 간질병 소년의 기적에도 자신을 낮추는 아버지의 신앙고백이 예수님으로 하여금 즉각적인 치유를 수행하도록 만든다. 치유기적의 발생에는 병자의 직접적 청원만 유효한 것은 아니다.

이야기의 중심은 치유자의 행위이다. 이 대목은 매우 압축적으로 기술된다. 예수님은 거센 악령이 다시는 아이에게 들어가지 못하도록 완전하게 "내쫓는다." 그동안 악령이 여러 차례 아이를 괴롭혀 죽음의 경지로 몰아넣었기 때문이다. 여기에서 추방당한 악령은 “말을 못하는 영”(daimonion kophon)으로 표현된다. 귀신이 물러간 아이는 심한 경련을 일으키며 그 자리에 쓰러진다. 이것은 사탄의 마지막 공격에 의한 일시적 죽음의 현상이다. 그러자 예수님은 죽은 것처럼 누워있는 아이의 손을 붙잡아 “일으킨다”(9.27). 이것은 야이로 딸의 경우처럼 생명회복의 기적이다. 악령의 추방은 죽음에서 삶으로의 이행을 의미한다. 간질병자의 치유기적에는 아버지의 믿음과 치유자의 주체적 연민이 함께 작용한다. 이와 같은 상황은 다른 기적사례와 크게 다르지 않다. 그러나 여기에서 중요한 것은 치유자의 능력이 아니라 초월적인 믿음의 힘이다.

두 절의 결론부는 믿음에 연결된 기도의 필요성을 강조한다. 예수님이 집에 들어가자 제자들은 자기들이 왜 기적을 행할 수 없는지 조용히 물어본다. 많은 무리의 질타를 받은 그들에게는 이것이 최대의 관심사이다. 이에 대해 예수님은 다음과 같이 답변한다(9.29).

> 기도 외에 다른 것으로는 이런 종류가 나갈 수 없느니라.

이것은 청원의 기도에 의한 거대한 능력의 강조이다 “이런 종류의 영”이란 다수의 악령이 지배하는 영을 말한다. 거라사 광인의 악령집단과 유사한 형태이다. 그러나 넓게 보면 악령 전체를 가리킨다. 막강한 힘을 지닌 악령의 존재는 유한한 인간의 힘으로 도저히 대적할 수 없다. 오로지 전능한 하나님의 권능에 의해서만 완전한 제압이 가능하다.

확실한 믿음의 표시인 기도는 하나님의 은총을 가져온다. 하나님의 뜻과 의지에 합치하는 간구의 기도는 그 어떤 악령의 세력도 퇴치할 수 있다. 40일간의 금식으로 인한 기아의 상태에서 거듭되는 사탄의 유혹을 물리친 예수님의 광야의 기도가 그 모형이다(마태 4.1-11). 죽은 나사로의 소생을 가능하게 한 중보의 기도도 같은 차원에 있다(요한 11.41-42). 주위의 사람들을 믿음으로 인도하려는 간절한 기도는 죽은 사람을 살리는 엄청난 능력을 발휘한다. 예수님은 말씀과 기도로 사탄의 세력을 물리치고 아버지의 구원사역을 완수한 승리자이다.

5. 바디매오의 개안

–고난의 길의 따름

마가 10.46-52

마태 20.29-34

누가 18.35-43

바디매오의 개안기적은 세 공관복음에서 거의 비슷하게 다루어진다. 그 가운데 마가의 경우가 가장 자세하고 명료하다. 간결한 요약에 해당하는 마태의 문안은 앞에 나온 두 맹인의 치유와 혼동해서는 안 된다(9.27-31). 유사한 형태의 두 에피소드는 서로 다른 사건을 다룬다. 다만 두 사람의 맹인의 등장과 "다윗의 아들"의 호칭은 공통의 요소이다. 두 맹인의 치유기적은 이어지는 귀신들린 벙어리의 치유와 이중의 이야기를 형성한다(9.32-34). 이와 같은 구성법은 공관적 기적의 서술에서 특별한 것이 아니다.

마태의 병행단락에는 치유의 대상자가 다른 치유기적에서 처럼 두 사람이다. 그는 인물의 설정에서 한 사람의 개인보다 한 쌍의 집단을 선호한 것으로 보인다. 가다라의 기적이야기에도 두 사람의 귀신들린 자가 등장한다(8,28). 이와 같은 성향은 다른 복음가에 비해 특이한 현상이다. 이름이 결여된 둘의 숫자는 연출된 장면을 비인칭적이고 비개성적으로 받아들이게 한다. 여기에는 민속적 이야기의 영향이 감지된다. 또한 두 증인의 발언을 통해 주님에 대한 신앙고백을 강조하려는 의도가 들어있다.

누가의 병행단락은 마태에 비해 마가의 원본에 가깝다. 다만 몇 군데에서 작은 오차가 발견된다. 그는 맹인의 "들음"에 관한 서술에서 "나사렛 사람"을 "Nazoraior"라는 고유의 형태로 바꾸고 있다(18,37). 사도행전으로 이어진 이와 같은 명칭은 "나사렛 사람"의 초기의 변수이다. 치유의 수행과정에서 믿음에 의한 구원의 말씀은 강한 치유의 명령 "다시 보아라"에 인도된다(18,42). 이야기의 마지막에서 저자는 마가의 문안에 없는 종결의 합창을 추가한다. 이를 통해 은혜를 입은 치유의 수혜자를 민중의 찬양에 동화시킨다(18,43).

마가가 다른 두 저자와 달리 특별히 청원자의 이름을 거명한 것은 그가 자신의 교구에 잘 알려진 인물이기 때문인 것으로 추측된다. 마가는 "디매오의 아들"이라고 가족의 출처까지 밝히고 있다. 그리스어의 이름에 아람어로 '아들'을 뜻하는 명사 "바"(br)를 붙인 것은 토속적 분위기를 자아낸다. 이와 같은 인물의 소개는 장소의 배경을 이루는 여리고와 함께 기적이야기에 전기적, 사실적 특성을 부여한다. 바디매오의 개안은 마가의 이야기에서 현실의 사건으로 기술된다. 이와 같은 서사의 기초는 역사화의 해석을 활성화한다. 획기적 치유기적에서 야기된 지속적 영향력은 역사적 사실성을 보증한다.

"디매오의 아들"은 이야기의 줄거리에서 예수님의 호칭 "다윗의 아들"과 짝을 이룬다. 예수님과 바디매오는 기적이야기의 두 주인공이다.

제자들과 주변의 무리는 조연에 불과하다. 바디매오라는 이름은 장소의 배경을 이루는 여리고(Jericho)와 함께 현실적 관련의 근거로 통용된다. 거지 맹인이라는 청원자의 신분은 당시의 사회적 상황을 반영한다. 앞을 보지 못하는 맹인은 구걸행위를 통해 생계를 유지한다. 그는 사회에서 가장 비천한 계급에 속한다. 맹인의 시력회복은 나병환자의 치료와 마찬가지로 사회적 해방의 표식이다. 바디매오는 여리고에서 나가는 길가에 앉아 평소처럼 구걸의 행각을 계속한다. 거대한 규모의 유월절 순례자로부터 상당한 구제금을 기대할 수 있기 때문이다.

여리고는 요단강 계곡 남쪽의 황폐한 지역에 위치하는 오래된 주거지역이다. 해면에서 250m나 낮은 분지에 놓여있어 높은 지대의 예루살렘에서 가파른 비탈길을 통해 내려오게 된다. 24km 정도 떨어진 예루살렘에서 오려면 보통 하루 정도 걸린다. 유대인 지역에 인접해있는 경계의 도시는 종려나무와 향기나무의 번성으로 풍요를 누린다. 따라서 "많은 샘의 오아시스"라고 불린다. 구약에서 "종려나무 도시"로 표기된 (신명기 34.3) 유서 깊은 고장이 맹인의 구원을 위한 터전이 된다. 세 복음서에서 기적이 발생한 위치에 관한 표현이 조금씩 다른 것은 목격자의 진술의 차이 때문인 것으로 보인다. 여리고의 구도시와 신도시에 대한 지역적 특성도 혼란을 가져오는 한 원인이다. 누가의 복음에는 여리고에서 "나오는" 지점에 부자 세리 삭개오의 구원의 사건이 발생한다(19.1-10). 세리의 수장인 그는 유대의 경계도시에서 세관의 세금을 징수하는 역할을 담당한다.

바디매오의 개안은 마가복음에 나오는 연쇄기적의 마지막에 해당한다(10.46-52). 이 종국적 사건으로 거대한 기적의 원은 마감된다. 예루살렘에 들어가면 이제까지와 같은 기적은 일어나지 않는다. 이런 점에서 마가의 기적의 총화라고 할 수 있다. 의미 있는 시력회복의 기적은 앞으로 전개될 영적 복음전파의 지표이다. 예루살렘 입성과 함께 시작될 고독한 고난의 행로에는 따름의 결단이 중요한 역할을 한다. 바디매오의 치유기적이 일으킨 강한 파장은 곧이어 메시아의 입성을 환영하는 민중의 환호로 나타난다(마가 11,9-10). 감격적인 기적의 사건을 체험한 무리는 종려나무 가지를 손에 들고 승리의 함성을 외친다. 성전청결의 행사에 보여진 어린이의 치유와 호산나 합창도 그 연장선에 있다(마태 21,12-16).

"보지 못함"(typhlos)은 구약에서 중병으로 간주되며 벙어리처럼 하나님에 의해 좌우된다(출애 4,11). 또한 하나님의 형벌로 취급되기도 한다. 눈먼 자가 보게 되는 것은 듣지 못하는 사람이 듣는 것과 함께 여호와 하나님에 의한 구원사역이다(이사야 35,5).

그때에 맹인의 눈이 밝을 것이며 못 듣는 사람의 귀가 열릴 것이며

예수님은 눈먼 자를 위한 하나님의 복음을 실제적으로 강화한다. 이 사실은 신약에서 거듭하여 증거된다. 요한복음에는 맹인의 개안이 빛의 인식에 연관된 영적 차원에서 서술된다. 영혼의 눈이 열린 자는 세상의 어둠에서 벗어나 "생명의 빛"을 보게 된다. 태생의 맹인의 치유기적은 이 사실을 명료하게 보여준다. "생명의 빛"은 어둠의 인간에게 영원한 생명을 부여하는 예수님의 은유적 반사이다(요한 8,12).

맹목은 마가의 벳새다 맹인의 치유기적의 중심요소이다(마가 8,22-26). "눈이 먼" 상태는 구약의 예언서에서 지각하지 못함과 반역의 죄악으로 규정된다(예레미야 5,21, 에스겔 12,2). 동사 "보다"는 고대의 철학적 문헌에

서 '지각하다, 관찰하다, 배우다, 판단하다, 이해하다, 해석하다' 등의 의미와 관계된다. 즉 "봄"의 행위는 이해와 밀접하게 연관되어 있다. 이와 같은 전제는 신약성서에서 맹목의 모티브에 적용된다. 그것은 파악능력의 결여, 오성의 둔화, 이에 따른 오류의 행위를 말한다. 이미 씨뿌림의 비유에 등장한 의미 있는 주제(마가 4.12)는 맹인의 치유기적에서 본질적으로 다루어진다.

맹목의 이해에서 중요한 것은 "마음의 눈"의 사고이다. 이 은유어의 의미는 8장 17-18절의 두 절에 제시된다. 바리새인과 헤롯의 누룩을 경고하는 단락의 마지막에는 알지 못함에 이어 "마음의 둔함"이 제거되어야할 요소로 지적된다. 이 표현은 바리새인의 경직된 내면의 자세를 지시하는 용어로 거듭하여 사용된다. 영적 투시의 능력을 지시하는 "마음의 눈"의 열림은 많은 기적을 경험한 예수님의 제자에게도 한동안 유보된다. 오로지 고난과 십자가에 의해서만 메시아의 사명은 완전하게 인식될 수 있다. 벳새다 맹인의 치유기적에 이어진 국면전환의 단락에는 죽음과 부활에 관한 의미 깊은 예고에도 불구하고 베드로의 고백은 올바르게 대처하지 못한다(마가 8.33).

바디매오의 개안에 관한 서술은 신약의 기적이야기의 범례로 손꼽힌다. 체계적 플롯의 설정은 서사적 이야기의 정상이라 할 수 있다. 사용된 어법도 간결하고 적절하다. 청원자의 발언과 행동은 위기의 해소에 직접 작용한다. 상호대화는 종결의 장면을 구성하는 중요한 매체이다. 여기에서 치유의 수행이 이루어진다. 자비의 구원을 열망하는 바디매오의 평생의 소원을 외면하려는 제자들의 행동에는 잘못된 동반자의 자세가 나타나 있다. "그를 부르라"라는 예수님의 명령은 이와 같은 관습적 무관심에 대한 거부이며 폐기이다(마가 10.49). 이야기의 전환을 가져오는 의미 있는 발언은 직접화법의 현재형으로 표현됨으로써 사실성과 영속성을 강화한다. 독자는 길지 않은 이야기를 읽어나가는 동안 진정한 믿음의 능력이 어떠한 것인가를 확인하게 된다. 이것이 바디매오의 치유기적이 제공하는 귀한 교훈이다.

서사의 골격은 치밀하고 정교한 구조를 보인다. 모두 일곱 개의 절은 일곱 개의 개별 장면을 지시한다. 서로 긴밀하게 이어진 장면의 연속은 영화의 시퀀스와 유사하다. 이와 같은 시간적 도식에 따라 전체의 줄거리를 단계적으로 파악할 수 있다.

제1의 장면(10.46): "그들이 여리고에 이르렀더니"
(예수님과 맹인의 만남)

제2의 장면(10.47): "나사렛 예수시란 말을 듣고"
(맹인의 청취와 첫 번째 청원)

제3의 장면(10.48): "많은 사람이 꾸짖어 잠잠하라"
(동반자의 명령, 두 번째 청원)

제4의 장면(10.49): "예수께서 머물러 서서 그를 부르라 하시니"
(예수님의 부름, 지시에 대한 동반자의 이행)

제5의 장면(10.50): "맹인이 겉옷을 내버리고 뛰어 일어나"
(맹인의 과감한 행동)

제6의 장면(10.51): "예수께서 말씀하여 이르시되"
(예수님과 맹인의 대화)

제7의 장면(10.52): "예수께서 이르시되 가라"
(치유의 말씀, 따름의 결단)

위에 제시된 일곱 장면에서 행동의 두 주체는 맹인과 예수님이다. 이들은 이야기의 주연이며 예수님의 동반자는 조연이다. 맹인과 예수님의 소통의 대화는 치유행위의 계기를 형성한다. 실제적인 치유의 장면은 종결의 말씀과 따름의 결단으로 구성된다. 사건의 시간적 연속에 의한 점진적 전개방식은 기적이야기의 모형이다.

이제 일곱 개의 개별 장면을 구체적으로 살펴보기로 한다. 제1의 장면은 예수님과 바디매오라는 이름의 거지 맹인과의 만남을 열어준다. 이 도입의 장면에 여섯 개의 개별 장면이 따른다. 이들은 가운데의 지점을 향해 집중적으로 구성되어 있다. 이 중심은 10장 49절에 해당하는 제4장면이다. 그 내용은 예수님의 "부름"의 명령과 이에 따른 제자들의 이행이다. 과거의 시제로 제공된 대부분의 장면에서 처음과 중간에만 현재로의 시칭교체가 일어난다. 첫 절에는 "이르다"와 "나가다"라는 두 개의 동사가, 10장 49절에는 "부르다"가 현재의 시칭으로 표기된다. "그들이 그 맹인을 부르며..." 시간의 제시에서 "역사적 현재"로의 이동은 추가적 긴장을 야기한다. 여기에서 "부름"의 행동은 사건의 발생을 알리는 신호이다.

첫 절의 시간부사 "그리고"는 앞 단락에 제시된 예수님과 제자의 대화에 연결된다(마가 10,36-45). 여기에서는 제자의 교육의 중심인 헌신의 섬김이 주제로 다루어진다. 단순한 형태의 추가적 접속은 저자의 서사적 문체의 특징이다. 이에 비해 여리고로의 들어감과 나감의 서술은 비교적 생소한 어법이다. 나중의 구문 "여리고에서 나갈 때에"는 후세의 편집에 기인하는 것으로 설명된다. 예루살렘으로 가는 길목에 있는 요단강 계곡은 문서의 중반 이후 방황의 여정의 중심을 형성한 지역적 배경을 마감한다(마가 8,27-10,52). 11장 1절부터는 예루살렘과 예루살렘의 주변이 서술의 대상이 된다. 눈이 먼 맹인이 길가에 앉아있다는 사실은 이미 치유기적의 발생을 예시한다. 예수님과 제자들은 이제 거대한 군중과 함께 마지막 목적지를 향해 여리고를 떠난다.

제2의 장면에는 눈이 먼 바디매오의 귀에 "나사렛 예수"가 근처를 지나간다는 전언이 들려온다. 이 "청취"는 그의 마음을 움직이는 계기가 된다. 의외의 소식에 접한 그는 예수님 일행이 가까이 다가오자 큰 소리로 외친다(마가 10.47).

> 다윗의 자손 예수여 나를 불쌍히 여기소서.

바디매오는 예수님의 지혜와 행적에 관해 풍문으로 알고 있다. 그가 외친 "다윗의 자손"은 메시아의 존재와 신분을 가리키는 고귀한 명칭이다. 여기에는 경외의 감정이 들어있다. 발언자는 예수님이 자신을 암흑에서 광명으로 인도할 구세주임을 인식하고 있다. 나사렛 사람들은 다윗의 가문이라는 예수님의 출신을 믿지 않는 반면 이방의 거지 맹인은 메시아의 출현을 신봉한다. 그리하여 아무런 조건이 없이 다윗의 종말적 메시아가 베푸는 자비를 구한다. 그의 기대의 외침이 고귀한 다윗의 아들에게 들려지기 위해서는 동일한 시도를 반복해야 한다.

고상한 호칭 "다윗의 자손"은 다음 단락의 호산나 찬송에서 "다윗의 나라"로 이전된다(마가 11.10). "우리 조상 다윗의 나라여." 바디매오의 절규는 메시아의 입성을 맞이하는 군중의 함성으로 이어진다. "다윗의 자손"에 이어진 강한 음조의 발언 "나를 불쌍히 여기소서"는 매우 절박한 탄원의 표시이다. 여기에는 치유의 결과에 대한 확신이 들어있다. 믿음의 신뢰에 의거한 청원의 외침은 기적의 발생을 가져온다. 아픔을 함께 나누는 연민의 감정은 모든 기적의 근원이다. 오천 명 급식의 기적에도 "불쌍히 여기는" 마음이 거대한 "따름"의 무리에게 식량을 제공하도록 만든다(마가 6.34).

제3의 장면에는 군중 가운데 "많은" 사람들과 제자들이 소리를 지르는 무례한 자를 향해 "잠잠하라"고 꾸짖는다. 이 강력한 제지의 이유는 밝혀져 있지 않다. 아마도 "다윗의 아들"과 거지 맹인의 만남이 불필요하다고 생각하였을 것이다. 바로 얼마 전에도 제자들은 어린아이를 예수님으로부터 떼어놓으려고 하였다(마가 10.13-16) 이와 반대로 조언을 구하는 부자는 예수님과의 접촉에서 방해받지 않는다(마가 10.17-31). 예수님 일행의 침묵의 지시에도 불구하고 바디매오는 예수님과의 접촉을 향한 의지를 굽히지 않는다. 오히려 더욱 큰 소리로 "다윗의 자손이여 나를 불쌍히 여기소서"라고 소리 지른다.

제4의 장면에서 이야기는 정점에 도달한다. 예수님은 그 자리에 "머물러 섬으로써" 청원자의 두 번의 탄원에 응답한다. 그리고 청원자의 적대자들이 마음을 바꿀 것을 촉구한다. 즉 그를 직접 "부르게" 함으로써 간절한 요구를 제지하지 못하도록 유도한다. 적대자에서 조력자로의 역할교체는 현재의 시제로 표현된다. 군중과 제자들은 이어질 예루살렘의 입성에서 바디매오와 함께 "다윗의 통치"를 환호하게 된다. "안심하고 일어나라"라는 이들의 발언은 단순한 "부름"을 넘어서는 격려의 표명이다. 그것은 이미 사건의 발생을 예시한다.

제5의 장면은 신뢰에 찬 맹인의 행동을 간결하고 구체적으로 묘사한다. 청원의 응답을 받은 그는 자기의 "긴 겉옷"을 벗어던지고 벌떡 일어나 예수님에게 달려온다. 맹인의 겉옷(himation)은 받은 동전이나 구제금을 보관하는 역할을 한다. 동시에 추운 날씨에 체온을 보호하는 유일의 소유물이다. 이와 같은 물건을 내버리는 것은 새로운 삶을 시작하려는 의지의 표시이다. "뛰어 일어나다"라는 동사는 그의 소원인 "눈을 열다"와 "위로" 향하는 움직임의 방향에서 일치한다. 마지막 절에 등장하는 결론의 동사 "다시 보게 되다"도 여기에 연결된다(마가 10,52). 빠른 치유를 향한 청원자의 간절한 소망은 모든 것을 단숨에 버리게 한다. 극적인 효과를 고조시키는 인상적 장면은 마가 고유의 어법을 보여준다.

마지막의 두 장면은 완전한 대화체로 되어있다. 이야기를 종결하는 한 절의 결구만이 과거시제의 서술문이다. 제6의 장면은 예수님의 물음-바디매오의 대답-예수님의 지시의 세 단계로 진행된다. 그 과정은 매우 극적이고 역동적이다. 예수님은 앞에 서있는 바디매오에게 "무엇을 해주기를 원하느냐"고 묻는다. 언뜻 불필요하게 보이는 물음은 믿음의 고백에 대한 확실한 요구이다. 이에 대한 대답은 확신의 믿음에 찬 단호한 진술이다(10,51).

선생님이여 보기를 원하나이다.

위의 문장에 사용된 호칭 "선생님"에 해당하는 "rabbouni"는 '나의 선생님' 혹은 '숭고한 자'를 뜻한다. 이 아람어 명사는 히브리어 "rabbi"와 그리스어 "didaskaos"의 대체어이다. 저자는 그리스의 독자가 "rabbouni"의 고귀한 음향을 알고 있으리라고 전제하고 있다. 마가복음에서 이곳에만 등장하는 특별한 용어는 요한복음에서 빈 무덤 앞에서 부활한 예수님을 만난 막달라 마리아가 사용한 명칭이다(요한 20,16). 짤막하고 단순한 대답 "보기를 원하나이다"는 시력의 회복을 향한 청원자의 소원을 솔직하게 나타낸다.

이어지는 예수님의 발언은 치유의 수행에 관한 선포이다. 이 부분은 하나의 명령동사와 과거형 진술문의 두 부분으로 구성된다(10,52).

> 가라 네 믿음이 너를 구원하였느니라.

간결한 도입의 명령 "가라"는 "봄"에 의한 움직임을 지시한다. 여기에는 새로운 삶의 출발이 암시되어 있다. 물론 구체적 치유의 동작은 생략되어 있다. 그러나 행동의 완료를 나타내는 과거시칭의 다음 문장은 이미 개안의 기적이 이루어졌음을 선언한다. 동일한 문장도식이 혈루증 여인의 치유기적에도 등장한다(마가 5,34). 치유자의 사랑의 능력에 의존하는 확신의 믿음은 기적을 태동하는 원천적 동력이다.

연속된 시퀀스의 마지막 단계인 제7의 장면은 매우 명료하고 단호하게 진술된다(10,52).

> 그가 곧 보게 되어 예수를 길에서 따르니라.

두 부분으로 구성된 문장에서 눈의 열림을 규정하는 시간부사 "곧"(즉시로)은 치유의 결과가 바로 나타났음을 지시한다. 그 내용은 "봄"과 따름으로 요약된다. 두 요소는 밀접하게 연관되어 있다. 따름은 "봄"의 연속이며 결과이다. 문장의 전반에서 과거부정형으로 사용된 동사 "보다"는 시력의 회복이 완료됨을 지시한다. 그리스어 동사 "anablepo"는 단순한 눈의 열림을 넘어서는 영적 개안을 지시한다. 마가의 문안에 자주 등장하는 맹목과 우매함의 반대개념이다. 동사 "blepo"에서 파생된 "anablepo"는 원래 '위를 쳐다보다'의 뜻으로 오천 명의 급식기적에서 식사의 축도를 인도하는 예수님의 행위를 나타내는데 사용된다(마가 6:41). 기적적인 대량급식의 실현은 하늘을 "우러러보며" 간절하게 드린 감사기도의 결과이다.

복합문장의 후반부 "길에서 따르니라"에서 장소의 부사구 "길에서"는 특별한 의미를 지닌다. 그것은 치유의 수혜자가 예수님의 "고난의 길"에 결단으로 동참함을 의미한다. 치유기적의 결과를 제시하는 종결의 장면에는 민중의 반응과 같은 일반적 요소가 결여되어 있다. 그 대신에 기적의 영향이 따름의 요구와 연결된다. 이와 같은 결말은 저자의 기적서술에서 처음으로 발견되는 중요한 요소이다. 치유의 수혜자는 하나님의 나라의 참여의 지분을 얻어 헌신적인 후계의 길을 걷게 된다. 시각의 작용을 나타내는 동사 "보다"와 "쳐다보다"(다시 보다)는 마가의 문서에 21회나 사용된다. 서로 연결된 두 동사는 해석의 행위로 받아들여진다. 십자가의 죽음에 이르기까지 믿음으로 예수님을 따르는 자만이 하나님의 통치의 신비에 참여할 수 있다. 믿는 자는 기적의 수행자인 예수님에 대한 신뢰의 믿음에서 자신을 무조건의 따름과 고난 받는 메시아의 고백으로 고양시켜야 한다. 이와 같은 자기승화는 바디매오의 치유에서 고귀한 다윗의 아들을 향한 따름과 고백으로 구체화된다. 바디매오는 일반적 명칭 나사렛 사람을 고백의 호칭인 "다윗의 자손"으로 이전시킨다. 종말적인 다윗의 메시아에 관한 기대는 예수님의 앞에서 실현된다. 제자들과 군중은 다윗의 메시아가 신체마비자와 보지 못하는 거지를 위해 출현하리라고 생각하지 못한다. 두 형태의 장애는 하나님에 의한 죄의 형벌로 여겨지기 때문이다. 예수님의 개안기적은 이와 같은 몽매함의 상태를 제거한다.

예수님의 동반자로서의 군중(백성)은 마가복음에 38회나 등장한다. 그

의미는 문서의 중반과 종반에서 상이하게 나타난다. 빌라도의 재판에 등장하는 군중은 종교지도자의 모함에 넘어간 우매한 외부의 무리이다. 순회의 전도여행에는 예수님의 사역에 지속적으로 동참하면서 구원의 복음을 진정으로 받아들이는 큰 규모의 집단을 말한다. 이 내부의 집단은 곧이어 제자들과 함께 예루살렘 성으로의 왕의 입성을 준비한다. 순종의 추종자들이 뒤따르는 조촐한 행렬은 부활절 이후 로마군대의 호위를 받는 황제의 입성(adventus)에 대한 반대의 현상으로 이해된다.

누가는 병행단락의 종결부에 별도의 코멘트를 추가하고 있다(누가 18,43). 그의 문안에만 나오는 한 절의 문장은 개안기적의 계시의미를 증거하는 중요한 대목이다.

> 곧 보게 되어 하나님께 영광을 돌리며 예수를 따르니 백성이 다 이를 보고 하나님을 찬양하니라.

이것은 바디매오의 치유기적의 최고의 승화이다. 여기에는 두 가지 사실이 분명하게 지적된다. 첫째, 치유의 경험자가 고백한 영광의 표명과 따름의 실행이다. 예수님의 길을 걷는 것은 하나님에게 영광을 돌리는 거룩한 행위이다. 둘째, 치유의 수혜자의 증언을 직접 들은 "백성"에 의한 하나님의 칭송이다. 구약의 문구를 상기시키는 이 부분은 저자 고유의 표현이다. 간결한 찬가는 하나님의 구원의 은혜에 관한 기쁨과 환희의 합창이다.

바디매오의 치유이야기는 역사화, 실존주의, 상징과 서사론의 세 방향에서 해석이 이루어진다. 역사적 해석은 전통사의 핵심에 연관된다. 여기에는 눈의 고통이 예수님에 의해 치료될 수 있다는 사실이 전제된다. 치유의 수행자는 맹인의 시력장애를 카리스마의 말씀으로 회복하고 치유된 자를 후계의 길로 인도한다. 부활 이전의 예수님은 하나님의 나라의 선포와 함께 구원의 기적을 행사한다. 역사적 해석은 맹목과 우매함과 같은 전통사의 요소에 집중한다. "보지 못함"은 유대의 전승뿐만 아니라 헬레니즘 문화의 중요한 모티브다. 여기에서 종교사와 사회사의 연관이 조성된다.

실존적 해석에는 기적의 의미가 신체적 치유뿐만 아니라 진정으로 "보는 자"의 따름에서 개진된다. 여기에서 귀결되는 후계자의 요구는 모든 독자에 해당된다. 후세의 편집의 작업은 전승의 소재인 맹목의 은유에 집중한다. 치유의 사건은 역사적 사실의 보고가 아니라 교구를 인도하는 기적의 믿음의 산물이다. 믿음과 따름의 관계는 편집사의 중심을 형성한다. 실존론과 편집사는 후계자의 요청이라는 동일한 명제에서 출발한다. 그러나 맹목의 은유에 내포된 계시의 의미를 사실적으로 "말해진" 세계로 환원한다. 따라서 은유적 지시의 폭이 상대적으로 제한된다.

이에 반해 서사론적 해석은 기적이야기의 영속적 상징을 해명한다. 여기에서 상징은 이중의 코드로 규정된다. 즉 맹목의 모티브는 사실적으로 "말해진" 세계와 믿음의 은유의 양면에서 해명된다. 맹인의 치유는 신체기관의 기능회복과 함께 예수님을 향한 믿음의 눈의 열림을 지시한다. 이것은 전통적 모티브의 새로운 자리매김이다. 마가의 복음서의 중심에 위치한 두 개의 개안기적은 그 증거이다. 첫 번째 사례인 벳새다 맹인의 치유에서 이미 영적 개안의 의미가 제시된다. 두 번째 사례에는 이 명제가 확신의 믿음의 획득으로 이어진다. 예수님의 복음은 두 차례에 걸친 맹인의 구원으로 이미 암시된 하나님의 나라의 초대를 분명하게 선언한다.

이제 서사적 기적이야기의 계시의미는 다음과 같이 정리된다. 여리고 도상의 가난한 맹인은 예수님과의 극적 만남을 통해 눈멈의 고통에서 벗어난다. 치유의 구원을 향한 그의 확신의 기대는 다윗의 아들을 선생님의 호칭으로 바꾸어 부른다. 연민을 향한 강한 청원에는 하나님의 나라의 임재에 대한 교시가 자리하고 있다. 신체의 건강을 가져오는 영적 치유의 행위에는 신적 창조의 재생이 내재되어 있다. 치유의 수혜자는 위대한 선지자가 종말의 시점에 대비하여 선포한 것처럼 "눈의 빛"을 되찾는다(이사야 35.5-6). 그리고 예수님의 추종자로서의 삶을 결단한다. 예수님을 따르는 자는 현세에서 심한 박해를 받으나 "내세에 영생을 얻게 된다"(마가 10.30). 이제 바디매오는 더 이상 구걸의 행각을 계속할 필요가 없는 자유로운 예수님의 증인이다. 그는 신체의 곤궁과 신앙의 닫힘에서 해방된 것이다. 구약에 전승된 맹목의 모티브는 육체와 영혼에 연관된 종합적 상징의 차원에서 완전하게 해명된다.

6. 나사로의 소생

–부활의 현존

요한 11.1-44

나사로의 소생에 관한 이야기는 신약성서에 나오는 가장 장대한 기적이야기이다. 그것은 한 폭의 장엄한 서사시이다. 저자 요한은 나사로라는 인물이 무덤에서 살아난 역사적 사건을 높은 수준의 문학작품으로 형상화하고 있다. 여기에는 체계적 구성력과 서사적 기법이 중요한 역할을 한다. 이야기의 플롯도 다른 사례에서 보기 힘든 특유의 형태이다. 일관된 진전을 방해하는 소외화의 요소는 일정한 목표를 겨냥하고 있다. 그 구체적 내용은 독서의 여정의 마지막에 이르러 밝혀진다. 전체이야기의 중심에 위치한 예수님 자신의 부활의 선언은 "부활의 현존"이라는 획기적 사실의 증거를 통해 소생의 기적이라는 전승의 주제를 새로운 차원으로 올려놓는다. 그것은 확고한 부활신앙의 고백으로 인한 영원한 생명의 획득이다. 이 고귀한 명제는 요한복음이 지향하는 종착점이다.

방대한 서사적 이야기는 전체의 문맥에서 수전절(성전봉헌제)의 솔로몬 행각의 논전과 요단강 "저편의" 행적, 그리고 베다니의 향유사건과 예루살렘 입성의 사이에 놓여있다. 요단강의 "건너편"은 세례요한이 처음으로 세례를 베풀며 자신의 선구자를 증언한 곳이다. 예수님은 유대인의 추적을 피하여 이곳에 머물던 중에 친구 나사로의 와병소식을 접하게 된다. 여기에서 야기된 소생의 기적은 이어지는 두 사건과 함께 앞으로 다가올 고난사를 준비하는 전주곡이다. 이 사실은 기적사건의 후기에서 "유월절의 다가옴(engys)"으로 지적된다(11.55). "다가옴"이라는 저자의 도식적 표현은 여기에서 예수님의 고난과 죽음을 예시하는 시간적 지표이다.

나사로의 소생과 인접장면의 연관은 원래의 이야기에서 이미 드러난다. 서두에 제시된 마리아의 소개에는 곧 일어날 베다니의 향유사건이 미리 언급된다(11.2). 이 대목은 과거형 문장으로 서술된다. 저자가 문서를 작성할 당시에는 이미 오래전에 일어난 일이기 때문이다. 베다니의 향유사건에 관한 이야기는 앞에 놓인 소생의 기적에 연계되어 있다(12.1-8). 장소의 배경은 바로 기적이 일어난 베다니이다. 나병환자 시몬이 부활한 나사로의 가족을 저녁식사에 초대한 것이다. 은혜로운 소생의 기적은 “공동의 식탁”의 거행으로 이어진다.

이 의미 있는 자리에서 매우 특별한 일이 벌어진다. 마리아가 예수님의 발에 향유를 붓고 머리털로 발을 닦은 것이다. 이 “사랑의 행위”는 오빠의 소생을 옆에서 지켜본 여동생의 감사의 답례이다. 여기에 사용된 고가의 향유는 시체의 매장에 사용되는 나드의 향유(myron nardou)이다. 보통 존경의 표시는 머리에 향유를 붓는 행동으로 나타난다. 다른 저자의 병행단락에는 이 사실이 명시되어 있다(마태 26.6, 마가 14.3). 마리아가 향유를 부은 행동은 예수님의 장례를 준비하는 예언적 행위이다. 실제로 예수님의 죽음을 지켜본 여인들은 안식일 새벽에 향품을 준비하고 무덤을 방문한다(마가 16.1-8). 그 결과 예수님의 부활을 목격한 최초의 증인이 된다.

베다니의 향유사건에 이어지는 예루살렘 입성에는 나사로의 소생에 관한 생생한 경험이 군중의 소리로 증언된다(12.17). 작은 나귀를 타고 예루살렘으로 들어오는 메시아의 행렬을 환영하는 무리의 환호에는 죽은 자의 부활에 대한 감격이 남아있다. 이것은 마가복음에서 바디매오의 개안기적이 일으킨 거센 파장과 같은 위치에 있다. 나사로의 소생 기적이 갖는 현실적 관련은 무엇보다 결과의 서술에서 증명된다. “많은 유대인”을 믿음으로 인도한 위대한 표적은 유대의 최고의회에서 예수님의 살해를 의결하게 한다. 베다니의 마을에서 일어난 부활의 기적이 던져준 막강한 사회적 영향력은 역사적 현실성의 증거이다.

서사적 이야기는 특유의 서술구조를 지닌다. 전체의 틀거리는 역의 방향으로 구성된다. 즉 실제적인 기적의 수행에 앞서 부활의 의미가 제시되고 부활의 복음이 선포된다. 이것은 기적의 현실보다 표적의 계시에 중점이 주어짐을 말한다. 믿음의 촉구와 영광의 구현은 복합단락 전체에서 반복하여 강조된다. 앞의 경우는 11장 15절과 42절에, 뒤의 경우는 11장 4절과 40절에 언급된다. 나사로의 소생이 주는 계시의 의미는 죽음의 극복을 통한 하나님의 영광의 시현과 확실한 부활신앙의 고취이다. 부활의 복음의 선포와 이에 대한 "나"의 고백은 예수님과 마르다의 문답의 형식으로 이루어진다. 자기증거의 도식 "나는 ...이다"(ego eimi)로 표현된 두 절은 기적이야기의 정점을 형성한다(11.25-26). 그것은 부활의 진리에 관한 최고의 선언이다. "나는 부활이요 생명이니..." 예수님은 부활과 생명의 현존을 증거하는 살아있는 주체이다.

이야기의 또 다른 특징은 다층의 시간구조이다. 전체의 줄거리는 완만한 진행으로 인해 그 흐름이 자주 중단된다. 예수님이 자신의 전도일정을 마치고 나사로의 무덤을 찾은 것은 시체가 매장된 지 나흘이 지난 시점이다. 오해를 자아낼 수 있는 의외의 행동은 두 가지로 풀이된다. 첫째, 부활의 사실을 분명하게 하기 위함이다. 유대인들은 사람이 죽은 후에도 영혼의 그림자가 사흘 동안 시체에 머물러있다고 생각한다. 11장 39절은 이 사실을 직접 언급하고 있다. "주여 죽은 지가 나흘이 되었으매 벌써 냄새가 나나이다." 예수님은 "완전한 죽음"의 시점까지 기다린 것이다. 둘째, 하나님의 계시를 인내로 기다리기 위함이다. 느린 속도로 움직이는 여러 발언과 행위는 일정한 목표를 향한 긴 행렬이다. 그 종착역은 11장 41-42절에 등장하는 중보의 기도이다. 주변의 모든 사람을 믿음으로 인도하는 간구의 기도는 놀라운 소생의 기적을 가져온다.

이제 전체이야기의 구성을 알아보기로 한다. 모두 44절에 이르는 긴 복합단락은 크게 다섯 부분으로 나누어진다.

제1부: 11.1–6. 등장인물의 소개, 이야기의 주제

제2부: 11.7–16. 예수님과 제자 사이의 대화

제3부: 11.17–27. 예수님과 마르다의 만남. 예수님의 부활선언에 따른 마르다의 고백

제4부: 11.28–37. 예수님과 마리아의 만남. 마리아의 슬픔

제5부: 11.38–44. 감사의 기도, 실제적인 기적의 수행

위의 다섯 단락은 나사로의 소생에 관한 본래의 이야기이다. 여기에 두 개의 후속장면이 따른다. 하나는 예수님의 살해를 결의하는 단락이고(11.45-57), 다른 하나는 베다니의 향유사건이다(12.1-11). 이들은 앞의 기적이야기에 연결되어 있다. 따라서 11장 1절-12장 11절을 통일된 전체로 보기도 한다. 여기에서 마지막 세 절은 나사로의 살해에 관한 모의이다(12.9-11). 유대인의 부정적 반응과 베다니의 향유에 관한 장면은 내용적으로 나사로의 소생에 대한 두 개의 대립상이다. 두 장에 걸친 거대한 원은 동일한 문장에 의해 둘러싸여 있다.

10.42: "거기서 많은 사람이 예수를 믿으니라"

12.11: "많은 유대인이 가서 예수를 믿음이러라"

위의 두 절은 공통적으로 "많은 유대인의 믿음"을 지적한다. 이것은 그 사이에 놓인 다원적 단락이 믿음의 촉구에 관계됨을 시사한다.

인물의 설정에는 상이한 집단의 인물이 섞여있다. 이야기의 주연은 예수님, 제자, 나사로, 마르다, 마리아, 도마, 주변의 무리이다. 복합적

인 후속의 이야기에는 유대인, 바리새인, 대제사장, 가롯 유다 등의 조연이 등장한다. 소생기적의 대상자인 나사로는 히브리어에서 "하나님이 돕다"의 뜻이다. 여기에서 이미 기적이야기의 성격이 암시된다. 그는 예수님의 "사랑하는 친구"로 두 자매 마르다와 마리아의 오빠이다. "친구"라는 명사의 표기는 고대문화에 통용된 "우정의 윤리"에 연결된다. 예수님이 소생의 기적을 베푼 상대는 "사랑하는 친구"와 그의 가족이다. 여기에는 예수님의 인간적 면모가 나타나 있다. 11장 5절에 사용된 그리스어 동사 "사랑하다"는 앞의 3절의 "phileo"와 달리 "agapao"이다. 이것은 예수님이 진정으로 나사로를 사랑하였음을 말한다. 사랑은 연민과 기적의 근원이다. 두 명의 자매는 서로 대조되는 성격을 지니고 있다. 마르다가 외향적이고 활동적이라면 마리아는 내면적이고 감성적이다.

누가복음 10장 38-42절에는 특이하게도 두 여인의 행위가 구체적으로 소개된다. 언니 마르다는 식사의 준비로 분주한 반면, 동생 마리아는 예수님의 발아래 앉아 말씀을 경청한다. 마리아가 자신을 도와주도록 선처해달라는 마르다의 요청에 대해 예수님은 오히려 동생을 두둔한다. 여기에서 중요한 것은 서로 다른 믿음의 방식이 아니라 내면의 자세이다. 마리아가 존경의 대상으로 언급된 것은 그녀가 진정한 섬김의 의미를 알고 있기 때문이다. 요한의 기사에는 두 자매의 행동이 약간 다르게 서술된다. 그러나 모두 살아있는 부활의 복음에 접하는 커다란 은혜의 주인공이 된다.

이야기의 장소의 배경을 이루는 베다니는 예루살렘에서 약 3km 떨어진 촌락으로 예루살렘의 외곽도시이다. 이 지명은 마가복음에서 베트파게와 함께 불린 올리브산의 마을과 일치한다(11,1). 요한복음 1장 28

절에는 베다니가 세례요한의 세례 장소로 표기된다. 이와 같은 문제에 직면하여 주석가들은 명명된 장소의 정체성을 밝히려고 노력한다. 요한에 있어서는 신학적 지형이 역사적 지형보다 중요한 것으로 판단된다. 베다니의 이중호명은 "요단강 건너편에서" 예루살렘으로 가는 예수님의 노정을 포괄한다. 나사로의 이야기가 시작되기 직전에 이 노정이 회상된다(10.40). 예수님은 마지막 여행에 들어가지 전에 다시 한 번 세례요한이 세례를 주던 장소로 돌아간다.

지역의 고유명사 베다니는 "가난한 자의 집"을 뜻하는 히브리어 "bet-ani"에서 파생된다. 이와 같은 어원적 설명은 "거지 나사로"와의 다리를 놓아준다. 이 인물은 누가복음의 비유이야기에서 종기를 가진 채 부자의 집 앞에 누워있다(누가 16.19-31). 마가는 베다니를 그곳에 살고 있는 한 여인의 향유사건과 연관하여 언급하고 있다. 이어지는 특별한 장면은 나병환자 시몬의 집에서 거행된 식사의 자리에서 일어난다(마가 14.3). 최초의 병치유의 기적의 대상인 나병은 유대의 전승에서 죽음에 연결된다. 여기에서 앞 단락과의 연결이 조성된다.

이제 전체줄거리의 내용을 살펴보기로 한다. 첫 절의 어법은 서사적 이야기의 특성을 잘 보여준다. "어떤 병자가 있으니..." 비인칭의 과거의 문장에 불린 "한 사람"은 이어서 베다니의 나사로라고 밝혀진다. 서두의 제시부에는 세 명의 등장인물의 소개와 함께 이야기의 주제가 설정된다. 그것은 질병과 죽음의 관계에 관한 규정이다. 예수님은 병과 죽음을 죄의 결과가 아니라 "하나님의 영광을 드러내기 위한" 것으로 설명한다(11.4). "영화롭게 하다"(doxazein)라는 동사는 하나님의 아들로 전이된다. 다시 말해 예수님 자신의 죽음과 영광을 지시한다. 이 사실은 고난사의 의미를 예시하는 12장의 중심이다(12.23-28). "죽음에 이르는 병"이 부활의 영광을 위한 전제임은 이야기의 마지막에 다시 강조된다(11,40). 여기에서는 마르다를 향한 발언으로 나타난다.

제2부는 예수님과 제자들 사이의 대화이다. 신학적 주제가 내포된 이 부분은 예수님의 성공적인 전도를 서술한 선행단락에 연결되어 있다(10,40-42). 제자들은 스승이 다시금 유대의 지역으로 돌아가려는 데 대해 크게 우려한다. 유대인들이 일련의 표적을 수행한 예수님을 신성모독의 죄로 몰아 돌로 쳐 죽이려하기 때문이다(10,33). 그러나 예수님은 자신에게 주어진 사명의 이행을 강조하며 계획한 일정을 그대로 추진하려 한다. 유대의 땅으로의 마지막 여행은 예수님 자신의 운명에 대한 예표로 이해된다(11,7). 이어서 지적된 낮과 밤, 빛과 어둠의 대비는 요한의 문서에 거듭하여 등장하는 도식이다(12,35-36, 12,46). 서로 대조되는 두 요소는 예수님과 유대인의 행동에 대한 상징이다.

비유의 말씀을 마친 예수님은 "나사로가 잠들었도다 그러나 내가 깨우러 가노라"라고 말한다(11,11). 잠이 드는 것은 다시 깨어남을 전제한다. 죽은 자의 소생을 지시하는 대립의 도식은 야이로 딸의 소생기적에도 동일하게 사용된다(마가 5,39). 스승의 말씀을 문자 그대로 받아들인 제자들은 부활에 관한 스승의 발언을 이해하지 못한다. 단락의 마지막 절에 언급된 도마의 체념과 절망은 이와 같은 몰이해에 기인한다. 예수님은 나사로가 죽은 사실을 확실하게 천명하며 그를 살리리라고 예언한다. 그리고 그의 소생은 "너희를 믿게 하려함"이라고 강조한다. 기적과 믿음의 긴밀한 관계를 지시하는 이 발언은 마지막 기도의 장면에도 반복된다(11,42).

제3부는 복합단락 전체의 중심이다. 독자는 여기에서 부활신앙의 정수와 만나게 된다. 이것은 다른 복음서에서 접하기 어려운 귀중한 은혜

이다. 뜻 깊은 대화는 베다니 마을의 입구에서 이루어진다. 지형적으로 보면 요단강 "건너편" 지역에서 예루살렘으로 가는 도상이다. 이곳은 올리브산의 중턱에 해당된다. 이와 같은 장소의 지시는 선지자 스가랴의 예언에 연결된다(14.4).

그날에 그의 발이 예루살렘 앞 곧 동쪽 감람산에 서실 것이요.

위의 문장에서 감람산은 여호와 하나님의 권능과 영광을 예시하는 종말적 장소이다. 이 의미 깊은 곳이 메시아에 의한 부활선포의 현장으로 나타난다.

마르다는 예수님이 방문한다는 소식을 듣자 마중하기 위해 마을 밖으로 나간다. 그리고 예수님을 보자 "주께서 여기 계셨더라면 내 오라버니가 죽지 아니하였겠나이다"라고 말한다. 이것은 예수님의 치유능력에 대한 신뢰의 표시이다. 동일한 발언이 곧이어 마리아에 의해서도 행해진다(11.32). 예수님은 "네 오라비가 다시 살리라"고 언명한다. 마르다는 다시금 "마지막 날 부활 때에는 다시 살아날 줄을 내가 아나이다"라고 응답한다. 그녀는 부활의 사실을 "알기"(oida)는 하지만 "마지막 날"의 일로 생각하고 있다. 그와 같은 관념은 당시의 유대인에게 일반적인 것이다. 예수님의 선언은 이와 같은 기존의 사고를 단호하게 분쇄한다(11.25-26).

25 나는 부활이요 생명이니 나를 믿는 자는 죽어도 살겠고
26 무릇 살아서 나를 믿는 자는 영원히 죽지 아니하리니

서로 연결된 두 행의 첫 행에서 부활(anastasis)은 자기증거에 의해 생명(zoe)과 결합된다. 부활은 미래에 일어날 종말의 사건이 아니라 예수님 앞에서 현존하는 지금의 사실이다. 예수님을 "믿는 자"는 죽음을 초월하여 영원한 생명을 얻게 된다. 여기에는 하나님과 예수님의 동일성이 전제된다. 두 번째 행은 앞의 행에 대한 강조적 보완이다. "죽어도 살고, 살아서 죽지 아니한다"는 이중의 어법은 죽음과 삶의 역동적 역전을 지시하는 수사적 표현이다. 한마디로 완전무결한 영생의 구현이다. 이처럼 고귀한 복음의 진리가 어디에 있겠는가! 예수님의 이어진 물음 "이것을 네가 믿느냐"는 위에 설명한 믿음의 내용에 관계된다. 이에 대한 마르다의 신앙고백은 복음서의 일반적 도식이다(11,27).

> 주는 그리스도시여 세상에 오시는 하나님의 아들이신 줄 내가 믿나이다.

위의 문장은 저자가 문서의 마지막에 집필의 목적으로 강조한 내용과 일치한다(20,31).

> 너희로 예수께서 하나님의 아들 그리스도이심을 믿게 하려 함이요.

제4부에는 마르다의 전언에 의한 마리아의 행위가 단계적으로 개진된다. 이 부분은 앞의 단락과 다른 색채로 기술된다. 그녀는 언니의 지시대로 예수님이 있는 곳으로 가서 발아래 엎드린다. 그리고 마르다와 같은 말을 하며 울음을 터뜨린다. 동생은 언니와 달리 감성적 성격의 소유자이다. 예수님의 반응은 "비통하고 불쌍히 여기다"라고 표현된다

(11.33). 동사 "비통하다"는 "슬퍼하다"보다 "분노하다"(enebrimesato)에 가깝다. 이중의 어구 "비통과 연민"은 복합적인 감정의 상태를 지시한다. 여기에는 질병으로 인한 죽음으로 애곡하는 주변사람의 외형적 가식에 대한 저항이 들어있다. 그들은 죽어가는 병자를 살리지 못한 예수님을 원망하며 조롱한다(11.37). 예수님이 눈물을 흘린 것은 곧 보게 될 사랑하는 사람의 죽음에 대한 연민에 기인한다. 여기에서 눈물(daktylo)의 모티브는 순수한 정서적 지각에 관계된 슬픔이 아니다. 그것은 진정한 사랑에서 우러나오는 "불쌍히 여기는" 마음의 표출이다.

"비통"의 감정은 요한의 문맥에서 고난의 모티브로 이전된다. 즉 앞으로 주어질 "죽음의 잔"에 대한 피할 수 없는 고통의 표출이다. 예루살렘 입성에 이어진 그리스인의 방문에 관한 단락에서 예수님은 스스로 "내 마음이 괴로워"라고 내면의 심경을 토로한다(12.27). 다음절에 강조된 "이때"는 구속의 과업이 이루어질 결정적 시점을 말한다. 목표된 시간의 도래는 내면의 불안과 괴로움으로 나타난다. 발언자 자신의 심리상태를 나타내는 특별한 어구는 겟세마네 동산에서의 고독한 기도자의 자기고백과 일치한다(마가 14.30). "내 마음이 심히 고민하여 죽게 되었으니." 예수님 자신의 마음과 영혼에 관한 언급은 복음서에서 드문 일이다. 문장의 후반 "죽게 되었으니"는 "죽음에 이를 만큼"의 뜻이다. "죽음에 이를 정도의 심한 슬픔"은 내면의 심연에 뿌리를 박은 깊은 영혼의 고뇌를 가리킨다. 동일한 구절이 마태복음 26장 38절에도 등장한다.

제5부는 무덤의 방문과 소생기적의 수행이다. 예수님은 무덤에 도착하자 먼저 입구의 돌을 치우도록 지시한다. 유대인은 시체를 무덤에 매장한 뒤에 보통 "큰돌"(lithos)로 문을 막는다. 이 봉인의 도구는 동굴 모양의 무덤 "위에"(epi) 놓인 것으로 표현된다. 상부의 공간을 가리키는 전치

사는 요한의 문맥에 따라 은유적으로 해석되기도 한다. 돌을 제거하는 것은 예수님에게 주어진 돌의 처형에 대한 해소로 볼 수 있다. 다시 말해 삶으로의 이전을 암시한다.

그러나 마르다는 아직도 예수님의 소생의 행위를 믿지 못하고 있다. 마을의 입구에서 예수님과 헤어진 그녀는 마리아에게 다시금 "선생님"(didaskalos)이라는 호칭을 사용하고 있다(11,28). 시체의 냄새에 관한 그녀의 발언은 줄거리의 진행을 제지하는 정체의 요소이다. 즉각적인 무덤의 접근을 가로막는 처사는 예수님의 비판적 반응을 야기한다. 따끔한 질책의 물음 "네가 믿으면 ... 하지 아니하였느냐?"는 이미 신앙의 고백을 감행한 여인을 올바른 믿음으로 인도하는 마지막 경고이다(11,40).

실제적인 기적의 행위가 이루어지기까지는 아직도 한 단계의 과정이 남아있다. 예수님은 "하늘을 우러러보며" 간절히 기원한다. 이것은 나흘 동안 깊이 숙고된 결과이다. 이제까지의 응답에 대한 감사의 표명으로 시작된 기도에는 "둘러싼 무리"로 하여금 하나님을 "믿게 하려는" 간구가 들어있다. 이것은 하나님에 의해 세상에 보내진 아들의 사명이다. 하나님의 의중에 완전히 합치된 아들의 기도는 불가능한 것을 가능하게 만든다. 그것은 무엇을 구하는 청원의 기도가 아니라 하나님의 은혜에 연관된 감사의 기도이다.

구체적인 기적의 행위는 매우 절제된 음조로 기술된다(11,43-44). 예수님은 기도를 마치고 큰 소리로 외친다. "나사로야 나오라." 이 소리를 들은 죽은 자는 살아 일어나서 무덤 밖으로 걸어 나온다. 상대방의 이름을 직접 호명한 것은 이미 기적이 실현되었음을 지시한다. 명령의 동사 "나오라"는 공관복음의 다른 두 소생기적에 등장하는 "일어나라"에 유추된다. 여기에서 주목할 점은 "부름"의 역할이다. 소생의 수행에서 "부름"이 갖는 중요함은 나중에 나오는 회상의 대목에서 명료하게 드러난다(12.17). 이야기의 요약에 해당하는 삽입구절에는 두 개의 동사 "부르다"(ephonesen)와 "일어나다"가 병행을 조성한다. 나사로는 예수님의 호출에 의해 직접 생명을 얻음으로써 요한의 의미에서 부활의 모형이 된다.

예수님의 "부름"은 복음서의 열쇠의 모티브이다. 선한 목자의 비유에는 "부름"이 "따름"을 위한 안내의 도식으로 통용된다(10.3-5). 무덤 앞에서 일어난 역동적 장면은 요한복음 5장 19-29절의 예수님 말씀에 연관된다. 이 단락은 하나님의 아들의 권능에 관한 증언이다. 5장 25절에는 "예수님의 음성을 들은 죽은 자가 살아나리라"고 언명된다. 이어지는 5장 28절에는 "무덤에 있는 자가 예수님의 음성을 들을 때가 오리라"고 예언된다. "부름"에 의한 나사로의 소생은 반복하여 강조된 "살아남"에 관한 약속의 실현이다.

생명회복의 기적은 단순하지만 단호하게 일어난다. 다시 살아난 자는 매장할 당시의 모습 그대로 온몸에 베를 감고 머리에 수건을 쓰고 있다. 줄이 달린 베옷은 수의이며, 수건은 얼굴을 가리기 위해 사용된다. 이들은 신체의 부위를 묶어주고 둘러싸는 매장의 도구이다. 두건의 모티브는 예수님 자신의 무덤에서의 부활장면에도 등장한다(20.7). 나사로의 "몸의 부활"은 예수님의 부활에 대한 정확한 예증이다. 예수님은 마지막으로 묶여있는 신체를 풀어주어 다시 활동할 수 있도록 조처한다(11.44). 이것은 부활의 증인으로서의 역할을 수행함을 의미한다.

다섯 단락으로 구성된 서사적 기적이야기는 여러 방향의 해석을 초래한다. 죽은 자의 소생이라는 주제는 초자연의 해석을 상정하게 만든다. 여기에는 인간의 죽음과 삶에 연관된 여러 형이상학의 범주가 동원된다. 이에 맞서 이야기의 사실성에 의거하는 합리주의의 관점도 제기된다. 나사로의 소생이 야기한 커다란 센세이션과 지속적 여파는 역사적 현실성을 보증하는 근거가 된다. 유대의 최고의회에서 의결된 예수님의 살해모의는 "많은" 유대인을 믿음으로 인도한 획기적 기적이 사유로 작용한다.

그밖에 종교사와 사회사도 기적이야기를 해석하는 기초가 된다. 종교사의 입장에는 구약과 외경의 소생기적이 비교의 대상으로 관찰된다. 그러나 나사로의 이야기는 초기기독교의 시대적 문맥에서 합당하게 이해된다. 그것은 새로운 메시아에 의한 생명회복의 기적이다. 야이로의 딸과 나인성 과부의 아들의 소생도 같은 맥락에 놓여있다. 사회사의 측면에는 인물의 설정과 장소의 배경이 해석의 요소가 된다. 장례식의 애곡, 나흘간의 매장, 무덤의 "큰 돌"과 같은 모티브는 당시의 장례와 매장문화 풍경을 반영한다. 나사로의 가족은 가난한 사람의 거주지인 베다니 마을 출신이다. 예수님의 예루살렘 행적의 거처인 이곳에서 소생의 기적이 일어난 것은 억눌린 자의 해방이라는 저자의 문맥에 부합한다(누가 7:22). "가난한 자에게 복음이 전파된다 하라."

현재적이고 구체적인 해석은 신학적 잠재성에 연결된다. 예수님의 영광의 시현은 죽음의 "저편"이 아니라 죽음을 "가로질러" 이루어진다. 위치와 방향의 부사 "가로질러"는 지금 이곳에서 사건이 발생함을 말한다. 죽음에서 삶으로의 변용은 죽음의 공포와 위협에 대한 극복이다. 예수님의 현존에 의한 죽음의 분쇄는 믿음의 행위의 결과이다. 이야기에 거듭하여 강조되는 믿음의 힘은 부활과 영생을 실현하는 원천이다. 이와 같은 해석은 기독교적 해석으로 이어진다.

기독교적 종말의 해석은 기적이야기와 예수님의 죽음과 부활의 연결을 중요한 열쇠로 삼는다. 나사로의 소생은 예수님의 영광의 부활에 대한 예비적 반사이다. 이 사실은 이야기의 전개에서 거듭하여 암시된다. 특히 종반부의 무덤의 장면은 구체적 증거이다. 여기에 등장하는 "큰 돌", 세마포, 수건은 빈 무덤의 부활에 연관된 모티브이다. 무엇보다 소생의 행동을 지시하는 "밖으로 나옴"은 "살아 일어남"의 예증이다. 오랜 방황의 과정을 거쳐 이루어진 나사로의 소생은 극심한 고난의 행로 끝에 완성될 예수님의 부활에 비견된다.

이야기의 서두에 제시된 질병(죽음)과 하나님의 영광 사이의 긴장은 기독교적 사고의 심화에 의해 해소된다. 여기에서 중요한 것은 삶과 부활에 대립되는 죽음의 규정이 아니라 예수님 자신의 죽음과 부활에 관한 올바른 이해이다. 이것은 서사의 방식을 통해 그리스도에 대한 합당한 관계에서 구체화된다. 전체의 이야기를 관류하는 믿음은 그 기초를 형성한다. 예수님은 여러 차례 "너희가 믿게 되도록"이라고 말한다. 이야기 속의 인물에게 주어진 믿음의 요구는 모든 독자에게 해당된다. 기적 이야기 해석의 열쇠는 예수님을 향한 믿음에서 어떻게 삶과 죽음, 죽음과 부활이라는 기본문제가 해명되는가에 있다.

나사로의 이야기는 후세의 문학, 미술, 음악, 제식에 커다란 영향을 미친다. 이미 카타콤(catacomb)의 프레스코 벽화와 제식의 용구에 수많은 형상적 작업이 발견된다. 서사적 이야기에 취급된 주제인 죽음, 죽음의 경험, 부활, 예수님의 권능과 인간성 등의 요소는 재능 있는 작가와 예술가에게 창작의 충동을 부여한다. 죽음에 대한 저항도 은유적으로 표현된다. 스위스의 신학자이며 시인인 Marti는 그의 시 〈나사로〉의 둘째 연에서 다음과 같이 노래한다.

... 평화는 존재한다.

평화 없는 죽음의 뜰에
"나사로야 나와라."

위의 세 행에서 죽음과 평화는 공존한다. 최후의 두려움을 가져오는 "죽음의 뜰"은 평안의 터전이다. 나사로의 소생을 향한 예수님의 부름은 이 사실을 증거한다.

방대한 분량의 소생이야기에는 후속의 서술이 따른다(11,45-57). 열세 절의 복합단락은 주변 사람들의 상이한 반응을 소개한다. 믿을 수 없는 기적을 목격한 유대인에게는 믿음의 정도가 강화된다. 이 사실은 12장 11절에 다시 언급된다. 반면 기적의 사실을 소문으로 전해들은 바리새인은 심한 불안과 공포에 사로잡힌다. "모든 사람들"이 믿게 된다는 과장된 표현은 떨쳐버리기 어려운 위기감의 표시이다. 그들은 유대사회에서 자신들의 지위가 흔들리는 것을 피부로 느끼게 된다. 예수님의 대중적 인기가 점차 높아지는 것을 커다란 정치적 위협으로 생각한다. 그리하여 최고의회를 급히 소집하여 예수님을 살해할 음모를 의결한다. 단락의 마지막 절에는 예수님에 대한 체포의 명령이 주어진다.

최고의회의 회의에서 대제사장 가야바는 "한 사람이 백성을 위해 죽어서 온 민족이 망하지 않는 것이 유익하다"고 말한다(11,50). 한 사람이 많은 사람을 대리한다는 사고는 신약성서에서 화해이론의 핵심이다. 예수님은 대속의 죽음을 통해 하나님과 인간 사이의 장벽을 제거하고 전인류를 구원한다. 화해의 복음이 유대의 대제사장에 의해 선언된 커다란 역설은 그만큼 큰 의미가 있다. 가야바의 특이한 발언은 아이러니컬하게도 초기 기독교인에게 미래의 사건에 관한 예언적 지시로 받아들여진다. 예수님은 "흩어진 하나님의 자녀가 하나가 되기 위해" 십자가에서 죽는다(11.52). "하나님의 자녀"는 세계역사의 진행에서 예수님을 믿게 될 모든 사람을 말한다.

마지막으로 나사로의 이야기에 내재한 특성과 의미에 관해 살펴볼 필요가 있다. 이 소생기적 이야기는 다른 사례처럼 일정한 서사의 운동과 선적인 긴장의 조성에 의해 규정되지 않는다. 오히려 "굴절된 서사 방식"을 보여주는 정체의 요소와 오해의 계기가 거듭하여 감지된다. 예수님은 병든 오빠를 위한 자매의 긴급한 청원에도 불구하고 자신이 머물고 있는 장소에 이틀을 더 유숙한다. 베다니에 도착한 후에도 바로 무덤으로 가는 것이 아니라 두 여인과의 만남으로 마을의 입구에 상당한 시간 동안 머문다. 여기에서 중요한 부활의 선언이 이루어진다. 원래의 이야기의 진전을 방해하는 독자를 위한 코멘트나 신학적 부록이 연속해서 등장한다. 마지막의 무덤 장면까지도 마르다의 개입과 예수님의 기도로 진행이 늦추어진다.

서사의 관점에서 주저와 연장에는 의식된 서사의 전략이 들어있다. "이야기되어진 시간"은 여기에서 특별한 상황으로 전이된다. 정체의 서술방식은 목표를 향한 전진이 아니라 현재의 순간에 머물도록 강요한다. 이것은 부활의 주제를 이해하는 지침이 된다. 서사의 기법은 해석의 행위에 연결된다. 여기에 소외화 된 이야기의 고차적 기능이 있다. 행위의 차원에서 시간의 리듬을 규정하는 주체는 예수님 자신이다. 그는 스스로 말하고, 지시하고 행동한다. 자기증거에 의한 부활의 현존의 강조는 시간적 정체의 정점이다.

시간적 연기의 주제는 독자로 하여금 기적의 해석에 주목하도록 요구한다. 독자를 당황하게 만드는 요소는 여러 곳에서 발견된다. 이야기의 서두에 제시된 가상의 죽음에 대해 예수님은 "나사로가 죽었다"고

확실하게 선언한다(11.14). 이로써 믿을 수 없는 일이 일어날 공간이 마련된다. 이야기의 진행에서 놀라움의 상황은 "공허부분"이나 수수께끼 언어와 같은 요소에 의해 강화된다. 사랑하는 친구의 죽음에 대한 예수님의 "기쁨"의 표명은 "믿음"의 고취를 위한 역설적 발언이다(11.15). 죽음의 위험에 대한 제자들의 공포어린 경고와 "함께 죽자"라는 도마의 용감한 제안(11.16) 사이에는 특유의 긴장이 조성된다. 낮과 밤의 "걸어감"에 관한 작은 비유의 삽입은 줄거리의 전개에서 의외의 도약으로 받아들여진다(11.9-10).

독자는 의도된 서사의 기교에 의해 보다 깊은 이해의 층으로 들어가도록 유도된다. 다원적 기적이야기는 단순하고 즉각적인 긴장의 해소를 거부한다. 은폐와 드러냄의 이중성에 의거한 서사의 기술은 "계산된 도전"이라 할 수 있다. 이것은 요한 특유의 비유담화의 특성에 부합한다. 기적이야기의 구성과 서술에 수수께끼와 같은 비유의 방식이 활용된 것은 다른 복음서의 저자에게 발견할 수 없는 요소이다. 이와 같은 복합적 서사방식은 독립된 장르로서의 기적이야기의 가치를 높여준다. 나사로의 소생기적 이야기에는 현실의 사건이 문학적 상징으로 구현된다. 상징은 일회적 사건을 일반화하는 기능을 갖는다. "생명의 제공자"인 예수님에 의한 죽음에서 삶으로의 이행은 복음의 구원에 관한 보편적 진리이다.

7. 디베랴 호수의 고기잡이

–미래의 선교의 번영

요한 21.1-14

요한복음 21장은 기본문서가 작성된 이후에 편입된 보완문서이다. 복음서를 마감하는 마지막 장이 능력 있는 후세의 편집자에 의해 추가로 쓰여진 것이라는 사실은 일반적으로 인정되어 있다. 여기에 다루어진 내용은 앞의 20장에 연결된 현현의 계시이야기이다. 이로써 예수님의 부활의 후속사는 전체적으로 완성된다. 이것은 문서전체에 보다 높은 질적 가치를 부여한다. 요한복음을 마감하는 편집자의 후기는 저자의 "증언"에 관한 "진실성"의 보증이다(21,25). 여기에는 문서의 내용이 예수님의 생애의 단면이라는 사실이 다시 강조된다.

21장의 복합단락은 두 부분으로 구성된다. 전반부는 기적적인 고기잡이와 공동의 아침식사이며(1-14), 후반부는 식사 후에 이루어진 예수님과 베드로의 문답이다(15-23). 이들은 긴밀하게 서로 연계되어 있다. 예수님이 제자들과 함께 식사를 나누는 중간의 장면은 전체이야기의 정점을 형성한다. 이어지는 단락은 목자로서의 베드로의 위임에 바쳐진다. 고기잡이 기적의 중심인물인 베드로는 후속의 이야기에서 진정한 후계자로 임명된다. 이와 함께 사도 요한의 미래의 교구에 관한 번영의 축원이 이루어진다.

서로 다른 내용의 두 이야기는 주제의 전개에서 연속의 관계에 있다. 나중의 단락의 모티브인 목자의 양치기는 앞 단락을 인도하는 어부의 고기잡이의 보증이다. 앞날의 선교의 성과에 대한 약속은 목회의 위임과 헌신적인 순교로 완성된다. 두 개의 복합적 비유상 "어부-물고기"와 "목자-양"은 점진적 유추의 관계에 있다. 물고기와 양은 대조적 특성에도 불구하고 동일한 비유의 차원에 놓여있다. 후속문서의 계시이야기는 앞으로 세워질 기독교 교회의 활동과 운명을 지시하는 의미 있는 서사의 상징이다. 후계자로서의 제자들의 왕성한 선교는 여기에 근원을 두고 있다.

고기잡이는 유대의 전승에 잘 알려진 모티브이다. 갈릴리의 호수는 예수님의 초기사역의 중심지이다. 베드로를 비롯한 제자들은 갈릴리 지방 출신의 어부이다. 그들은 예수님의 부름에 의해 "사람을 낚는 어부"가 된다(마가 1.17, 누가 5.10). 고기잡이의 모티브는 제자의 소명과 교구의 선교에 연결되어 있다. 두 주제는 요한복음의 마지막에서 완전하게 개화된다. 화자는 여기에서 고기잡이의 에피소드를 통해 부활자의 계시를 탁월하게 구현하고 있다. 초현실의 현현은 호수의 사건을 통해 현재화된다. 어부들의 일상의 경험은 이야기 속에서 상징의 행위로 전환된다. 예수님은 그 중심에 서있다.

편집사의 관점에서 볼 때 요한복음의 마지막 장을 구성하는 계시이야기는 앞에 제시된 본문의 재독서의 산물로 설명된다. 1~20장의 전체 문안에 등장하는 모티브와 대상은 이곳에 다시 수용된다. 고기잡이 행위를 비롯하여 그물과 물고기, 호수 위의 사건, 제자의 언급, 공동식사의 거행 등이 이에 속한다. 수많은 병행구절의 존재는 부활한 자와 지상의 예수님의 활동의 동일화를 실현한다. 도입부에 서술된 고기잡이 기적은 호수 위의 보행기적을 상기시킨다. 놀라운 기적의 발생은 예수님의 현존에서 이루어진다.

장소의 배경으로 특별히 명명된 디베랴(Tiberias) 호수는 게네사렛 호수의 또 다른 이름으로 사회적 연관을 지시한다. 디베랴는 갈릴리 호수의 서쪽 해안에 위치한 도시로 막달라(Magdala)에서 5km 정도 떨어진 곳에 있다. 서기 22년에 헤롯 안티파스에 의해 건설된 신흥도시는 로마의 황제 티베리우스(Tiberius)에게 헌납된다. 강압적인 황제문화의 분위기가 배여 있는 곳에서 부활한 예수님에 의한 고기잡이 기적이 일어난 것은 특별한 의미가 있다. 여기에 예시된 미래의 선교의 성공은 지중해 지역을 넘어 이방세력의 중심지 로마로 향한다. 당시에 잘 알려지지 않은 신생도시의 이름 디베랴는 요한에 의해 무리 없이 사용된다. 오천 명 급식 기적이 일어난 장소도 "디베랴의 갈릴리 바다 건너편"이라고 표기된다(6.1).

이야기의 서두에 지적된 일곱 제자는 선별된 제자의 명단이다. 이들은 베드로, 도마, 나다나엘, 세베대의 두 아들, 그리고 두 명의 익명의 제자이다. 그 가운데 두 명은 이름이 구체적으로 명기된다. 베드로는 이미 첫 절에 제자들의 대표자로 소개된다. 도마(디두모)와 나다나엘은 저자에 의해 선호되는 제자이다. 앞의 장면에서 부활의 의심을 신앙고백으로 제거한 도마(20.24-29)는 여기에 다시 등장한다. 갈릴리 가나 출신의 나다나엘은 가나에서 일어난 포도주의 기적을 연상시킨다. 고기잡이의 기적에도 물질의 풍요가 기적의 결과로 나타난다. 특별히 언급된 두 제자가 후속문서의 편자라는 지적은 어디까지나 추측에 불과하다.

물고기, 그물, 고기잡이는 이미 독자에게 잘 알려진 이야기의 대상이다. 특히 고기잡이는 누가가 인상적으로 기술한 갈릴리 기적의 소재이다(누가 5.1-11). 게네사렛 호수에서 엄청난 분량의 고기를 잡은 사건은 시몬 베드로가 예수님을 따르게 된 직접적 동기이다. 베드로가 자신이 죄인임을 고백한 것은 평소의 생각과 판단을 분쇄한 어획의 결과에 대한 "놀라움" 때문이다. 기적의 경험자에게 보여진 경외의 표시는 예수님의 현현에 대한 증거이다. 이와 같은 지상의 사건이 부활자의 현현으로 이어진다.

갈릴리의 고기잡이 기적은 부활의 사건 이후 일어날 디베랴 호수의 기적의 원상이다. 지상에 나타난 부활자의 모습과 행동은 초기 갈릴리 사역에 일어난 현현의 기적의 완성이다. 최초의 제자의 부름에 주어진 “사람의 어부”의 소명은 헌신적인 선교의 위임으로 구체적으로 실현된다. 그 중심에 서있는 인물은 세 차례의 사랑의 고백을 실행한 베드로이다. 고기잡이는 유대의 전승에서 선교의 활동을 나타내는 비유이다. 따라서 유사한 두 기적에는 미래의 교구의 선교가 예시되어 있다.

고기잡이 기적이 일어난 이후 예수님에 의해 마련된 특별한 아침식사는 누가의 엠마오 기사와 이어지는 예루살렘 현현의 이야기에 나오는 공동의 식사를 상기시킨다. 후자의 경우에는 예수님이 다시 만난 열한 제자와 함께 생선의 식사를 나눈다(누가 24,42-43). 디베랴 호수의 이야기에는 기적의 수행자가 직접 제자들을 식사에 초대한다. 이것은 제자들의 고기잡이가 일상의 배고픔을 해결하기 위한 것이라는 사실을 예수님이 알고 있다는 반증이다. 미리 준비된 식탁의 장면은 다음과 같이 묘사된다(21,9).

숯불이 있는데 그 위에 생선이 놓였고 떡도 있더라.

짤막한 진술은 고기잡이 이야기의 정상이다. 숯불 위에 놓인 생선과 떡은 민중의 기아를 해소한 오병이어 기적을 연상시킨다. 물론 당시의 기적은 배경, 대상, 방식에서 지금과 다르다. 그러나 기적의 계시의미에 있어서는 큰 차이가 없다. 신약성서에서 공동의 만찬의 거행은 종말의 구원의 향연에 대한 예시이다. 부활한 예수님이 숯불 주위에 둘러앉아 제자들과 함께 식사를 나누는 사실적 장면은 초대교구에서 주님의 부활에 대한 명확한 증거로 받아들여진다. 조촐한 식사에 참여한 일곱 제자는 예수님의 승천 이후 주어진 사명을 이행하는 선교의 파이어니어가 된다.

신비한 고기잡이 기적의 서술은 독자적 이야기이다. 계시의 사건의 안내로 시작된 이야기는 사건의 발생에 관한 진술로 막이 내린다. 다음 단락은 "식사 후에"라는 시점의 제시를 통해 다른 이야기로 넘어간다(21.15). 그 스스로 통일된 이야기는 완전한 에피소드로 구성된다. 화자는 자신이 직접 경험한 내용을 서술하고 설명한다. 이로 인해 서사적 이야기의 사실성과 구상성이 보증된다. 그는 이야기에서 "주님"의 정체성을 고백하는 증인과 동일화된다.

첫 절의 표제에는 앞으로 발생할 사건이 제자들을 위한 예수님의 "자기계시"라는 사실이 명시된다. 두 번이나 등장하는 동사 "나타내다"(phaeroo)는 "계시하다"의 뜻이다. 이 단어는 선행하는 현현의 기사에는 사용되지 않는다. 계시의 이야기에 다루어질 대상은 첫 절에 제시된 대로 어떤 "새로운" 것이다. 여기에 지적된 내용은 마지막 절에 다시 받아들여진다. 계시의 사건은 여러 단계를 거쳐 목표에 도달한다. 전체의 장면은 표제와 종결부에 의해 둘러싸여 있다. 순환적 틀의 구조는 짧은 이야기의 전형적 특징이다.

점진적 계시의 과정은 세 개의 시간개념으로 대언된다. 처음의 "그 후에"는 사건의 시초로서의 고기잡이의 출발시점을 가리킨다. 두 번째의 "그날 밤"은 예수님의 부재의 시간이다. 이 상황에서는 고기가 한 마리도 잡히지 않는다. 어둠은 요한의 문서에서 혼돈과 버려짐의 상태를 지시한다. 배반자 유다는 자신을 팔리라는 스승의 질책을 듣고 방에서 나가 어둠 속으로 사라진다(13.30). 이에 반해 낮은 예수님의 현존의 시간이다. 빛과 어둠은 요한의 복음에서 생명과 사망으로 대비된다. 세 번째 시간인 "다음날 새벽"에는 예수님이 제자들 앞에 출현한다. 그리고 지나간 밤에 이루지 못한 어획의 축복을 선사한다. 놀라운 기적의 발생은 호수 위의 보행기적에 보여지듯 예수님의 현존에서 가능하다. 예수님이 무덤에서 부활한 시간은 날이 밝는 안식일 새벽이다. 어두운 밤이 지나간 새벽은 예상하지 못한 기적이 일어나는 "새로운 출발"의 시점이다.

전체의 이야기는 두 부분으로 구성된다. 제1부는 호수에서의 고기잡이 기적이고(21.1-8), 제2부는 공동의 아침식사이다(21.9-14). 이들 사이에는 호수에서 육지로의 공간의 이동이 일어난다. 줄거리의 운동은 21장 8절에서 일단 중단된 이후 다음 절에서 새로운 장면으로 넘어간다. 그러나 서로 다른 장소를 배경으로 하는 두 단락은 주제의 전개에서 서로 연결된다. 이야기의 중심모티브인 물고기는 고리의 역할을 한다. 기적적인 고기잡이와 감동의 식사는 부활한 예수님을 증거하는 두 개의 작은 에피소드이다. 이야기의 서술자는 이들의 기교적 결합을 통해 계시의 이야기를 하나의 작품으로 형성하고 있다.

제1부는 평소처럼 고기잡이를 떠나는 베드로의 발언으로 시작된다(21.3). "물고기 잡으러 가노라." 다른 제자들도 베드로의 말을 따라 동행한다. 여기에서 고기잡이는 생계의 유지를 위한 것임이 암시된다. 그들에게는 먹을 식량이 필요한 것이다. 이렇게 볼 때 곧 이루어질 예수님의 기적은 식량의 결핍을 해소하는 물질적 충족의 행위이다. 그러나 여기에는 오병이어의 기적에서처럼 심오한 계시의 의미가 들어있다. 위에 인용한 베드로의 발언은 예전의 시기로 돌아간 실망과 좌절의 표현이다. 예수님은 제자들을 곤궁의 상황에서 벗어나게 만든 구원의 주체이다. 고기잡이 기적의 사건에서 부활한 예수님은 지상의 예수님과 동

일화된다.

제자들은 배에 올라 밤새도록 그물을 쳤으나 "그날 밤"에는 한 마리의 고기도 잡지 못한다. 날이 새자 부활한 예수님이 바닷가에 서있다. 그러나 어부들은 그가 누구인지 알아보지 못한다. 예수님이 제자들을 향해 "얘들아 너희에게 고기가 있느냐"라고 물어본다(21.5). 여기에서 복수의 호칭 "아이들"(paideia)은 요한1서에서 교구의 구성원을 가리킨다(2.14, 18). 예수님은 제자들을 교구의 인도자로 부르고 있다. 애정에 찬 물음의 대상인 고기는 "먹을" 고기를 말한다. 제자들이 "없나이다"라고 대답하자 예수님은 다음과 같이 지시한다(21.6).

그물을 배 오른편에 던지라. 그리하면 잡으리라.

이것은 기적을 가져오는 수행적 언어의 실현이다. 제자들이 원하는 어획은 이미 이루어진 것이다. 적극적 행위를 지시하는 타동사 "던지다"(diktyon)에는 발언자의 약속이 내포되어 있다. "그리하면"이라는 결과의 접속사는 어획의 사실을 보증한다. 제자들이 명령받은 대로 이행하자 그물을 들 수 없을 정도로 많은 고기가 걸려든다. 게네사렛 호수의 기적의 경우와 동일한 현상이다(누가 5.6).

어부들의 어획에 사용되는 투망은 보통 고기떼가 모여드는 평평한 수면 위로 던져진다. 그러면 양쪽 가장자리에 달린 무거운 추의 힘에 의해 아래로 가라앉는다. 나중에는 그물을 밧줄 위로 잡아당기게 된다. 물속에 떠있는 펼쳐진 그물의 벽을 향해 물고기가 밀려든다. 잡은 고기의 운반에는 호숫가에 고정되어 작은 배에 의해 끌어지는 예인의 그물이 사용된다. 전체적으로 고기잡이의 과정은 그물의 던짐, 끌어당김,

잡은 고기의 건짐의 세 단계로 전개된다. 이와 같은 단계적 행위가 21장 6절과 8절에 묘사된다.

이어지는 장면은 이야기 전체에서 가장 격정적인 부분이다. 부활한 자의 출현은 이제까지 언급되지 않은 "사랑하는 제자"에 의해 처음으로 증언된다. 그는 베드로를 향해 다음과 같이 소리친다. "주님이다"(ho kyrios estin). 여기에서 "주님"은 하나님의 권능을 행사한 무한한 풍요의 제공자이다. 눈앞에 있는 스승의 존재에 관한 확실한 고백은 의외의 사건을 초래한다(21,7).

> 시몬 베드로가 벗고 있다가 주님이라 하는 말을 듣고 겉옷을 두른 후에 바다로 뛰어 내리더라.

위의 서술문은 베드로의 특별한 행동을 극적, 사실적으로 나타낸다. "겉옷을 두르는" 것은 겉옷의 허리띠를 맨다는 뜻이다. 베드로는 빨리 수영하여 육지에 도달하기 위해 옷깃을 동여맨 것으로 보인다. 화자 자신의 코멘트로 주어진 나체의 지적은 어부 베드로의 행동에 들어맞는다. 고대의 모자이크 그림을 보면 낚시와 그물을 사용하는 상이한 고기잡이의 방식이 제시된다. 이와 함께 호수를 떠다니는 수없이 많은 물고기의 종류도 화면 위에 기교적으로 묘사된다.

1610년에 제작된 루벤스(Rubens, 1577~1640)의 유화 스케치 〈기적적인 고기잡이〉(39×48cm)에는 다른 성화와 달리 어부로서의 제자들의 벌거벗은 형상이 시각적으로 부각된다. 물고기로 가득 찬 무거운 그물을 힘차게 끌어올리는 역동적 장면은 신체근육의 굴곡에서 구체적으로 묘사된다. 여기에는 어부에게 주어진 일상의 무거운 짐이 기적적인 노동의 결과에 의해 해소된다. 성서의 이야기에서 수용된 기적수행자의 모습은 열심히 일하는 인물의 긴장에서 칭송된다. 극도로 긴장된 육체의 묘사는 부르는 자의 권능을 대언하는 풍성한 어휘을 지시한다.

원래 나체의 자세는 유대의 관습에서 예의에 어긋난다. 옷을 벗은 채로 대화를 나누는 사람은 없다. 선생님이나 주인을 벌거벗은 채로 만나는 것은 매우 부적절한 일이다. 여기에서 벌거벗음의 코멘트는 부끄러움의 확인으로 이해될 수 있다. 한편으로는 성스러운 수치심을 유발한 부활한 "주님"으로 귀속되며, 다른 한편으로는 대제사장의 뜰에서 제자의 신분을 부인한 베드로의 체념을 상기시킨다. 따뜻한 석탄불의 모티브와 세 차례의 "양치기"의 위임(21.15-17)은 잊을 수 없는 실수의 장면에 연결된다.

베드로의 마음속에 일어난 수치심은 창세기 3장 7절의 에덴동산 사건을 상기시킨다. 여기에서 아담과 이브는 자신들의 "벌거벗음"을 지식의 나무의 열매를 따먹은 명령의 위반에 대한 결과로 인식한다. 지난날의 체념에 기인하는 베드로의 수치의 행위는 누가의 고기잡이 기적이야기에 지적된 그의 죄의식에 부합된다(5.8). 여기에서는 죄인의 고백이 놀라운 고기잡이의 기적에 연유한다. 이에 비해 요한의 계시이야기에는 죄의 인식이 "주님"과의 만남에서 발생한다.

베드로의 마음을 움직이게 만든 "사랑하는 제자"에 관해서는 설명이 필요하다. 마지막 식사의 장면에서 처음으로 사용된 특별한 호칭은 (13.23) 그 후 세 차례나 등장한다(20.2, 21.17, 21.20). 구체적 이름이 결여된 익명의 표현은 이상적인 제자의 상을 나타낸다고 볼 수 있다. 그러나 21장 20절에 종국적으로 명명된 도식적 호칭은 저자 요한을 가리킨다. 즉 21장 2절에 명기된 "세배대의 아들"이다. 이 명칭은 복음서에서 보통 베드로와 함께 언급된다. 여기에서도 두 제자의 행위는 서로 연결되어 있다. 부활한 예수님을 지칭하는 "주님"은 이들을 하나로 맺어주는 고리이다. 이야기의 화자는 현현의 사건의 생생한 증인으로 "사랑하는 제자"를 내세운다. 서사적 기적이야기는 저자 자신에 의한 고백의 증언이라는 사실이 특별히 부각된다.

이어지는 장면은 독자의 시선을 새로운 조망으로 안내한다. 다른 제자들은 배를 타고 고기가 들어있는 그물을 끌고 온다. "오십 칸"은 100m도 채 되지 않는 가까운 거리이다. 육지에 오른 그들에게는 예수님에 의해 미리 준비된 식탁이 눈에 들어온다. 타오르는 숯불 위에는 생선과 빵이 놓여있다. 이 전원적 식사의 풍경은 독자에게 지워지지 않는 인상을 남긴다. 예수님은 제자들을 향해 "지금 잡은 생선을 가져오라"고 이른다. 애초의 식량은 작은 집단의 인원에게도 부족하다. "가져옴"은 결여의 상태의 충족이다. 기적의 대상인 생선의 보충으로 공동의 식사는 완전함을 갖춘다. 이것은 앞으로 형성될 삶의 공동체의 모형이다. 줄거리의 템포는 여기에서 완만하게 진행된다. 베드로가 배에 올라가서 그물을 육지로 끌어올리니 무려 153마리의 물고기가 들어있다. 그럼에도 불구하고 "찢어지지 않은 채" 그대로 보존된다(21.11). 이 놀라운 현상은 누가복음의 고기잡이 기적과 대조된다(누가 5.6). 물고기로 가득 찬 그물의 유지는 번성하는 미래의 교구의 보호에 대한 전조이다.

153은 수수께끼이다. 물론 이 특정한 숫자는 목격자에 의해 확인된 실제의 데이터로 볼 수 있다. 이렇게 되면 고기잡이 결과의 실재성은 더욱 강화된다. 그러나 여기에서의 숫자기호의 표기는 요한계시록에 나오는 666처럼 숫자의 상징이다. 고대의 문화에 유래하는 숫자상징은 당시의 독자에게 낯선 대상이 아니다. 153에 내포된 상징의 의미에 관해서는 여러 방향의 해석이 가능하다. 가장 원초적인 방법은 기본수의 작동에 의한 숫자의 풀이이다. 수의 계산에서 1+2+3의 연속이 17에 이르면 그 합계가 153이 된다고 한다. 여기에서 17은 다섯 개의 빵과 열두 바구니에서 5와 12를 합친 수자이다(6.13). 다시 말해 오병이어 기적을 암시하는 기호이다. 여기에서 성찬의 해석이 활성화된다. 성찬의 예식은 이어지는 공동식사에서 실제로 거행된다.

숫자의 가치에서 볼 때 153은 일반적 한계를 넘어서는 매우 커다란 단위이다. 100은 백 마리의 양, 백배의 결실에서 보듯 완결의 수이다. 여기에 53을 합친 이중의 숫자는 넘치는 잉여이다. 결론적으로 153은 절대의 충만을 지시한다. 충만의 모티브는 이미 "주님"의 호칭에서 드러난다. 한편 153은 물고기의 종류의 총계를 암시한다고 한다. 여기에서 모든 민족의 교인이라는 의미가 유도된다. 즉 잠재적 신도의 총화이다. 풍성한 어획을 지시하는 숫자 153은 전세계의 복음화에 대한 기호적 표지이다.

이어서 예수님은 "와서 조반을 먹으라"(21.12)고 이른다. 이것은 식구를 돌보는 가정의 아버지의 모습이다. 예수님은 떡을 가져다가 나누어 주고 생선도 동일하게 분배한다. 이와 같은 식사의 방식은 오천 명 급식의 기적과 유사하다. 제자들은 과거의 경험을 상기시키는 예식행위의 주관자가 누구인지 잘 알고 있다. 때문에 아무도 "당신이 누구인가?"라고 물어보지 않는다. 이제 "주님"의 현존은 자명한 것으로 받아들여진다. 식사의 분위기를 지배하는 침묵과 정적은 부활한 예수님의 얼굴을 확인한 막달라 마리아의 경우처럼 경외의 수줍음의 현상이라 할 수 있다(20.16). 이야기를 종결하는 공동의 식사가 어떻게 진행되었는가에 관해서는 아무런 언급이 없다. 무언의 식사는 스승과 함께함에 관한 재

인식의 징표이다. 서두에 제시된 계시의 이야기는 여기에서 피날레에 이른다. 마지막 절은 일어난 사건이 제자들을 위한 "세 번째" 계시임을 밝히고 있다.

디베랴의 고기잡이 기적이야기는 영향사의 측면에서 물고기의 모티브와 153의 숫자상징에 의해 대언된다. 두 요소는 주로 상징의 차원에서 해석된다. 물고기의 형상을 지시하는 약자 "ICHTHYS"는 "예수 그리스도, 하나님의 아들"을 의미한다. 이 암호적 표상은 초기선교의 시기에 박해받는 기독교인에 대한 상징으로 통용된다. 영향사의 관찰에는 이에 관한 많은 형상이 전승된다. 물고기는 그물과 불가분의 관계에 있다. 그물의 던짐은 물고기의 어획을 전제한다. 153은 그물 안에 잡힌 물고기의 수량이다. 여기에서 그물은 교인의 집합체인 교구를 지시하게 된다. 투망의 행위는 모험적인 교구의 선교활동이며, 풍성한 어획은 성공적인 선교의 결과이다. 교구의 선교에 대한 예시는 "아이들"이라는 예수님의 호칭에서 명료하게 인지된다. 이 복수명사는 신적 권능을 지시하는 "주님"과 짝을 이룬다. 이야기의 화자는 선교의 번성을 이룩할 요한의 교구를 예시하고 있다.

이야기의 종결의 포인트를 형성하는 153의 숫자는 이를 위한 근거가 된다. 영향사의 해석에서 중요한 의미를 지니는 이 숫자상징은 21장 전체의 문맥에서 볼 때 마지막에 제시된 예수님의 발언과 연결하여 이해할 수 있다. 예수님은 "사랑하는 제자"의 운명을 물어보는 베드로를 향해 "내가 올 때까지 그를 머물게 하리라"고 말한다(21,23). 이것은 요한의 교구의 미래의 번영을 지시하는 예언이다. 실제로 사도요한은 순교한 베드로와 달리 그의 교구에서 오랜 시간동안 왕성한 선교의 활동을 전개한다. 요한복음 21장은 그의 영향력 아래 있는 제자들 가운데 한 사람에 의해 집필된 의미 있는 업적이다. 그는 보완문서의 결론에서 자신의 교구를 일인칭 복수대명사 주어 "우리"로 표기하고 있다(21.24). 디베랴의 고기잡이 이야기는 요한의 교회론의 관점에서 적절하게 해석될 수 있다.

이와 같은 사실은 기적이야기를 이어받는 후속의 단락에서 증명된다(21.15-23). 아침식사가 끝난 이후에 일어난 새로운 사건의 내용은 세 차례에 걸쳐 진행된 예수님과 베드로 사이의 대화이다. 상대방의 답변에서 진정한 사랑을 확인한 예수님은 베드로를 향해 "내 양을 치라"(먹이라)고 명령한다. 여기에서 특별한 의미로 사용된 은유의 동사 "양을 치다"는 '양육하다'와 '돌보다'의 두 가지 의미를 지닌다. 내면의 영혼을 "돌보는" 목회의 사역은 여기에 기인한다. 목자로서의 사도의 역할은 대화의 중반에서 순교의 사명으로 귀결된다(21.18). "띠를 매어"(줄로 포박하여) "네가 원하지 않는 곳으로 데려가는 것"은 노예의 운명을 지시한다. 다시 말해 노예의 죽음인 십자가의 죽음에 처해질 것을 의미한다.

양치기로서의 후계자의 사명은 요한복음에 이미 등장한 선한 목자의 상을 상기시킨다(10.11-18). 예수님은 의미 깊은 비유설교에서 자기증거의 형식을 통해 목자의 사랑의 헌신을 강조하고 있다. 진정한 목자의 역할은 "양을 위해 목숨을 버리는"(10.11) 것이다. 이 점에서 돈으로 산 양치기인 "삯꾼"과 다르다. 자신의 "목숨을 기꺼이 내어주는" 것은 이를 통해 진정한 생명을 "다시 얻기" 위함이다. 사랑의 헌신은 생명의 "버림"과 "얻음"으로 표현된다. 부활한 예수님에 의한 베드로의 임명은 자신을 희생함으로써 영원한 생명을 획득하는 헌신의 따름에 대한 요청이다.

결론: 기적이야기의 해석을 마치며

우리는 앞장에서 복음서의 대표적 기적사례를 선정하여 실천적 해석을 시도하였다. 거라사인의 악령추방 기적에서 디베랴 호수의 고기잡이에 이르는 일곱 개의 기적이야기는 예수님의 기적에 내재된 계시의 의미가 무엇인지를 파악하게 한다. 이제 그 결과를 정리할 지점에 이르렀다. 그러나 이 종결의 작업은 간단히 해결될 과제가 아니다. 기적사례의 개별해석에서 얻어진 다양한 해석의 양상을 그 어떤 통일된 범주에 소속시키는 데에 무리가 따르기 때문이다.

그러나 예수님이 수행한 기적의 의도와 목적은 근본적으로 동일한 지평에서 해명될 수 있다. 이것은 무엇보다 동일하거나 유사한 서사의 구도와 전략에서 증명된다. 이야기의 화자는 줄거리의 진행에서 청중의 지각의 변화를 겨냥하고 있다. 충격적 기적의 결과에서 야기되는 정서적, 지각적 반응은 서사의 운동이 움직이는 지향점이다. 이와 같은 해석의 조망에서 기적이야기의 텍스트가 오늘의 독자를 향해 호소하는 살아있는 메시지를 몇 가지로 요약하려 한다.

첫째, 미래의 희망을 실현하는 기적의 발생에 대한 기다림의 보증이다. 신약의 기적이야기는 인간의 곤궁의 현장에 하나님이 직접 관여하는 구원의 행위를 증거한다. 이와 같은 현현의 사건은 우리의 주변에서 언제든지 일어날 수 있다. 때문에 인간은 체념과 좌절을 극복하고 소망의 삶을 살 수 있다. 그 종착지는 예수님이 자신의 기적을 통해 보여준 종말의 하나님의 나라이다. 영원한 하나님의 나라의 완성에 대한 기대는 예수님을 따르는 자들에게 평안과 기쁨을 선사한다.

둘째, 놀라운 기적을 가져오는 믿음의 촉구이다. 다채로운 형태의 기적이야기에는 청중을 향한 확신의 믿음이 거듭하여 강조된다. 병 치유나 부활의 기적은 예수님에 대한 신뢰의 믿음이 선행될 때 현실의 사건이 된다. 자연의 기적이나 선물의 기적은 목격자와 증인들을 확실한 구원의 복음으로 인도한다. 초기기독교의 선교는 예수님의 권능을 위임받은 사도들의 행적에 기인한다. 믿음과 기도의 능력은 예수님이 기적의 동인으로 지적한 은혜의 요소이다.

셋째, 헌신의 삶을 위한 결단이다. 개안의 기적을 경험한 치유의 수혜자는 그 자리에서 고난의 길에 동참한다. 여기에는 닫혀있던

영안의 열림이 작용한다. 영적 각성은 하나님의 심오한 계시를 깨닫게 한다. 그 결과는 영원한 생명의 획득으로 이어진다. 이것은 "생명을 증여하는 자"인 예수님의 권능에 의해 가능해진다. 스스로 부활한 예수님은 우리 모두를 생명과 부활의 기적으로 초대한다. 부활의 신앙은 유한한 지상의 인간이 영생의 축복 속에서 위로와 축복의 삶을 살게 한다.

참고문헌

성경구문의 인용은《성경전서》개역개정판(2010)에 의거함.

기적이야기

Erlemann, K.: Kaum zu glauben. Wunder im Neuen Testament. Neukirchen-Vluyn 2016.

Kollmann, B.: Neutestamentiche Wundergeschichten: biblisch-theologische Zugänge und Impulse für die Praxis. Stuttgart 2002.

Weiser, A.: Was die Bibel Wunder nennt. Sachbuch zu den Berichten der Evangelien. Stuttgart 1992.

Zimmermann, R(Hg.): Kompendium der frühchristlichen Wundererzählungen. Bd. 1. Die Wunder Jesu. Gütersloh 2013.

신약성서 주석

Berger, K.: Kommentar zum Neuen Testament. Gütersloh 2011.

________ Hermeneutik des Neuen Testaments. Tübingen 1999.

Guthrie, D./ Motyer, J.A.(Hg.): Kommentar zur Bibel. Leicester 1970.

Bull, K-H.: Bibelkunde des Neuen Testaments. 1997 Göttingen.

성서원본

Die Bibel. Nach Martin Luthers Übersetzung. Jubiläumsausgabe. Revi336diert 2017.

용어색인

내러티브: narrative

기적: miracle, Wunder, Mirakel

세라피스: Serapis

로고스, 말씀: logos

장막의 거처: eskenosen

현현: epiphanes

볼만한 것, 인공의 작품: thauma

유능한 행위: arte

놀라운 일, 기이한 것: thaumasion

기대하지 않은 것, 믿을 수 없는 사건: paradoxon

놀라워하다: thaumazon

표적: semeion

능력: dynamis

활동: ergon

영광: doxa, kabod

불가능한 것, 믿을 수 없는 것: adynata

표적과 기사: semeia kai terata

마술사: magos

요술사: goetes

믿음: pistis

작은 믿음: oligopistos

믿음의 부재: apistia

다윗의 아들: hyrios David

기적의 행위자: Thaumaturg

성령의 열매: charisma, charismata

은혜: charis

권능: exousia

(밖으로) 내쫓다: ekballo

나오다: exelthe

넘어뜨리다: rhipsan

잡아끌다: sparaxan

과부: chera

주님: kyrios

불쌍히 여기다: splanchnizomai

내장: splanchnon

자궁: raehaem(히)

관: soros

만지다, 접촉하다: haptomai

일어나다: egeiro

백성: laos

스올, 지옥: scheol

샤먼: shaman

신적 인간: theios anthropos, theios aner

토포스: topos

유능함: areta

담대한 말씀: parrhesia

삶의 과제의 선포: apologia pro via sua

들어올림: Entrückung

끌어올려지다: harpazo, harpagesometha

신적 수동: passivum divinum

변용: metemorphothe

유령같은 환영: phantasma

악령의 추방: Exorzismus

손가락: daktylo

(하나님의) 나라, 통치: basileia

ephthasen: 이미 와있다
daimon, daimonia: 마성, 악령
불결한: akatharton
부정함: mazereous
주술하다: exorklzein
사탄: satanas
신탁의 영: pneuma python
(마술의) 처방집: defixiones
성스러운 병: morbo sacra
자발적 연민: esplangchnisthe
문둥병(나병): lepra
마비자: paralytikos
마른: xeran
무기력: astheneia
수종병(水腫病): hydropikos
에파타, 활짝 열리다: ephphatha
소녀여 일어나라: talita cumi
수행적: performativ
지혜: sophia
말씀의 전거: Logienquelle
해석의 난제: crux interptetum
외경: apocryphos
백부장: hekatontarches
바알세불: Beelzebul
놀라다: ethaumasen
발견하다: heuron
내가 너희에게 말하노니: lego hymin
왕의 고관: basilikos
예형론: typology, Typologie

목가(牧歌): Idyllik
새로운 피조물: kaine ktisis
성령의 현현: Pneumatophanien
비유이야기: parabole, paroimia
총화: Summarium
단편: Novelle
경구적 발언: apophthegma
보다 높은 하나님의 영광을 위해: ad maiorem gloriam Dei
봉사: diakoneia
청결: katharismos
평안: shalom
변두리 이야기: Perikope
마비: paralysis
침: salvia
보다: anablepein
세겔: shekel
드라크마: drachma
유대인의 국고: fiscus Iudaicus
안식일: sabbato
나약함: astheneia
치유하다: apolyo
작은 것에서 큰 것으로: minore ad maius
할라카: halacha
그들을 지나가다: parelthein autous
나는 이다: ego eimi
들어가다: anachoreo
작은 개: kynarion
완전히 구원되다: diasoz
젊은이: pais

때, 시간: kairos

마름, 건조함: exerammenen

즉석에서: parachrema

능력의 행위: dynameis

함께 맞추다, 모으다: symballein

연회장, 식사의 감독자: architriklinos

메트레테스: metretes

시작: arche

살리다, 살아나다: zao

유대인: hoi Ioudaioi

은혜의 집: bet chesda

반죽: pelos

보내진 자: schaliach

이성: ratio

비교(秘敎): Esoterik

공감: Empathie

신비의 합일: Unio mystica

엑스타시, 황홀: ekstasis

건강한 정신은 건강한 신체에 있다: Mens sana in corpore sano

영혼: psyche

케리그마: kerygma

그리스 여인: Hellenis

공포: delos

배: ploion

관점: scopus

칭송의 기도: eulogeo

말씀: rhema

신적 현현: Theophanie

두려움: thambos

모든 것: panta
군단: legio
떼, 무리: agele
선포하다: keryssein
딸: thygater
회당장: archisynagogos
청원: parakaleo
출혈증: rhysis tou haimatos
옷깃: kraspedon
즉시로: euthys
만짐: hapto
구원하였다: sesoken
구원: sozo
평안, 평화: eirene, shalom
소녀: pais
붙잡다: krateo
영, 성령: pneuma
바구니: kophiros
광주리: spyris
따름: akoloutheo
보리빵: artos krithinos
그 후에: meta tauta
예언자: hoprophetes
군중: ochlos
데나리온: denar
물고기: opsarion
화단: prasiai
공동의 만찬, 향연: symposia
축사하다: eucharisteo

빵조각: klasma

메마름: xerainesthai

간질: selenniazomai

말을 못하는 영: daimonion kophon

보지 못함: typhlos

겉옷: himation

선생님: rabbouni, didaskalos

위를 쳐다보다: anablepo

입성: adventus

다가옴: engys

나드의 향유: myron nardou

사랑하다: phileo, agapao

영화롭게 하다: doxazein

부활: anatasis

분노하다: enebrimesato

눈물: daktylo

큰 돌: lithos

부르다: ephonesen

카타콤: catacomb

나타내다: phaeroo

아이들: paideia

던지다: diktyon

주님이다: ho kyrios estin